böhlau

Museumslandschaft Hessen Kassel (Hg.)

Zerbrechliche Geschichten

Die Entwicklung der Keramik

Mit Beiträgen von Martin Eberle, Fabian Ludovico
und Xenia Schürmann

Böhlau Verlag Wien Köln

Die Museumslandschaft Hessen Kassel ist eine Einrichtung des Landes Hessen.

Bibliografische Information der Deutschen Bibliothek:
Die Deutsche Nationalbibliothek verzeichnet diese Publikation in der Deutschen Nationalbibliografie; detaillierte bibliografische Daten sind im Internet über https://dnb.de abrufbar.

Herausgeber: Museumslandschaft Hessen Kassel
Konzeption: Martin Eberle
Redaktion: Fabian Ludovico, Xenia Schürmann
Autoren: Martin Eberle (ME), Fabian Ludovico (FL), Xenia Schürmann (XS)
Lektorat: Anne Becker, Gisela Bungarten, Irina Görner, Antje Scherner, Rüdiger Splitter
Fotografie: Mirja van IJken, Katrin Venhorst
Umschlagabbildungen: Skyphos, um 600 v. Chr. (Kat. Nr. 4), Kaffeekanne „Form 1382", um 1931 (Entwurf) (Kat. Nr. 61), Deckelvase mit Herbstlandschaft, um 1680 (Kat. Nr. 22)
Umschlaggestaltung: Michael Haderer, Wien
Layout: Bettina Waringer, Wien
Druck und Bindung: Finidr, Český Těšín

Vandenhoeck & Ruprecht Verlage | www.vandenhoeck-ruprecht-verlage.com

ISBN 978-3-412-52498-2

Inhalt

Vorwort

Die Museumslandschaft Hessen Kassel verfügt über eine umfangreiche und vielfältige Sammlung keramischer Kunstwerke. Zeitlich setzt die Sammlung in der Ur- und Frühgeschichte ein und mündet in der industriellen und künstlerischen Produktion von heute. Jungsteinzeitliche Irdenware ist hier ebenso vertreten wie antike Keramiken aus Griechenland und Rom, mittelalterliche Hafnerware, italienische Majoliken der Renaissance, Fayencen des Barocks und asiatisches und europäisches Porzellan des 18. Jahrhunderts.

Der vorliegende Band möchte einen Einblick in die Kunst der Keramik geben, spielerisch in die geschichtliche und künstlerische Entwicklung durch die Jahrtausende einführen und gleichzeitig die unterschiedlichen Techniken der Herstellung erklären. Der Band soll Lust auf Keramik machen und einen Einstiegsleitfaden darstellen, um sich vertiefter mit dieser besonderen Form der Kunst zu beschäftigen, die den Menschen seit seiner Sesshaftwerdung begleitet.

Herzlich möchte ich an dieser Stelle den beiden Mitautor:innen danken, Xenia Schürmann und Fabian Ludovico. Weiterhin gilt mcin Dank Mirja van IJken und Katrin Venhorst, die mit ihren Fotografien einen entscheidenden Beitrag zu dem vorliegenden Buch lieferten.

Ebenso danke ich dem Böhlau Verlag und insbesondere Frau Kempf, die die Gestaltung des vorliegenden Buches in gewohnt hervorragender Art übernahmen.

Es bleibt nun zu hoffen, dass die Leser:innen an dem Band genauso viel Gefallen finden werden, wie wir es bei unserer Arbeit hatten.

Martin Eberle

Direktor der Museumslandschaft Hessen Kassel

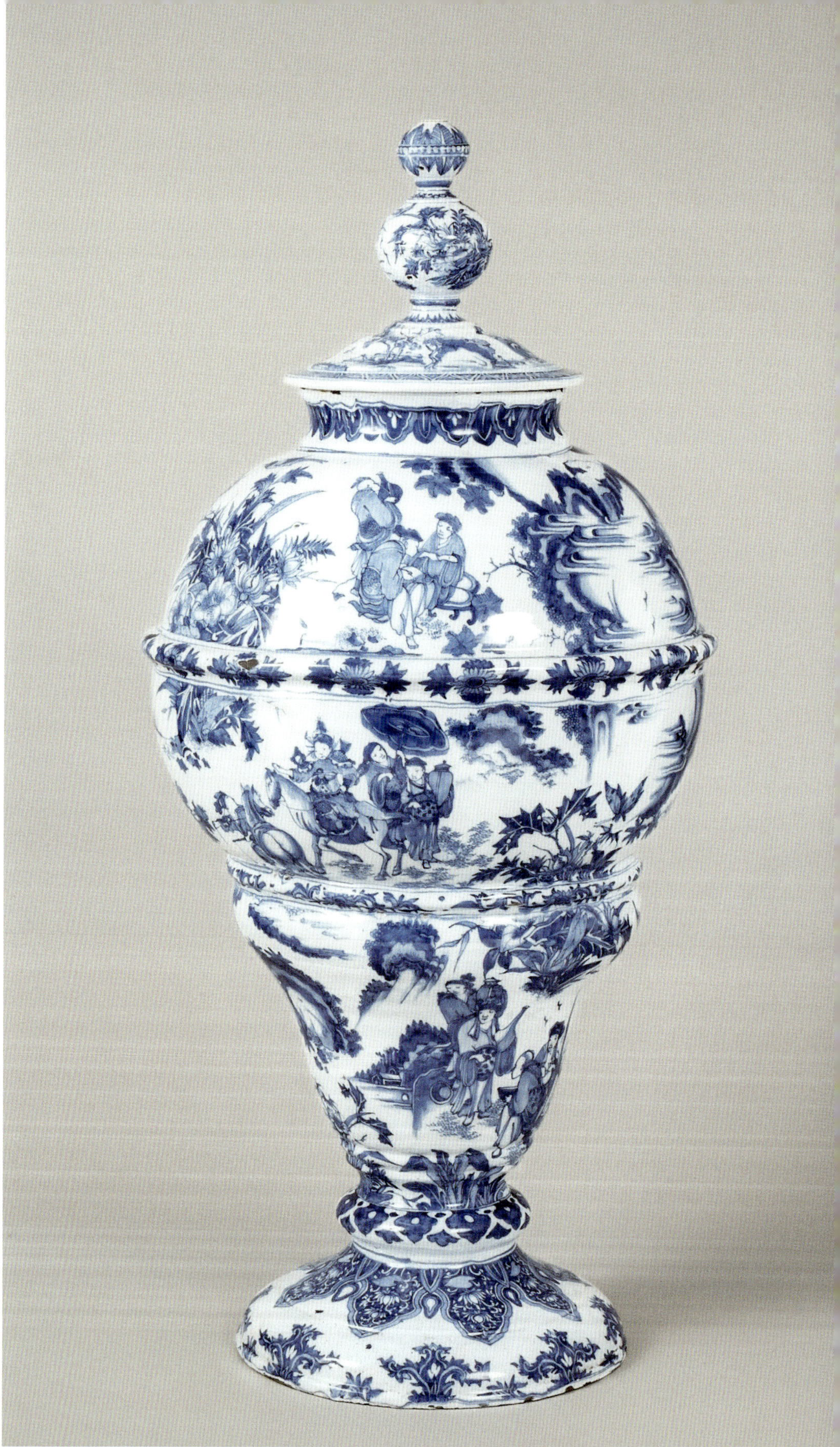

Die Kunst der Keramik – und die Sammlung in Kassel

Martin Eberle

Die Kunst der Keramik – ein Abriss

Bei der Keramik werden tonhaltige Erden durch Hitze in einen dauerhaft festen Zustand überführt. Nach heutigem Wissen wurden frühe Keramiken im „offenen Feldbrand" hergestellt, bei dem eine Temperatur von ca. 400 °C entsteht. Die Herstellung von Keramik zählt zu den frühesten handwerklichen – und künstlerischen – Fähigkeiten des Menschen. Die ältesten keramischen Produkte, so etwa die Venus von Dolní Věstonice, sind ca. 25.000 Jahre v. Chr. entstanden. Lange Zeit ging man davon aus, dass Gefäßkeramiken erst ca. 8000 v. Chr. entstanden seien, doch deuten neuere Scherbenfunde in China auf eine Entwicklung ab 23.000 v. Chr. hin.

Voneinander unabhängig entstand die Gefäßkeramik in Asien, Afrika und dem Nahen Osten, mit einer Jahrtausende langen Verzögerung dann auch in Europa. Eine wichtige Voraussetzung war hierbei die Sesshaftwerdung des Menschen während der Jungsteinzeit. Keramische Gefäße erleichterten nicht nur das Kochen, sondern erwiesen sich auch als ausgezeichnete Behältnisse der Vorratshaltung. Mit der Etablierung der Keramik in vorgeschichtlicher Zeit entstanden auch schnell die künstlerischen Ausdrucksmöglichkeiten mit diesem Werkstoff: die freie, plastische Gestaltung, die Formgebung der Gefäße, die Ritz- und Farbdekore, die letztlich bis heute Gültigkeit haben.

Zwei technische Erfindungen brachten die Herstellung und künstlerische Gestaltung der Keramik entscheidend voran. Zum einen war es die Entwicklung von Brennöfen, die sich in China etwa 5000 v. Chr. nachweisen lassen, im Nahen Osten und in Europa etwa tausend Jahre später. Der Töpferofen ermöglicht im Gegensatz zum offenen Feuer eine bessere Regulierung der Hitze und höhere Brenntemperaturen, sowie die Regulierung der Sauerstoffzufuhr, die wiederum Einfluss auf die farbliche Gestaltung des Tons hat. Die zweite technische Neuerung, die prägend auf die Keramik wirkte, war die Entwicklung der drehbaren Töpferscheibe in Mesopotamien etwa 3000 v. Chr. und tausend Jahre später in Europa. Verfeinert wurde diese Innovation zwischen 3000 und 2000 v. Chr. in Ägypten durch die fußbetriebene Töpferscheibe. Die Töpferscheibe ermöglicht nicht nur eine schnellere und dünnwandigere Herstellung von Tongefäßen, sondern auch eine präzisere Formgebung und Dekoration.

Bei den frühen Keramiken handelt es sich um Irdenware, einen bei niedrigen Temperaturen gebrannten Ton. Durch die niedrigen Temperaturen sintert der Scherben nicht vollständig durch, und die gebrannte Keramik bleibt porös und wasserdurchlässig. Durch farblose oder farbige Glasuren können die kristallinen, porösen Oberflächen keramischer Produkte nicht nur geschlossen und wasserundurchlässig gemacht werden, sondern die glasartige, glatte Oberfläche der Glasur dient auch der künstlerischen Gestaltung. So entwickelten sich bis heute durch die abschließende Oberflächengestaltung sehr unterschiedlich wirkende keramische Produkte aus der Irdenware: Hierzu zählt die bereits in der Antike bekannte unglasierte Terrakotta ebenso wie die mittelalterliche und neuzeitliche Hafnerkeramik (Brenntemperaturen bei 700–800 °C) oder die künstlerisch herausragend dekorierten Glasuren von Majoliken der Renaissance und Fayencen des Barocks (Brenntemperaturen zwischen 950–1040 °C). Weiterhin handelt es sich auch beim Steingut (Brenntemperaturen bei 1120–1250 °C), das im 18. Jahrhundert erfunden wurde, um Irdenware.

Wenige Jahrzehnte vor Christi Geburt entstanden immer raffiniertere Öfen, die eine konstante Brenntemperatur bis 950 °C erlaubten. Auch die Dekortechniken entwickelten sich weiter, wie etwa das Ausformen des Tons in Modeln, mit denen künstlerisch anspruchsvolle Reliefdekore und Gefäßformen schnell gebildet werden können. Diese Techniken erlaubten eine serielle Anfertigung hochwertiger Tafelgeschirre, für die die römische Terra Sigillata, die Silbergeschirre in Keramik kopiert, ein herausragendes Beispiel darstellt. In Großbetrieben mit fünf Öfen und 100 bis 150 Beschäftigten wie dem in Rheinzabern entstanden vorindustrielle Keramikproduktionen, mit denen das ganze römische Weltreich beliefert werden konnte. In den Ton eingedrückte Zeichen erlauben die Identifizierung des Herstellungsortes. Sie begründen das Markenwesen der Keramik. Die wohl berühmteste Marke in Europa ist dabei die in Unterglasurblau angebrachte Schwertermarke der Meissener Manufaktur. Dieses Markenwesen gibt uns heute die Möglichkeit, die Geschichte, die Künstler, die Herstellungsorte von keramischen Kunstwerken zu identifizieren.

In Asien gelang es bereits im 11. Jahrhundert, durch hohe Brenntemperaturen von 1200–1300 °C den Sinterungsprozess bei Keramiken auszulösen, der die Gefäße wasserundurchlässig macht. Aber für die Herstellung dieses Steinzeugs sind nicht nur hohe Brenntemperaturen notwendig, sondern auch besonders reine Tonerden mit hohem Aluminiumoxidanteil. Ohne Glasur kann man die raue Oberfläche des Steinzeugs wie Stein schleifen und polieren, wofür das im frühen 18. Jahrhundert in Dresden entwickelte Böttgersteinzeug ein hervorragendes Beispiel ist. Ein technisch einfacherer Vorgang der Oberflächenglättung ist das Aufbringen einer Glasur. Bei Steinzeug kann dies durch das Einbringen von Kochsalz während des Brennvorganges erfolgen. Das im Salz erhaltene Natrium erzeugt auf der Oberfläche eine Schicht von Natrium-Aluminium-Silikaten, die dann bei den Brenntemperaturen zu einer durchsichtigen Glasur schmelzen. Den Glasuren können auch bestimmte Metallsalze wie Kobalt, Mangan oder Eisen hinzugefügt werden, um Färbungen zu erzielen.

Da nur besonders reine Tonerden für die Produktion verwendet werden können und durch das Verbrennen von Holz ein hoher Energieaufwand notwendig ist, war Steinzeug gegenüber der Irdenware nicht nur deutlich teurer, sondern auch an bestimmte Regionen gebunden.

In Deutschland entwickelte man um 1300 Steinzeug in Siegburg. In den nahegelegenen Orten in Aachen, Raeren, Frechen und Köln entstanden weitere Zentren der Steinzeugproduktion. Diese Waren erlebten ihren künstlerischen Höhepunkt im 16. und frühen 17. Jahrhundert mit Reliefauflagen nach grafischen Vorlagen. Neben dem Dekor war auch die Formgebung anspruchsvoll und ausgefallen, so dass prunkvolles Tafelgeschirr entstand, das in ganz Europa exportiert wurde. Erst im späten 16. Jahrhundert kam die Produktion langsam zum Erliegen und die Töpfer wanderten in den Westerwald ab. Auch bei dem hier grauen Scherben wandte man zunächst Reliefdekore an, die zusätzlich mit Kobaltblau dekoriert wurden. Zwischen dem 18. und 20. Jahrhundert entstanden dann vorwiegend nur noch malerische Dekorationen in Kobaltblau, die nun auch deutlich günstiger waren. Dieses typische Westerwälder Steinzeug fand dank seiner Säurebeständigkeit vor allem in der Vorratshaltung und für den Transport Verwendung.

Neben den rheinischen Zentren entstand in Sachsen ab dem 16. Jahrhundert eine quantitativ und qualitativ bedeutende Steinzeugproduktion. Weitere bedeutende Zentren lagen unter anderem auch in Hessen.

Außer mit Reliefdekoren oder buntem, mit Emailfarben bemaltem Steinzeug, bildeten das prunkvolle Tafelgeschirr der Renaissance und des Barocks vor allem die schon erwähnten Majoliken und Fayencen. Der Name Majolika leitet sich von der Mittelmeerinsel Mallorca ab, über die die in Spanien hergestellte Lüsterkeramik im übrigen Europa eingeführt wurde. Diese wiederum regte italienische Produktionsorte zur Herstellung eigener Produkte an. Der gebrannte Scherben aus Irdenware wird dabei mit einer Zinnglasur versehen, die dann anschließend mit Scharffeuerfarben (Kupfergrün, Antimongelb, Kobaltblau und Manganviolett) bemalt und ein zweites Mal gebrannt wird. Zuerst griff die Stadt Faenza die Technik auf, doch folgten bald schon weitere Städte wie Casteldurante, Urbino, Deruta oder Venedig.

Die Technik wanderte dann nördlich der Alpen. Technisch entstanden hier vergleichbare Produkte, die in Anlehnung an die italienische Stadt Faenza nun den Namen Fayence bekamen. Bedeutend wurde die Produktion dann in der zweiten Hälfte des 17. Jahrhunderts. In der niederländischen Stadt Delft orientierte man sich an blau-weißen Dekoren ostasiatischer Vorbilder, um damit einen neuen Werkstoff zu kopieren, der bald schon seinen Siegeszug in Europa antreten sollte, das Porzellan.

Ähnlich dem Steinzeug handelt es sich beim Porzellan um Sinterzeug, das heißt, der Scherben ist auch im unglasierten Zustand wasserdicht. Aufgrund der fehlenden Eisenoxidanteile bleibt Porzellan auch nach dem Brand weiß und bei dünnem Scherben durchscheinend.

Porzellanähnliche Massen stellte man in China bereits während der Han-Dynastie (25–220 n. Chr.) her. Entscheidend war aber die Verwendung der weißen Kaolin-Erde, die man ab dem frühen 7. Jahrhundert in dem Dorf Gaoling nahe Jingdezhen abbaute, und die dem Porzellan seine prägende weiße Farbe gibt. Neben Kaolin kommt beim Porzellan Feldspat und Quarz zum Einsatz. Zunächst trat das Porzellan noch nicht seinen Siegeszug an, sondern wurde neben anderen Steinzeugen verwendet. Dennoch gelangten Porzellane über die Seidenstraße in den Orient, wo sie auch im Osmanischen Reich bewundert und mit eigenen Mitteln kopiert wurden. Vereinzelt erreichten Porzellane auch Europa, wo sie im Mittelalter häufig als besonders rare Glanzstücke in die entstehenden Kunstkammern eingefügt wurden.

Ab Ende des 16. Jahrhunderts nutzten erst die Portugiesen und darauf vor allem die Niederlande die Seewege, um große Mengen an Porzellan nach Europa zu importieren, anfangs vor allem als Beiladung des lukrativen Gewürzhandels. Mit diesen zumeist speziell für den Export hergestellten Porzellanen ließen sich in Europa hohe Gewinne erzielen. Ausgelöst durch die Wirrungen des chinesischen Bürgerkriegs Mitte des 17. Jahrhunderts wich man zeitweise auch auf Porzellane aus Japan aus. Zeitgleich setzte in Europa nahezu ein Porzellanfieber ein, und chinesische und japanische Porzellane dienten der Ausstattung fürstlicher Räume und Kabinette. Die Nachfrage nach ostasiatischem Porzellan war so groß, dass man es mit eigenen Mitteln wie der Fayence kopierte.

In den alchemistischen Laboren Europas versuchte man zur gleichen Zeit, Gold künstlich herzustellen. Dabei erreichte der Namen eines Mannes europaweit Aufsehen: Johann Friedrich Böttger (1682–1719). Angeblich war es ihm gelungen in Berlin Gold herzustellen. Da es sich aber nur um einen Taschenspielertrick gehandelt hatte, floh Böttger und wurde von August dem Starken (1670–1733), Kurfürst von Sachsen und König von Polen, gefangen genommen. In einem gut ausgestatteten Labor wurde Böttger genötigt seine Experimente fortzusetzen, doch gelang es ihm nicht, das begehrte Edelmetall künstlich herzustellen. Stattdessen entwickelte er zunächst ein besonders hartes Steinzeug, 1708 dann das europäische Hartporzellan und ein Jahr später die entsprechende Glasur. Der König gründete daraufhin eine Manufaktur in Meissen, die Böttger einrichtete. Allerdings gelang es nicht lang, das Geheimnis der Porzellanherstellung, das Arkanum, geheim zu halten, und bald schon erfolgte europaweit die Gründung von weiteren Manufakturen. Seit der zweiten Hälfte des 18. Jahrhunderts verfügte nahezu jedes Fürstentum über eine eigene Porzellanmanufaktur – auch Kassel. Die gesteigerte Konkurrenz führte zu weiteren technischen Innovationen, die nicht nur die Formen der Porzellane bereicherte, sondern vor allem auch die Farbentwicklung. Dies prägte auch das frühe 19. Jahrhundert: damals war fast jede Farbschattierung möglich und zu der Unterglasurfarbe Blau, die lange Zeit die einzige war, trat das Grün.

Wie so oft im Kunsthandwerk war die zweite Hälfte des 19. Jahrhunderts von zahlreichen Innovationen geprägt. Während des Historismus kopierte man die Stile und Techniken der vorangegangenen Jahrhunderte. So stellte man Majolika und Fayencen im Stile des 16. und 17. Jahrhunderts her, kopierte Steinzeuge aus Siegburg und dem Westerwald oder aber übertrug vergangene Stilformen auf Materialien, die damals noch nicht bekannt waren, wie Porzellane im Stile der Gotik oder der Renaissance. Es ging dabei allerdings nicht einfach nur um die Kopie im Sinne einer Fälschung, sondern man suchte das historische Vorbild zu verbessern. So eignete man sich längst vergessen geglaubte Handwerkstechniken an, die man dann durch innovative technische Entwicklungen industriell kopierte, um sie für den Massenkonsum erschwinglich zu machen. In Gewerbeschauen und seit 1851 in den Weltausstellungen trat man zum einen in Konkurrenz, zum anderen konnte man sich aber auch über die internationalen Entwicklungen informieren.

Die Kopie des historischen Vorbildes und die billige Massenproduktion wurden zum Ende des 19. Jahrhunderts zunehmend von der Öffentlichkeit kritisiert. Während der nur ungefähr zwei Jahrzehnten des Jugendstils fand man zwei Auswege aus diesem Dilemma: Zum einen durch das bewusst handwerklich angefertigte Unikat, was in der Keramik zur freien Kunstkeramik führte, die den Anspruch auf ein Kunstwerk reklamiert. Zum anderen bekannte man sich zur industriellen Produktion und schuf bei der Form- und Dekorgestaltung Entwürfe, die diesem Anspruch gerecht werden sollten. Die Forderung nach solchen zweckmäßigen, maschinengerechten Entwürfen führte in Deutschland letztlich zur Gründung des Bauhauses und der Ulmer Hochschule für Gestaltung.

Sammeln von Keramik in Kassel

Auch wenn sich frühere Entwicklungen vermuten lassen, so kann man die fürstliche Sammlungstradition in Kassel datieren: Landgraf Philipp der Großmütige (1504–1567) hatte verfügt, dass sein Land auf seine vier Söhne aufgeteilt werde. Die so verbliebene Landgrafschaft Hessen-Kassel war somit nicht nur deutlich verkleinert, sondern auch politisch geschwächt. Der älteste Sohn und neue Landgraf von Hessen-Kassel, Wilhelm IV. (1532–1592), legte deshalb bereits 1576 testamentarisch nicht nur die Unteilbarkeit seines Landes fest, sondern erklärte wenig später auch den Kunstbesitz für unteilbar und unveräußerlich.

In fürstlichen Sammlungen finden sich Keramiken aufgrund des geringen Materialwertes nur selten – dennoch gehörte zu dem neu begründeten Hausschatz eine Keramik, die noch heute einzigartig ist: Die Seladonschale, die über den Erbweg von der Grafschaft Katzenellenbogen an Hessen-Kassel gefallen war. Noch heute stellt die Schale eine Besonderheit innerhalb der Sammlung dar, lässt sich doch nachweisen, dass die chinesische Schale bereits im 15. Jahrhundert nach Europa gelangt war. Obgleich kostbar gefasst, bewunderte man an der Schale vor allem die ungewöhnlich grau-grünliche Glasur und den harten Scherben.

Über die frühe Kunstkammer der Landgrafen von Hessen-Kassel ist nur wenig bekannt. Wie in anderen fürstlichen Sammlungen des 16. und 17. Jahrhunderts auch, dürften keramische Kunstwerke nur selten vertreten gewesen sein. Bevorzugt wurden vor allem Silber- und Goldschmiedearbeiten, wissenschaftliche Instrumente, die in Kassel eine besondere Rolle spielen, und Exotika, Steinarbeiten und kunstvolle Arbeiten aus Elfenbein, Bernstein oder Schildpatt. Neben den Naturalia wissen wir weiterhin, dass in Kassel auch Skulpturen gesammelt wurden. Arbeiten wie die Schüsseln und Platten von Bernhard Palissy (1510–1589/90) mit ihrem plastisch nach der Natur geformten Dekor, die in anderen Sammlungen nachgewiesen werden können, lassen sich für Kassel nicht bestätigen.

Die Inventare der Kasseler Sammlungen werden aussagekräftiger, nachdem sie von Landgraf Carl (1654–1730) 1696 in den ursprünglichen Theaterbau des Ottoneums übertragen wurden. Das so geschaffene Kunsthaus enthielt nicht nur die Sammlungen, sondern auch das Collegium Carolinum, eine Art technischer Hochschule. Die Sammlungen dienten dabei den Lernenden der praktischen Anschauung. Weiterhin waren Arbeiten aus Keramik selten.

Dennoch lassen sich gerade mit Landgraf Carl bereits keramische Kunstwerke in Verbindung bringen. Als Neujahrsgaben erhielt er von seinen Kindern bisweilen italienische Majoliken des 16. Jahrhunderts, die im 18. Jahrhundert als originale Werke von Raffael (1483–1520) galten und nicht nur in Kassel gesammelt wurden. Auch gründete der Landgraf 1680 eine eigene Fayencemanufaktur, die bis 1780 Bestand haben sollte. Arbeiten der Manufaktur wie die Büsten des Fürstenpaares oder Vasen und Schalen mit chinoisen Dekoren waren dabei nicht Teil der Sammlung, sondern dienten der fürstlichen Hofhaltung. In der Residenz aufgestellt dienten sie nicht nur der Repräsentation des Landgrafen, sondern kündeten auch von der technischen Innovationskraft des Landes. Auch die Gemahlin des Landgrafen, Maria Amalia von Kurland (1653–1711), sammelte Kunstwerke aus Keramik. Wie viele ihrer Zeitgenossinnen galt ihre Leidenschaft vor allem dem chinesischen und japanischen Porzellan. Sie baute eine sehr umfangreiche Porzellansammlung auf und richtete 1701 im Jagdschloss Wabern ein Japanisches Kabinett ein. Nach ihrem Tode wurde ihr gesamter persönlicher Besitz – darunter auch die mehr als 2600 Porzellane, die sie zusammengetragen hatte – unter ihren Erben aufgeteilt. Ein Teil der Sammlung ging auch an ihren Sohn, den späteren Landgraf Wilhelm VIII. (1682–1760). Dieser Fürst ist heute vor allem für seine Leidenschaft für Gemälde bekannt, doch sammelte er neben Glas insbesondere auch ostasiatische Porzellane. Zum Zeitpunkt seines Todes besaß er mehr als 3500 Porzellane, für deren Präsentation auch ein eigenes Porzellankabinett geschaffen wurde.

Europäische Porzellane dienten im 18. Jahrhundert in Form von Services selbstverständlich auch der Tafelkultur. Damit waren sie aber Teil des fürstlichen Haushaltes. Als im 19. Jahrhundert zwischen der Privatschatulle und der Staatsschatulle geteilt wurde, galten Gegenstände des Haushalts eher als Teil des fürstlichen Privatbesitzes, so dass diese Gegenstände keinen Einzug in die Kasseler Sammlungen fanden. Anders verhielt es sich mit den Porzellanfiguren und Porzellanvasen, die Teil der Raumausstattung waren oder aber mit Porzellanen, die als Staatsgeschenke Eingang in die Sammlungen fanden, wie etwa ein Kaffee-, Schokoladen- und Teeservice mit dem Wappen der Landgrafen von Hessen-Kassel aus Meissen, das Wilhelm VIII. von König August III. (1696–1763) von Polen und Kurfürst von Sachsen geschenkt worden war.

Wilhelms Nachfolger war Landgraf Friedrich II. (1720–1785). Seine Sammelleidenschaft galt ganz – wie zu dieser Zeit an anderen Höfen auch – der Antike. Nicht nur bedeutende Skulpturen wie der Kasseler Apoll kamen so in die Sammlung, sondern auch antike Vasen, wobei die Bestände antiker Kunst in den nachfolgenden Jahrhunderten erweitert wurden. Wie an anderen Orten auch gründete und förderte Friedrich II. nach dem Siebenjährigen Krieg Manufakturen, die die Wirtschaft wiederbeleben sollten. Hierzu zählt die Gründung der Kasseler Porzellanmanufaktur 1766 ebenso wie die Förderung der Steingutmanufaktur Steitz. Bedeutende Stücke befinden sich noch heute in der Sammlung der Museumslandschaft Hessen Kassel. Als aufgeklärter Fürst strebte Friedrich II. an, die Sammlungen seiner Vorfahren einer breiten Öffentlichkeit zugänglich zu machen. So errichtete er zwischen 1769 und 1779 das Fridericianum als den ersten eigenständigen Museumsbau auf dem Kontinent. Zum einen diente die Zurschaustellung der Repräsentation von Staat und Fürst, zum anderen aber sollte der Geschmack der Einwohner seines Landes geschult werden und Künstler und Handwerker sollten sich an den ausgestellten Gegenständen schulen. Parallel zu dem musealen Ansatz änderten sich auch die Präsentation und die Sammlungspolitik, wurde nun doch auch „neutraler“ gesammelt, eben nicht nur dem Geschmack des jeweiligen Fürsten entsprechend. So lässt sich im Fridericianum erstmals der Daunsche Willkomm aus der 1. Hälfte des 15. Jahrhunderts nachweisen, der damals vor allem von historischem Interesse war. Noch heute ist er ein Glanzstücke der keramischen Sammlung.

Im 19. Jahrhundert kam es zu einer Reihe von Rückschlägen. Obgleich es den Landgrafen 1803 nach jahrzehntelangen Bemühungen gelungen war, den Kurfürstentitel zu erwerben, mussten sie bald schon ihr Land verlassen. Das neu begründete Kurfürstentum hatte sich geweigert dem Rheinbund beizutreten und wollte stattdessen neutral bleiben. Daraufhin besetzte Napoleon I. (1769–1821) das Land und schlug es dem 1807 gegründeten Königreich Westphalen zu. Der Kurfürst musste fliehen und stattdessen bestieg der Bruder Napoleons, Jérôme, als König von Westphalen den Thron. Während seiner Regierungszeit wurde das Residenzschloss 1811 durch Brand stark zerstört und viele Kunstwerke fielen dabei dem Feuer zum Opfer. 1813 dann musste Jérôme sein Königreich verlassen, wobei er zahlreiche Kunstwerke, darunter auch 287 Keramiken aus dem ehemals kurfürstlichen Palais, mit sich nach Frankreich nahm. Erst nach 1815 kam ein großer Teil zurück nach Kassel, über den Verbleib der Keramiken ist nichts bekannt.

Während des Deutschen Krieges 1866 stand Hessen-Kassel auf österreichischer Seite und somit auf Seiten des Unterlegenen. Hessen-Kassel wurde von den Preußen als Provinz Kurhessen annektiert. Auf die Sammlungen hatte dies nur wenig Einfluss, verblieben doch die meisten Kunstobjekte in Kassel. Neu war die Einrichtung einer „Centralsammelstelle für vorgeschichtliche Altertümer Nordhessens“, womit die bereits seit landgräflicher Zeit bestehende Sammlung ur- und frühgeschichtlicher Keramiken bedeutend ausgeweitet wurde. Für die Gemäldesammlung errichtete man zwischen 1871 und 1877 die Neue Galerie, während im Fridericianum die naturkundlichen Objekte 1888 ausgelagert wurden, um später in das Eigentum der Stadt Kassel überführt zu werden. Für die übrigen Sammlungen errichtete Preußen 1913 anlässlich der Tausendjahrfeier der Stadt das Hessische Landesmuseum. Angelegt wurde das Museum als eine Art „Vaterländisches Museum“ und neben den fürstlichen Sammlungen wurde hier nun auch eine Sammlung volkskundlicher Objekte aus Nordhessen eingerichtet. Damit kamen auch bäuerliche und bürgerliche Keramiken in die Sammlung des Museums, die neben einer kleinen Auswahl ur- und frühgeschichtlicher Keramiken auch in diesem Buch vertreten sind. Darüber hinaus wurden nun auch die keramischen Sammlungen museal geführt und durch gezielte Ankäufe von nordhessischen Porzellanen und Keramiken ergänzt.

1924 wurden die Sammlungen in die Staatlichen Kunstsammlungen Kassel überführt, während die Schlösser in preußischer Verwaltung verblieben. Nach dem Zweiten Weltkrieg dann gingen die Schlösser und deren Inventar in der Verwaltung der Staatlichen Schlösser und Gärten Hessens auf. 2006 führte man die nordhessischen Institutionen zur Museumslandschaft Hessen Kassel erneut zusammen und damit wurden auch die keramischen Kunstwerke wieder vereint unter einem Dach.

Seit den 1980er Jahren wurde zielgerichtet eine Sammlung von historistischem Kunsthandwerk und modernem Design zusammengestellt, die nicht nur die Entwicklung Nordhessens bezeugt, sondern internationale Strömungen festhält. Gerade in der Kunst der Keramik gelangen bedeutsame Ankäufe, die die Sammlungen entscheidend ergänzten. Die fehlende Ankaufspolitik zeitgenössischer Arbeiten während der zweiten Hälfte des 19. und des 20. Jahrhunderts wurde somit nachträglich behoben. Neben industriellem Design gehört hierzu auch eine Auswahl von Künstlerkeramiken, die vor allem in Nordhessen entstanden sind.

So kann die Museumslandschaft Hessen Kassel heute doch ein sehr umfangreiches und auch relativ geschlossenes Bild von der Entwicklung der Kunst der Keramik von deren Anfängen bis in die Gegenwart bieten. Auch wenn die Sammlung heute sehr von den musealen Zuwächsen in den letzten 150 Jahren geprägt ist, so lässt sich der fürstliche Ursprung auch in der Kunst der Keramik immer noch deutlich erkennen.

Frühe Anfänge

(1)

Funde aus einer Grabung von 1708

Maden, Hessen, 2800–2200 v. Chr. und 800–400 v. Chr.

Ton, Einstichdekor im Fischgrätenmuster, gebrannt

Inv. Nr.:

VF 1099, H.: 7 cm, D.: 12 cm

VF 1105, H.: 28,5 cm, D.: 24 cm

VF 1098, H.: 21 cm, D.: 19,5 cm

Die Historiografen des späten 17. und frühen 18. Jahrhunderts entwickelten neben der anhaltenden Aufmerksamkeit an der griechisch-römischen Vergangenheit immer mehr Interesse für die eigene, regionale Geschichte, für die man fürstliche Auftraggeber zu gewinnen versuchte. Theoretische Grundlage bildeten die Berichte römischer Schriftsteller über die Germanen, so etwa die von Tacitus (58– um 120 n. Chr.) verfasste „Germania“. In Kassel veranlasste Landgraf Carl (1654–1730) 1708 eine gezielte Grabung bei Maden im Schwalm-Eder-Kreis, ca. 20 Kilometer südlich von Kassel. Der Ort wurde vermutlich auch aus politischen Gründen gewählt, da an diesem für Niederhessen zentralen Gerichtsort auch bis 1654 die Landstände getagt hatten. 1714 erschien zu dieser Grabung in Marburg die „Dissertation über die Graburnen und Steinwaffen der alten Chatten“ von Johann Hermann Schmincke (1684–1743) und Johannes Oesterling (1691–1751). Da der Dissertation auch ein Kupferstich beigefügt ist, lassen sich noch heute in den Kasseler Sammlungen einige Gegenstände identifizieren.

Es handelt sich um mehrere Gefäße und eine Steinaxt der Jungsteinzeit sowie andere zeitlich nicht zuordenbare Gegenstände. Der Datierung in die Zeit des in Nordhessen ansässigen germanischen Stammes der Chatten aus dem 18. Jahrhundert lässt sich heute nicht mehr zustimmen. Dennoch ist das frühe wissenschaftliche Interesse an der eigenen Vergangenheit sowohl beim Fürsten wie an der Universität Marburg äußerst bemerkenswert.

In diesem Zusammenhang steht der Fund vor allem für das frühe Sammlungsinteresse der Landgrafen von Hessen-Kassel – unter anderem auch für keramische Kunstwerke. Zugleich ist es aber auch ein Einstieg in die Schönheit getöpferter Gefäße. Eine wichtige Voraussetzung für mitteleuropäische Gefäßkeramik war dabei, mit einigen Einschränkungen, die Sesshaftwerdung. So bilden die Grundlagen für das keramische Handwerk doch der Ton, der gewonnen werden muss, die Verfügbarkeit von Holz, um den Ton brennen zu können und häufig auch ein gebauter Ofen, in dem entsprechende Temperaturen erzielt werden können – letztlich ein hochkomplizierter Prozess, der die Geschichte der Keramik begleiten wird.

ME

Lit.: Görner/Sattler 2016, S. 74f.

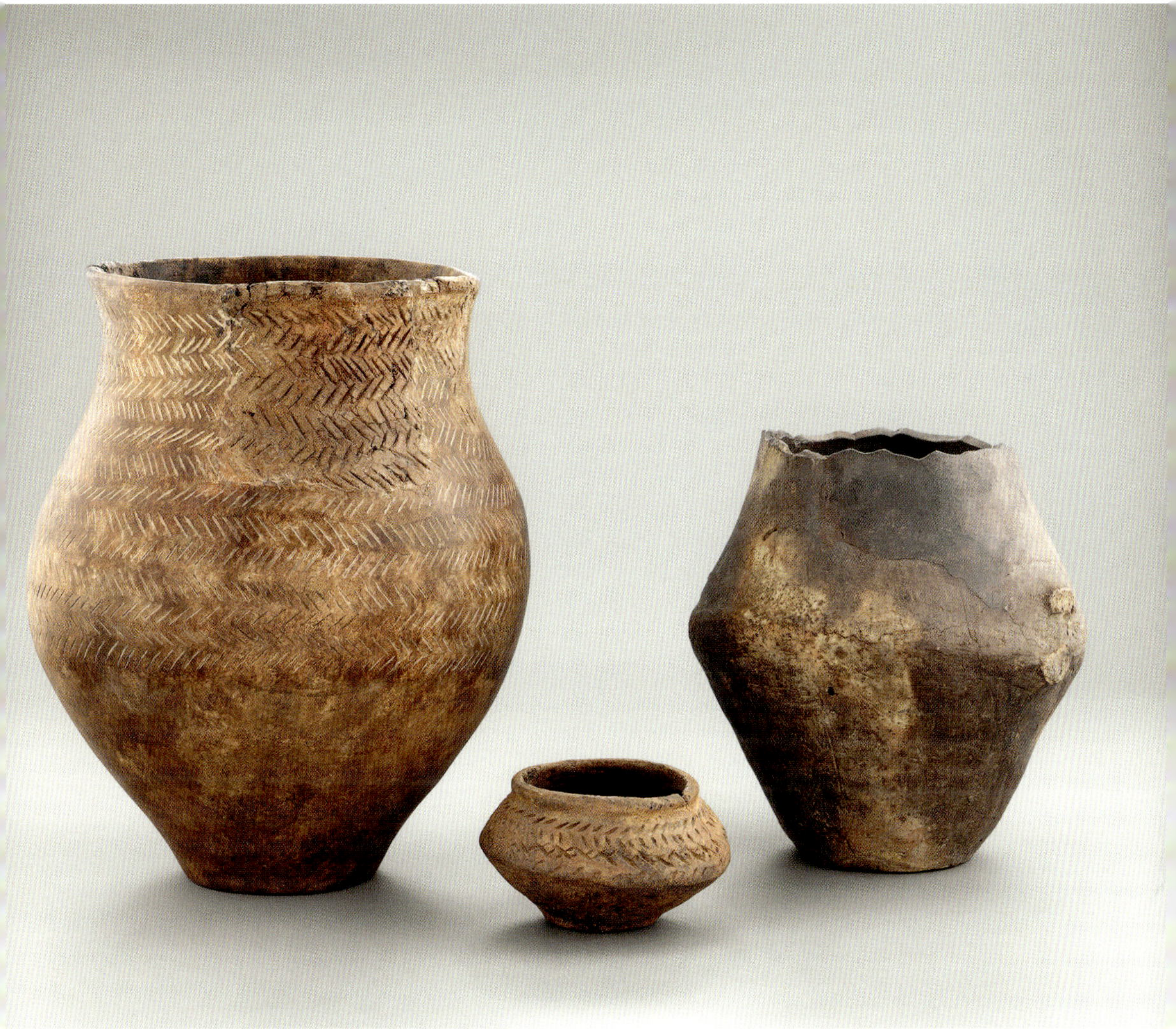

Urnen aus der Bronzezeit

(2)

Grabbeigaben aus Hügel 12

Cappel, Hessen, 900–850 v. Chr.
Ton, Ritzdekor, gebrannt
Inv. Nr.: VF 4139 a, H.: 46 cm, D.: 61 cm
Inv. Nr.: VF 4139 d–i

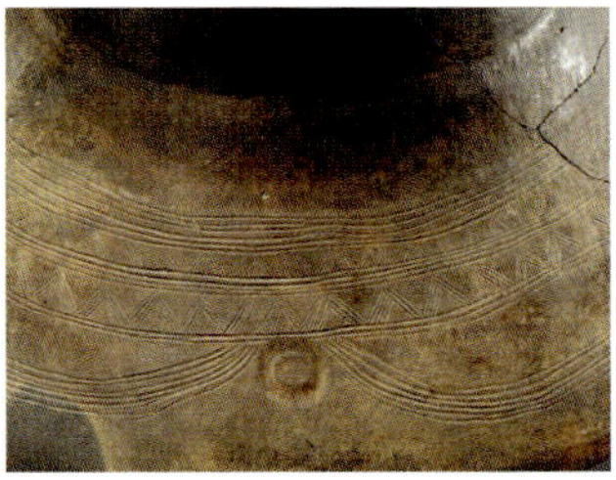

Der Beginn der Keramikkunst ist eng verbunden mit der Sesshaftwerdung des Menschen, kann also im Neolithikum (Beginn in Mittel- und Nordhessen ab 5500 v. Chr.) angesiedelt werden. Bis in die späte Eisenzeit wurde der Ton aus der Region verwendet, der bis zu diesem Zeitpunkt frei aufgebaut und danach gelegentlich auch gedreht wurde. Je nach Verwendungszweck wurde der Scherben grob oder fein gearbeitet. Durch den vorherrschenden Feld- oder Grubenbrand entstehen schnell hohe Temperaturen, sodass nur ein sehr poröser Scherben den entstehenden Wasserdampf schnell genug abgibt, ohne dass das Gefäß zerbricht. Teilweise wurde bei grob gearbeiteten Gefäßen die Oberfläche noch weiter künstlich aufgeraut, um einen Kühlungseffekt etwa für die Lagerung von Lebensmitteln zu erzielen.

Die große feinkeramische Urne mit ihren Beigefäßen, die ursprünglich vermutlich Speisen für den Verstorbenen beinhalteten, sind in die Spätbronzezeit (1300–800 v. Chr.) zu datieren, die auch als „Urnenfelderzeit“ bezeichnet wird. Um 1300 v. Chr. änderten sich nämlich die Bestattungsrituale: Anstatt den Toten in der Erde beizusetzen, wurde der Leichnam auf einem großen Scheiterhaufen verbrannt, und der Leichenbrand wurde häufig in Urnen oder anderen Behältnissen beigesetzt. Dementsprechend kam den Urnen eine rituelle Bedeutung zu, die sich bei dieser Gefäßgruppe in der aufwendigen Gestaltung widerspiegelt. Daneben wurden aber auch gröbere, teilweise sogar beschädigte Gefäße für diesen Zweck verwendet.

Für keramische Kunstwerke sind Formgebung und Dekor von prägender Bedeutung. Gerade in der Formgebung überrascht den heutigen Betrachter immer wieder die Vielfalt vor- und frühgeschichtlicher Keramik. In diesem Fall bilden zwei trichterförmige Korpusteile einen Knick in der Bauchung aus, die immerhin einen Durchmesser von 61 cm aufweist. Der Hals wird leicht konisch nach oben geführt und endet in einem um 90 Grad geknickten breiten Rand – in der Herstellung der Formung durchaus eine Herausforderung. Für den Dekor bediente man sich eines Ritzdekors, eine frühe Art der Verzierung. So werden Reliefbänder ausgebildet und darüber hinaus feine Ritzlinien. Diese Dekorationstechnik verweist auf süddeutsche Traditionen und zeugt damit vom vielfältigen kulturellen Austausch, der gerade in der keramischen Kunst schon früh nachzuweisen ist.

ME

Lit.: Görner/Sattler 2016, S. 104f.

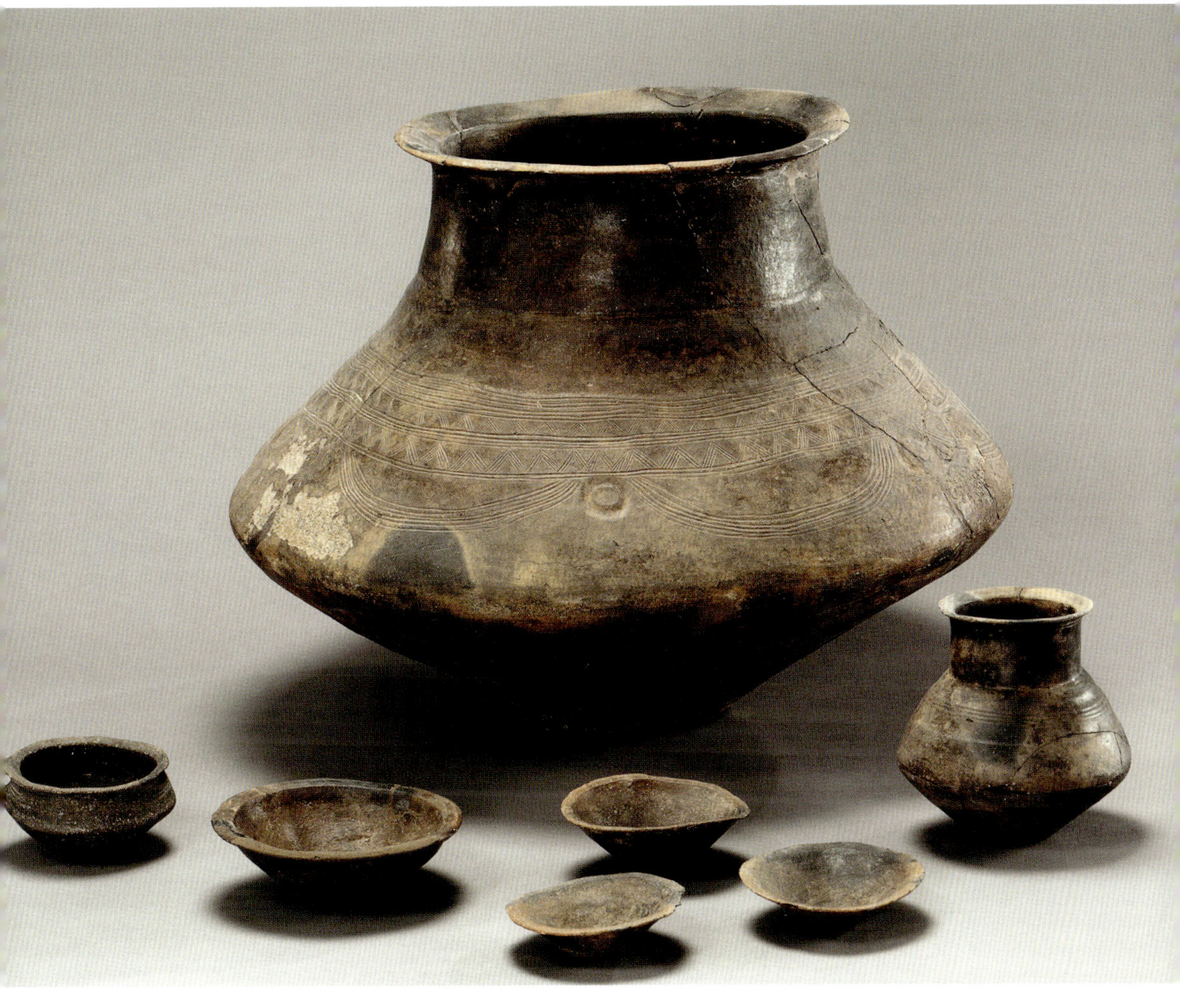

Buntes aus dem Süden

(3)

Tongefäß mit rot-schwarzer Bemalung

Vollmarshausen, Hessen, 490–390 v. Chr.
Ton, bemalt mit Erdfarben, gebrannt
H.: 20,8 cm, D.: 24 cm
Inv. Nr.: VF 1961/35 a

Die ur- und frühgeschichtliche Archäologie interpretiert die materiellen Quellen zum einen auf ihre Funktion und zum anderen als Hinweis auf vergangene Geschehnisse. Deshalb spielt die genaue Datierung eine wichtige Rolle. Aber auch die Gestaltung - beispielsweise von keramischen Gefäßen - ist ein wichtiger Hinweis, kann hierüber doch auf einen kulturellen Austausch geschlossen werden, der spätestens mit den großen Handelsrouten der Bronzezeit eine wichtige Entwicklung darstellt.

Das gebauchte Gefäß mit zum Teil plastischen Dreifachrippen, betonter Schulter und leicht ausschwingendem Rand stammt aus einem Gräberfeld bei Vollmarshausen. Auffällig ist dabei die schwarze und rote Bemalung, wie sie eigentlich für Süddeutschland typisch ist. Ursprünglich war der Korpus wohl rot gefärbt und zeigte darüber schwarze, senkrechte Streifen. Die Bemalung setzt dabei eine Glättung der Oberfläche voraus, eine weitere technische Entwicklung in der Kunst der Keramik, die in Hessen etwa ab der Bronzezeit nachgewiesen ist. Über Nordbayern, Thüringen und vor allem Mittelhessen wurde die Bemalung von Keramiken nach Nordhessen vermittelt. Hier tauchen in den Gräbern bemalte Gefäße zusammen mit Gefäßen mit anderen Dekorationsweisen auf.

Die Bemalung wird zu einer wichtigen Dekorationsart innerhalb der keramischen Kunst. Gerade hier kommt es in der Keramik zu zahlreichen Experimenten, wie man dies etwa in der Kunst der etwa zeitgleich beginnenden griechischen Vasenmalerei nachvollziehen kann.

ME

Lit.: Görner/Sattler 2016, S. 118f.

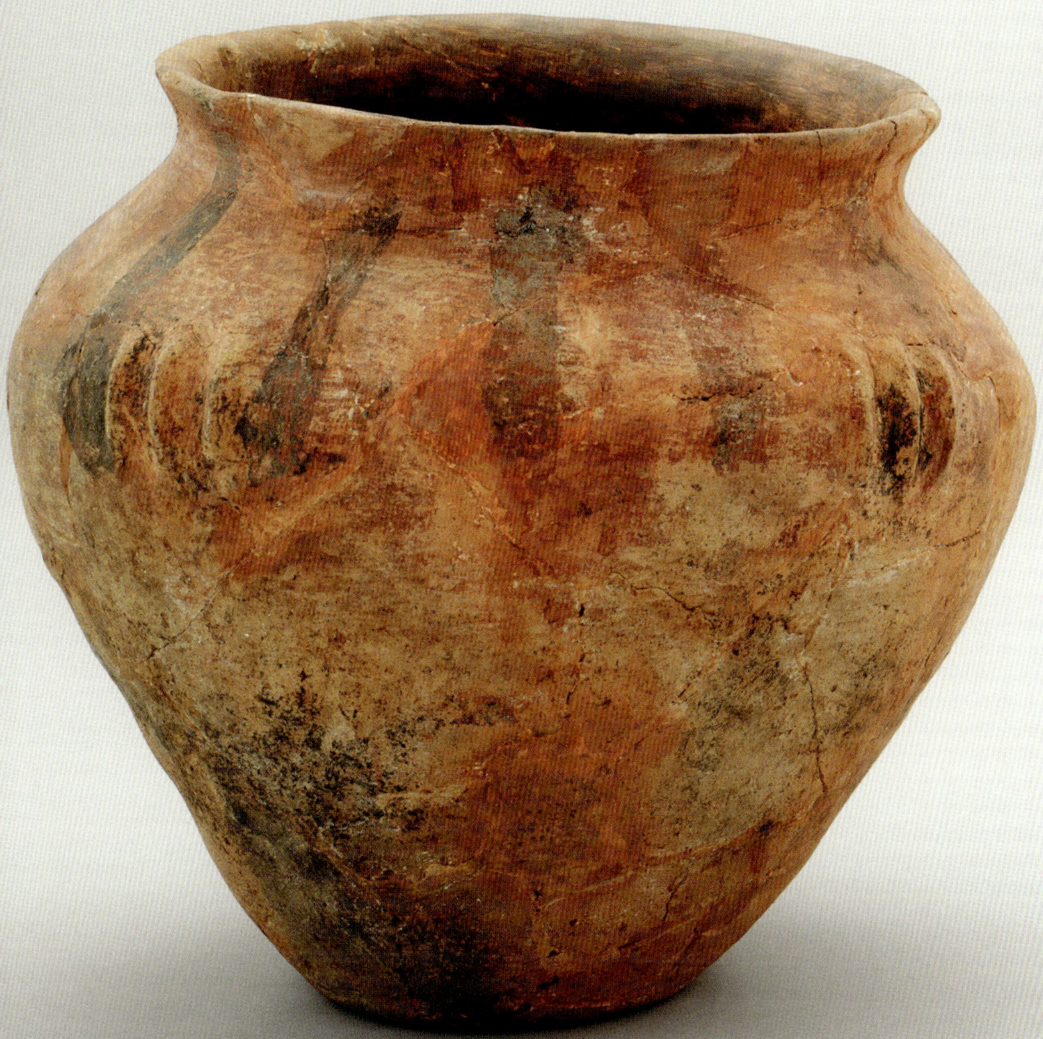

(4)

Skyphos

The Royal Library Painter (tätig um 620–590 v. Chr.)
Korinth, Griechenland, um 600 v. Chr.
Ton, gedreht, engobiert, bemalt, geritzt
H.: 16 cm, D: 30,8 cm
Inv. Nr.: T 562

Unter griechischer Vasenmalerei versteht man die meist mit brennbaren Erdfarben aufgetragene Dekoration griechischer Keramik, die sich von etwa 2500 v. Chr. bis in das letzte vorchristliche Jahrhundert erstreckt. Dabei wurden alle Arten von Gefäßen dekoriert – vom Alltagsgeschirr bis zu Gegenständen, die man im Kult und bei Festen oder als Grabbeigaben verwendete. Die Entwicklung der griechischen Vasenmalerei wird dabei in unterschiedlichen Phasen beschrieben. Der kretisch-minoischen und mykenischen Phase folgt der geometrische Stil, der dann von der orientalischen Phase abgelöst wird, zu der auch der hier gezeigte Skyphos, ein Trinkgefäß, gehört.

Ab etwa 750 v. Chr. dominierte die Stadt Korinth die Keramikproduktion. Erstmals tauchen nun mehr figürliche Friese auf und auch schon mythologische Darstellungen werden in der Malerei aufgenommen. Die Haltung der Tiere und deren Reihung im Fries hatten dabei ihr Vorbild im Orient. Auch die dort auftauchenden Darstellungen von Löwen, Greifen und Sphingen fanden Eingang in die korinthische Vasenmalerei. Die figürlichen Darstellungen sind dabei in Schwarz gehalten, die sich von dem hellen Hintergrund absetzen. Durch Ritzungen im Malton entsteht die Binnenstruktur der figürlichen Darstellungen. Gebräuchlich war für die Herstellung der Dreiphasenbrand, der hochglänzende schwarze Oberflächen ermöglichte, wie man sie dann auch bei der schwarz- und rotfigurigen Malerei findet. Es handelt sich dabei um einen Brandvorgang, wobei zunächst Luft hinzugefügt wird (Oxydation) und Ton und Schlicker sich rot verfärben und der Malton verglast. Dann wird die Luftzufuhr reduziert (Reduktion), wodurch sich beide Tonarten schwarz verfärben. Abschließend erfolgt erneut eine Oxydation, in der der poröse Ton kaum Sauerstoff aufnehmen kann, weshalb er sich erneut rot verfärbt.

Der hier gezeigte Skyphos ist in jeder Hinsicht typisch für die korinthische Produktion. Die Gefäßform ist bereits seit dem 8. Jahrhundert v. Chr. gebräuchlich und das dünnwandige Gefäß weist einen konventionellen Tierfries auf. Dieser zeigt auf der einen Seite in zweimaliger Wiederholung je einen Panther und einen Steinbock, die sich gegenüberstehen, auf der anderen Seite eine geflügelte Sirene, flankiert von einer Sphinx und einem Panther.

ME

Lit.: Yfantidis 1990, S. 155f.; Kunisch 1996; Boardman 2007.

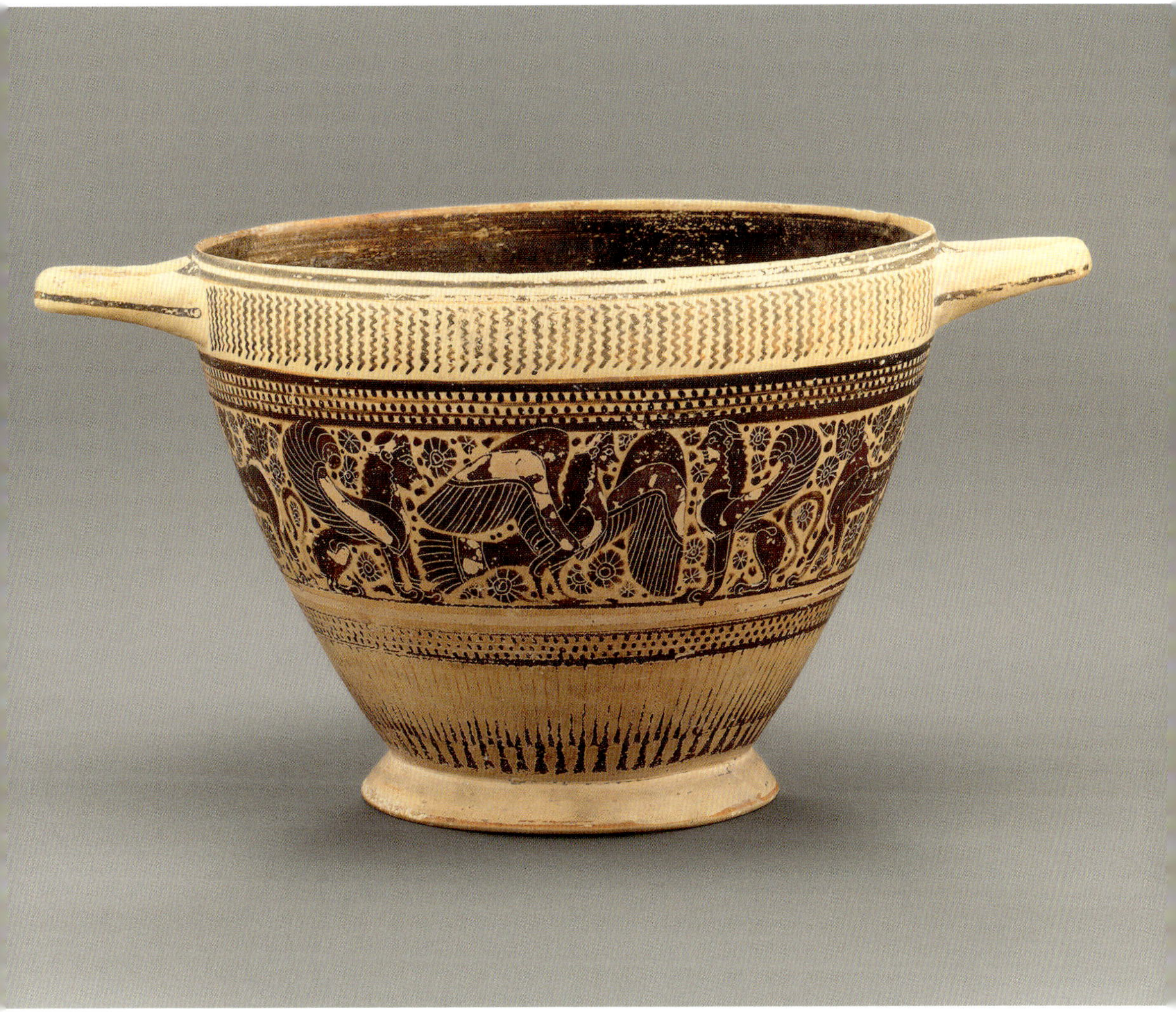

Ein Superheld auf der Vase

(5)

Halsamphora „Theseus und Minotauros“

Affektierter Maler (tätig um 550–530 v. Chr.)
Athen, Griechenland, um 540 v. Chr.
Ton, gedreht, schwarzer Glanztonüberzug, Deckrot, Deckweiß, Ritzung
H.: 21,8 cm, D.: 24 cm
Inv. Nr.: T 679

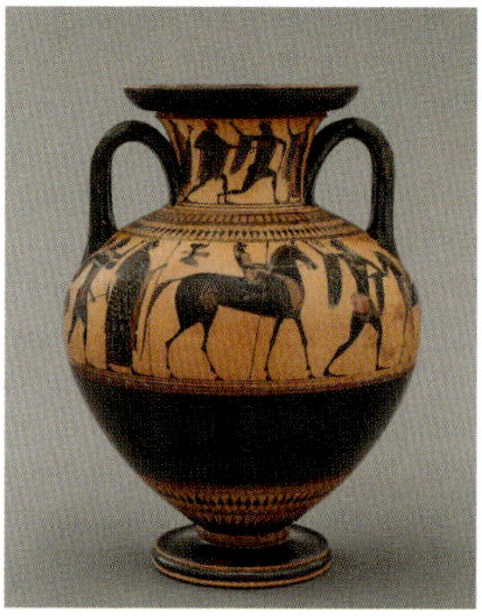

Der orientalischen Phase der griechischen Vasenmalerei folgte ab der zweiten Hälfte des 7. Jahrhunderts v. Chr. bis zum Beginn des 5. Jahrhunderts v. Chr. die schwarzfigurige Vasenmalerei. Nun werden menschliche Figuren vermehrt in Gelage- und Kampfszenen und in mythologischen Szenen dargestellt, die oft im Umkreis der Heraklessage und des Trojanischen Krieges standen. Weiterhin werden dabei die Szenen mit Schlicker oder Glanzton auf den ungebrannten Ton gemalt, und die Details der Binnenzeichnung werden mit einem Stichel herausgehoben (vgl. Kat. Nr. 4). Erstmals wurde in Korinth dann auch Weiß als Farbe eingesetzt, vor allem, um die Haut weiblicher Figuren abzusetzen.

Ab 570 v. Chr. übernahm Athen die künstlerische Führungsrolle in dem ursprünglich von Korinth ausgehenden Stil. Die hier entstandenen Gefäße werden als attisch-schwarzfigurige Keramik bezeichnet. Hierzu gehört auch die hier vorgestellte Amphora. Die Vorderseite zeigt Theseus, der den menschengestaltigen Minotaurus an seinem Horn packt und mit seiner Rechten das Schwert zum Hieb hebt. Dem attischen Helden Theseus folgen zwei Männer, ein weiterer Mann stellt sich dem Minotaurus entgegen. Auf der gegenüberliegenden Seite begleitet Hermes einen bärtigen Mann zu Pferd, dem wiederum eine geflügelte Figur mit Hacke und Korb, vermutlich Daidalos oder Ariastos, Sohn Apolls und der Nymphe Kyrene, zu Fuß folgen. Gerahmt wird die Szene von je einem geflügelten Pferd. Auf dem Hals des Gefäßes sind zwei Verfolgungsszenen dargestellt. Die Tötung des Minotaurus ist die am häufigsten dargestellte Tat des Theseus in der attisch-schwarzfigurigen Vasenmalerei, was das besondere Interesse der Athener an dieser befreienden Tat ihres Ahnen reflektiert.

Die Amphora kann dem „affektierten Maler“ zugeschrieben werden, der diesen Notnamen aufgrund seines gezierten Figurenstils erhielt. Etwa 135 Gefäße können diesem Töpfer und Maler zugeschrieben werden, wobei seine Spezialität wohl Amphoren waren. Seine Aufmerksamkeit galt vor allem der dekorativen Wirkung seiner Bilder, gekennzeichnet durch die langen, gemusterten Mäntel und den affektierten Gesten. Der erzählende Bildinhalt tritt dem gegenüber zurück: So verwendete er in der Regel auch nicht näher bestimmbare Szenen wie etwa die Verfolgungsszenen auf dem Hals des Gefäßes.

ME

Lit.: Yfantidis 1990, S. 130f.; Kunisch 1996; Simon 2004, S. 428.; Boardman 2007.

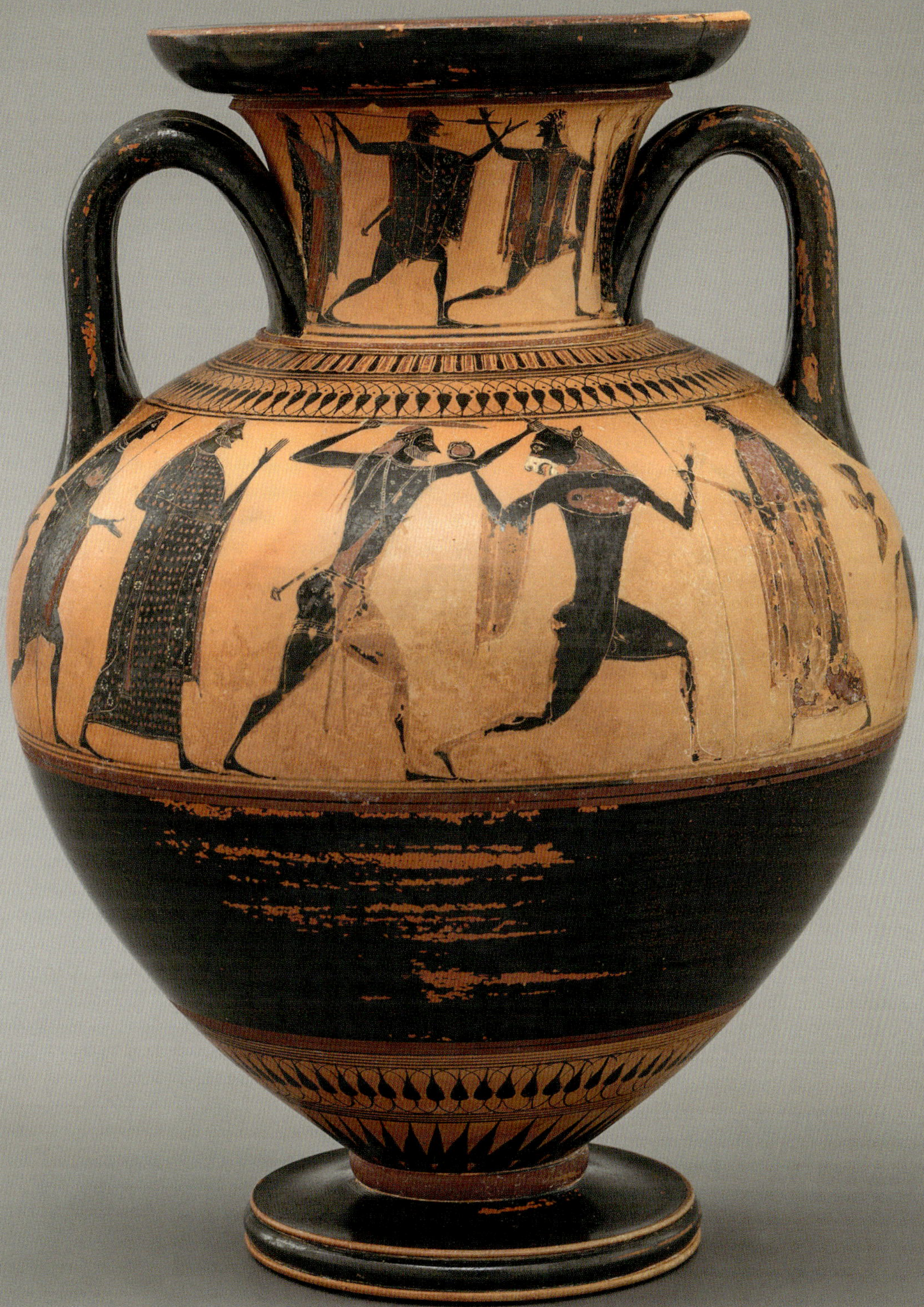

Heimkehr auf dem Maultier

(6)

Stamnos

Polygnotos-Gruppe (tätig um 480–450 v. Chr.)
Athen, Griechenland, um 440 v. Chr.
Ton, gedreht, schwarzer Glanztonüberzug, Deckrot, Deckweiß
H.: 42,5 cm, D.: 33,2 cm
Inv. Nr.: T 682

Um 530 v. Chr. wurden erstmals Vasen im rotfigurigen Stil produziert, der eine weitere Epoche der griechischen Vasenmalerei einleitete. Als Erfinder dieser Technik gilt der Andokides-Maler (tätig um 530–510 v. Chr.). Dabei wird die bis dahin gültige Technik umgedreht, indem nun der Hintergrund geschwärzt wird und die Figuren ausgespart bleiben. Die Binnenzeichnung wird nun mit einem Pinsel aufgetragen, was eine größere Feinheit erlaubt, sodass nun auch komplizierte Überschneidungen und Dreiviertelansichten möglich werden, die zu einem bis dahin unbekannten Realismus führten. Entsprechend vielseitig waren auch die Bildthemen, etwa Episoden aus der Mythologie und aus den Heldenepen, sowie Alltagsszenen.

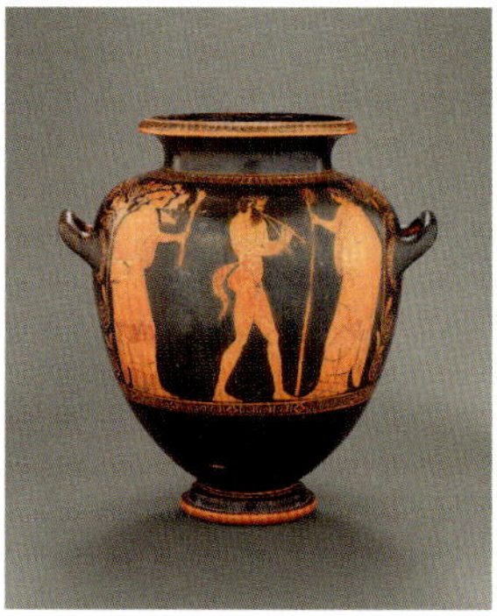

Das Bildthema des Stamnos ist die Rückführung des Hephaistos in den Olymp, nachdem dieser aufgrund seiner verkrüppelten Füße von Hera aus dem Götterhimmel geworfen worden war. So zeigt die Vorderseite den in Chiton, Fell, Mantel und Laschenstiefeln gekleideten bärtigen Hephaistos, Gott der Schmiede und Kunsthandwerker, der in der Linken eine Zange mit Kohlenstück hält, in der Rechten den Thyrosstab. Im Kontrast zu dem so würdig gekleideten Gott steht der Umstand, dass er auf einem Maultier reitet, was in der Antike wenig geschätzt war. Weiterhin hängen seine Füße schlaff herab, was auf seine körperliche Beeinträchtigung anspielt. Das Maultier wird von einem kleinen Satyr geführt und folgt Dionysos, dem Gott des Weines, der den Schmiedegott in den Olymp zurückbrachte. Dem Zug folgt ein die Doppelflöte spielender Silen. Diese Darstellung des Silenen wird auch auf der gegenüberliegenden Seite des Stamnos aufgegriffen, diesmal gerahmt von zwei Mänaden mit Thyrosstab bzw. Fackel.

Der Stamnos wird der Polygnot-Gruppe zugeschrieben, eine Reihe von Künstlern, die sich aufgrund großer stilistischer Ähnlichkeiten zusammenfassen lässt und nach ihrem Hauptvertreter, einem der bedeutendsten Maler des rotfigurigen Stils, dem Vasenmaler Polygnot (tätig um 480–450 v. Chr.), benannt wurde. Ungefähr 675 Vasen lassen sich dieser Gruppe zuschreiben.

ME

Lit.: Yfantidis 1990, S. 214ff.; Kunisch 1996; Boardman 2007.

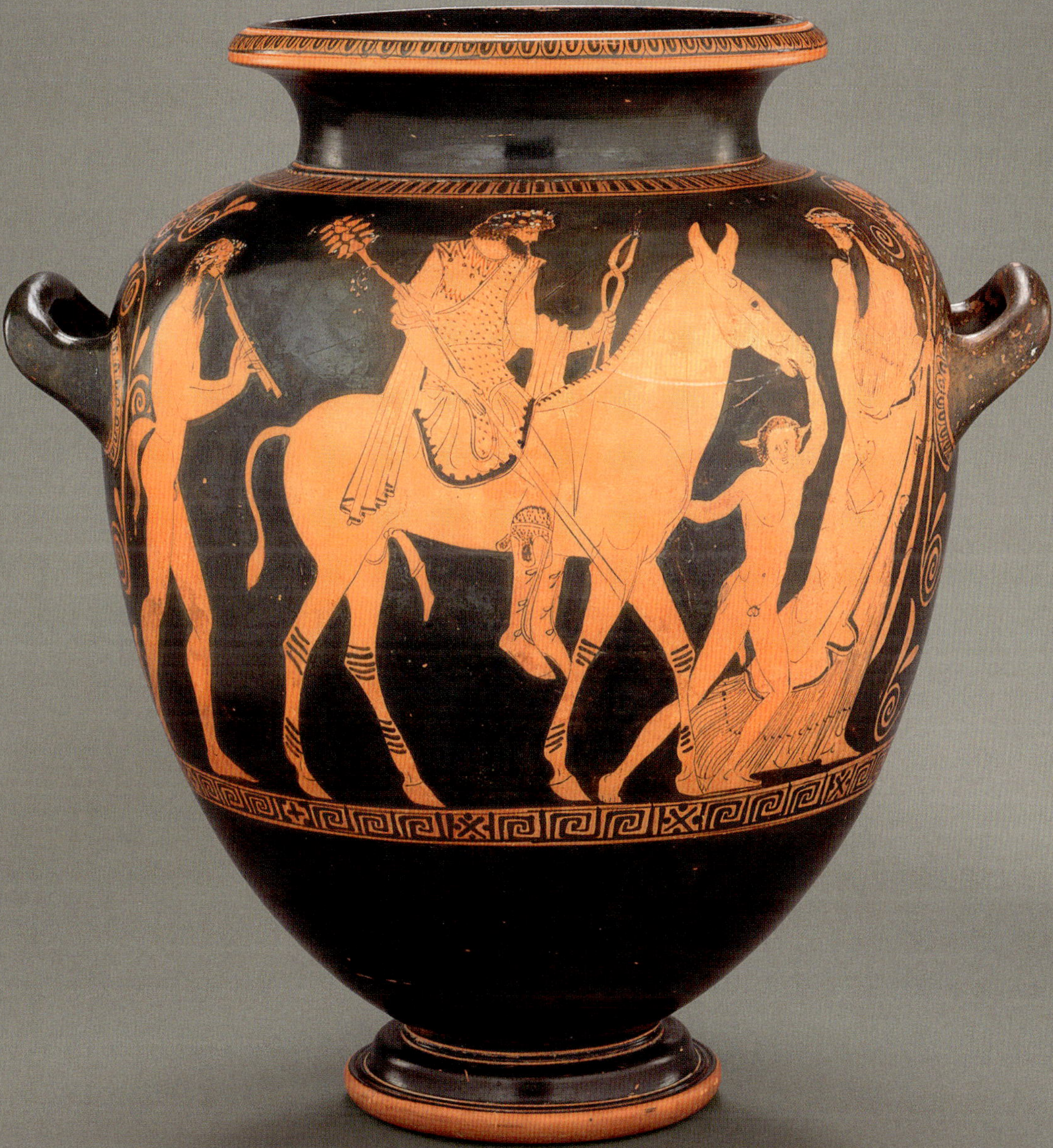

Zeitlose Eleganz

(7)

Tanagra Figur „Aphrodite“

Wohl Tanagra, Griechenland, um 300 v. Chr.
Terrakotta, modelgeformt, polychrome Bemalung (Reste)
H.: 24,8 cm
Inv. Nr.: T 432

1874 fand ein Bauer in Zentralgriechenland beim Pflügen ein Gräberfeld der Totenstadt von Tanagra und entdeckte mehrere gut erhaltene Terrakottafiguren von 15–35 cm Höhe, die elegante junge Mädchen darstellten. Obgleich diese Art der Figuren den Archäologen bereits bekannt war, löste dies bei den Museen und Sammlern einen wahrhaften Boom aus. Selbst Rainer Maria Rilke (1875–1926) setzte in seinem 1906 in Paris erschienenen Gedicht „Tanagra“ der anmutigen Schönheit dieser Figuren ein Denkmal. Benannt wurden diese im 4. und 3. Jahrhundert v. Chr. im hellenistischen Raum sehr beliebten Figuren nach ihrem Fundort, obgleich sich weitere Produktionsstätten auch in Alexandria, Tarent und Myrina befanden.

Die kleinen Tonfiguren stellen fast ausnahmslos vornehme Frauen dar, die dem Schönheitsideal ihrer Zeit entsprachen. So weisen die Gewänder einen prächtigen Faltenwurf auf und sind oft eng um den Körper geschlungen, die Frisuren sind aufwendig und die Mädchendarstellungen zeigen prachtvolle Details wie Ohrringe, Fächer oder spitz zulaufende Hüte. Selten sind Götterfiguren wie die der Aphrodite vertreten. Die kleinen Figuren dienten wohl als Glücksbringer und vor allem auch als Grabbeigaben. In dieser Funktion wurden sie oft besonders früh verstorbenen Frauen beigegeben und sollten das Idealbild einer Frau verkörpern – schön, klug und den Künsten zugeneigt. Die Funktion als Glücksbringer zeigt sich darin, dass ihr Verlust oder ihre Zerstörung als Unglück galten. Bereits als Kind bekam man eine solche Figur gereicht, die einen idealerweise bis in Grab begleiten sollte.

Dabei erfolgte die Fertigung der Figuren manufakturähnlich in vorgefertigten Gießformen aus Holz. Meist wurden der Kopf, teilweise auch die vom Körper abstehende Arme, separat angefertigt und mit Ton an den Korpus befestigt. Nach dem Auskühlen erhielten die hohl gebrannten Figuren eine weiße Grundierung, auf die dann eine kunstvolle Bemalung aufgetragen wurde. Auch wenn durch das Abplatzen der Grundierung diese farbige Fassung meist verloren ist, so künden besser erhaltene Exemplare immer noch von dem farbenprächtigen ursprünglichen Aussehen.

ME

Lit.: Zimmer/Kriseleit/Eule 1994, S. 21f.

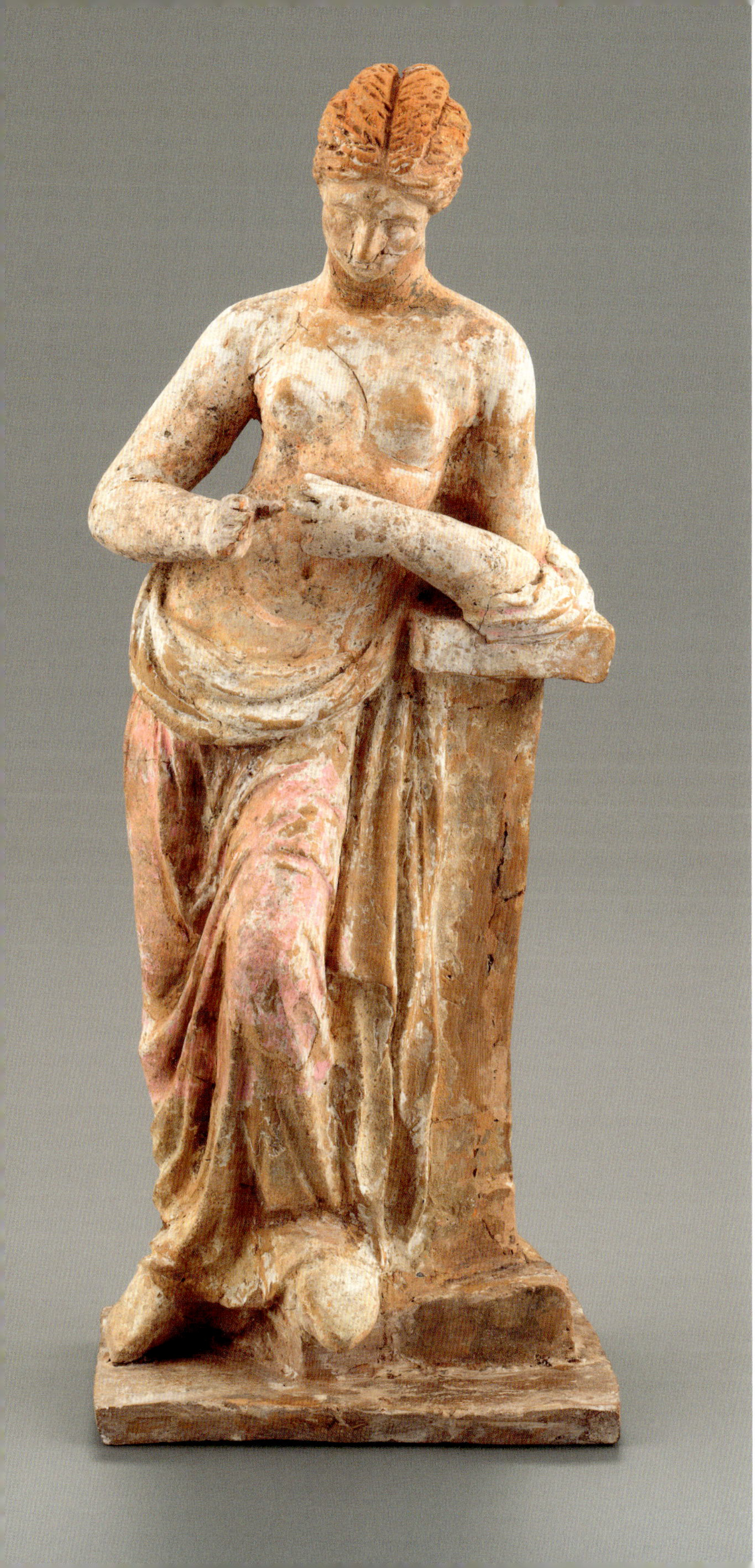

Rote Exportschlager – die Terra Sigillata

(8)

Reliefschüssel

Rheinzabern, Rheinland-Pfalz, 100–299 n. Chr.
Ton, orangeroter Überzug
H.: 12,6 cm, D.: 22,7 cm
Inv. Nr.: T 641

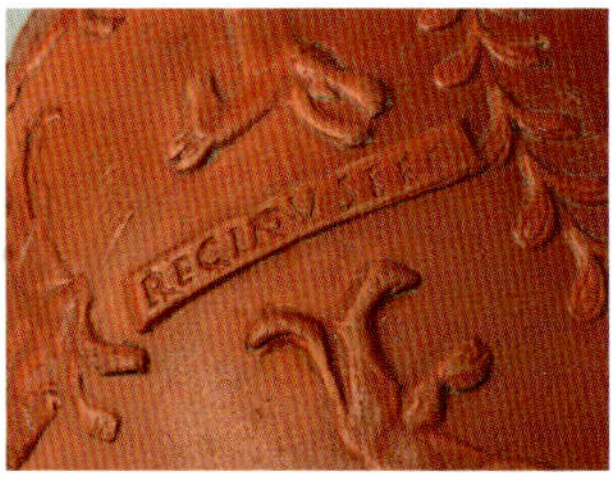

Zur wohl wichtigsten römischen Keramikgattung gehört die Terra Sigillata. Das glänzend rot überzogene Geschirr kopiert dabei teure Metallgeschirre und hat seine Vorläufer im hellenistischen Mittelmeerraum, wobei diese zumeist reduzierend gebrannt und somit schwarz waren. Oxidierende Brände erfolgten dann in Nordsyrien und wurden um die Mitte des 1. Jahrhunderts v. Chr. im italienischen Arezzo übernommen und vervollkommnet. Die Keramik erfreute sich schnell großer Beliebtheit und breitete sich im gesamten Römischen Reich aus.

Grundsätzlich unterscheidet man in glatte Ware oder mit Modeln hergestellte Gefäße, die ein Relief aufweisen. Beide wurden auf schnell rotierenden Töpferscheiben angefertigt. Für die reliefierten Gefäße wurde zunächst eine Formschüssel angefertigt. Die Innenseite wurde mit einzelnen (positiven) Punzen verziert – es entstehen also negative Eindrücke. Nach dem Brennen benutzte man die Formschüssel, um darin zahlreiche Einzelgefäße abzuformen, wobei das Muster nun im Relief erscheint. Die Glanzton-Engobe erhielt das Gefäß im lederharten Zustand. Große, manufakturähnliche Betriebe entstanden im gesamten Römischen Reich, so auch in Trier und Rheinzabern, die im 3. Jahrhundert n. Chr. die Produktion dominierten. Vorteilhaft waren in den germanischen Produktionsstätten hier nicht nur die guten Rohstoffe, sondern vor allem auch die ausgezeichneten Transportwege. Für die Rheinzaberner Terra sigillata ist dabei ein orangeroter Glanzton charakteristisch.

Die dickwandige Schüssel weist unter einer Wulst einen Steilrand auf. Die darunterliegende Reliefzone ist mit einem Eierstab abgesetzt. In zwei übereinanderliegenden Reihen zeigt das Relief nach links springende Pferde und jagende Hunde, unterbrochen von einem Pfau (?) und einem Hasen. Auf einem vertikalen Streifen ist die Töpfersignatur „REGINVS FEC(IT)" eingestempelt. Diese oft anzutreffende Signatur gab der Keramik ihren Namen: Terra sigillata („gestempelte Erde"). Angebracht wurde sie wohl vor allem, um für die Produktionsstätte zu werben.

ME

Lit.: Garbsch 1982; Yfantidis 1990, S. 292.

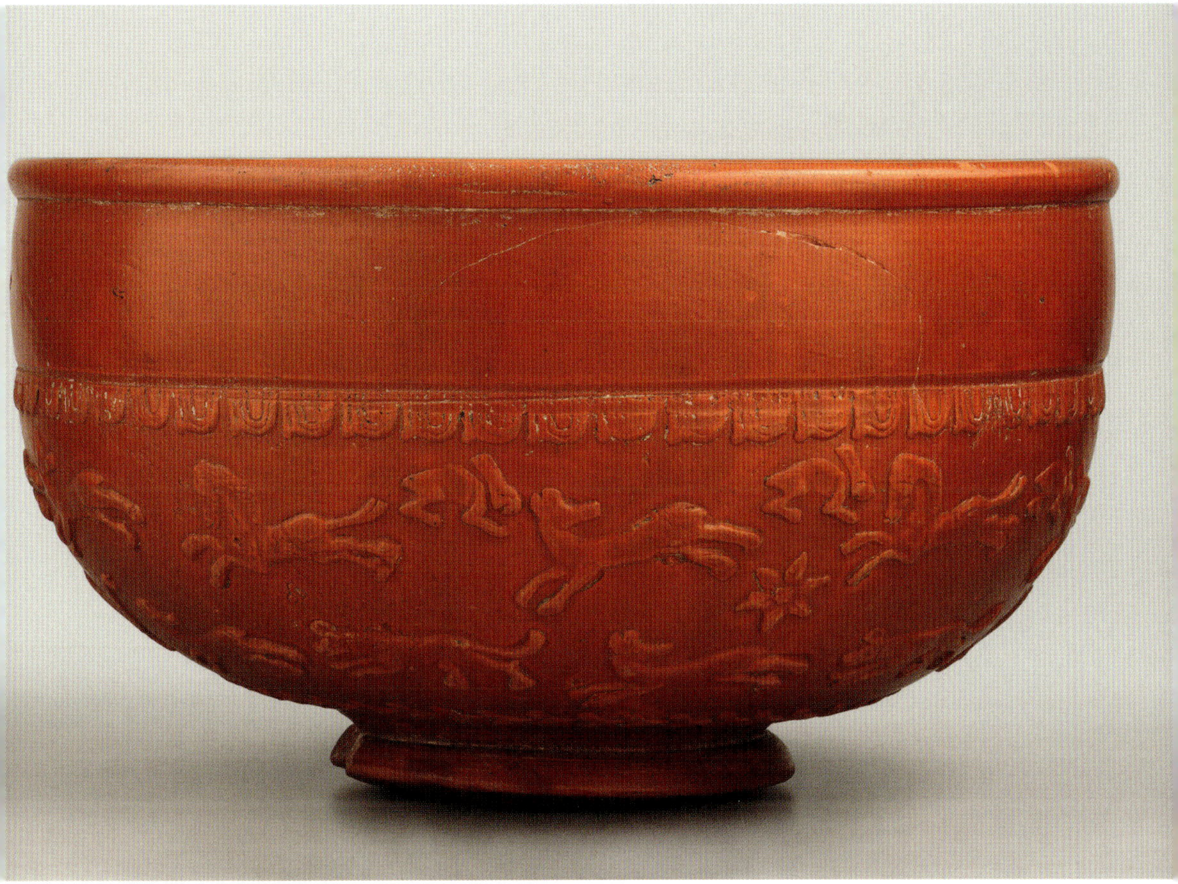

Ein königliches Kultgefäß?

(9)

Ptolemäerkanne mit Berenike II.

Alexandria, Ägypten, 246–221 v. Chr.
Quarzkeramik, blau glasiert (Reste), Mündung ergänzt
H.: 29,5 cm, D.: 15,5 cm
Inv. Nr.: T 1018

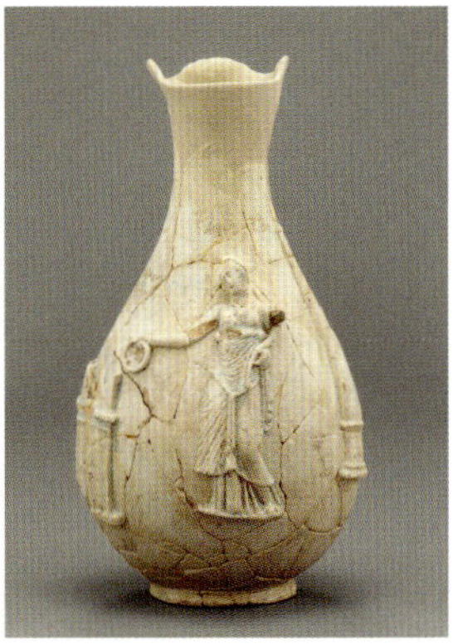

Die schlanke Kanne, deren kleeblattförmiger Ausguss ergänzt ist, weist ein aufgesetztes Relief auf. Gegenüber dem Henkel ist so eine in Chiton und Mantel gehüllte Frau mit Füllhorn im linken Arm zu erkennen, deren Rechte eine Opferschale über einen Altar ausgießt, der die Inschrift „THEON EUERGETON" (griech.: „(Altar) der wohltätigen Götter") aufweist. Der Henkel selbst mündet in einer plastischen Silenenmaske. Durch die Beischrift „BERENIKES BASILISSES AGATHES TYCHES" (griech.: „von Berenike der Königin, der Agathe Tyche") ist die dargestellte Frau als Königin Berenike II. (um 266–221 v. Chr.), Frau des Ptolemaios III. Euergetes I. (um 284–222 v. Chr.) von Ägypten) ausgewiesen. So ist die Königin also vermutlich beim Opfer anlässlich ihrer eigenen Kultfeier dargestellt. Es hat sich eine Gruppe ähnlicher Kannen erhalten, die vermutlich ausschließlich Verwendung im Herrscherkult des ptolemäischen Königshauses fanden.

Ursprünglich muss man sich die Kanne blau glasiert vorstellen - wenige Reste davon haben sich auf der Kanne erhalten. Es handelt sich um Ägyptische Fayence, die stark zu unterscheiden ist von Fayencen der Renaissance und des Barocks, wo die Grundlage für den Farbauftrag eine Blei- oder Zinnoxidglasur bildete. Ägyptische Fayence setzt sich hingegen zu 95 % aus Quarzsand zusammen, der mit Ton, Metalloxiden, Kalk und Alkalien versetzt ist. Nach dem Formen und Brennen wurde der Körper dann mit einer grün-blauen, glasartigen Glasur überzogen. Nachweisen lässt sich dieses Material bereits 4000 v. Chr. und blieb bis in hellenistische Zeit sehr geschätzt. Verwendung fand es für Perlen, Fliesen, Vasen, Götterfiguren, Amulette, aber auch Spielzeug.

Glasuren dienen der Oberflächenveredelung von Keramiken und haben seit den Anfängen der Töpferei hauptsächlich die Aufgabe, den porösen Scherben mit einem wasserundurchlässigen Überzug zu versehen. Auf diese Weise wurden auch bei niedrigen Brenntemperaturen Artikel hergestellt, in denen Flüssigkeiten und Lebensmittel aufbewahrt werden konnten.

ME

Lit.: Busz 1999; Ottomeyer/Thümmler 1999, S. 36f.

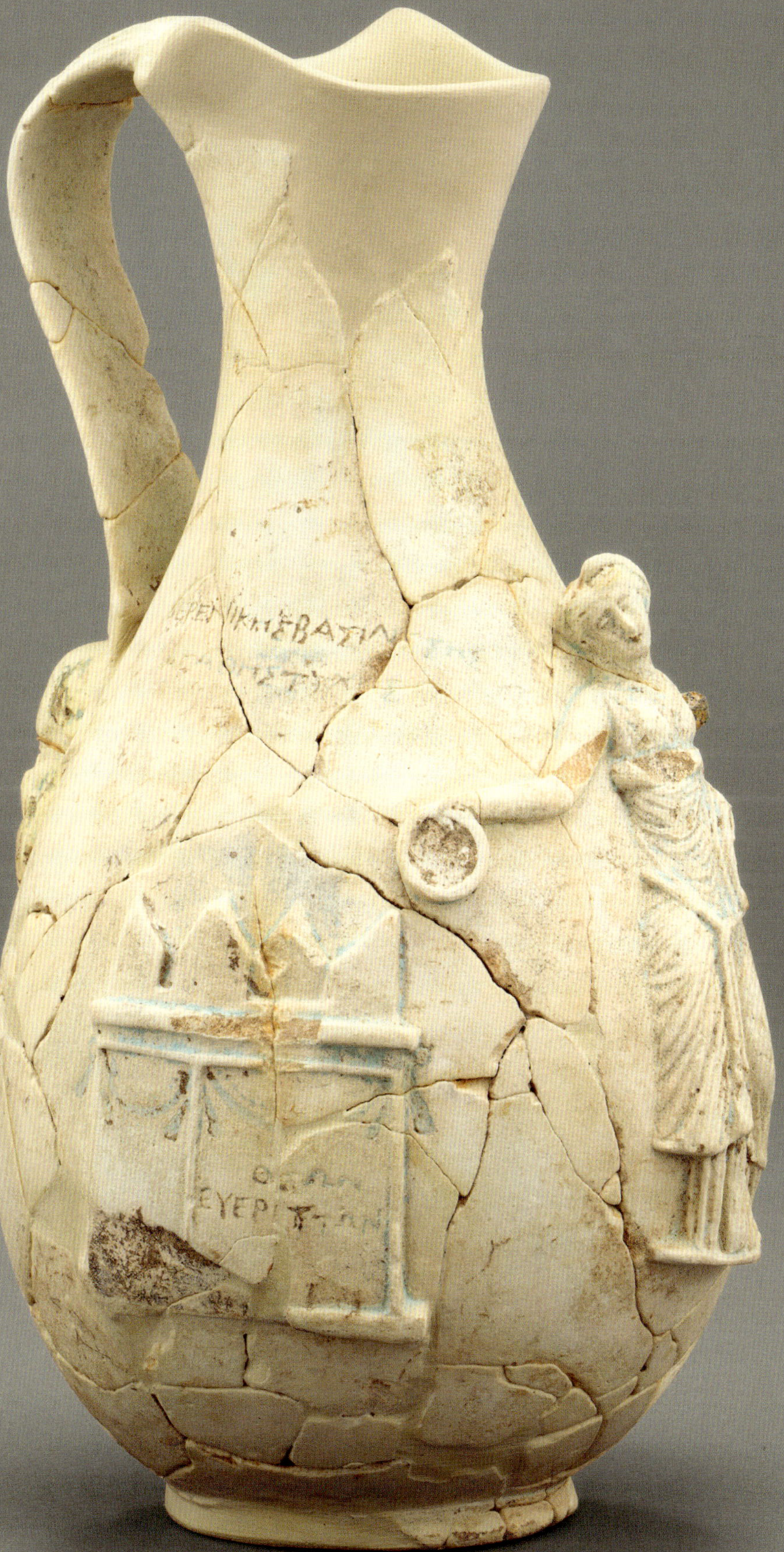

Nach fränkischer Art

(10)

Knickwandgefäß

Niedervellmar, Hessen, 600–650 n. Chr.
Ton, handgeformt, Stempeldekor, gebrannt
H.: 17,5 cm, D.: 19 cm
Inv. Nr.: VF 6545

Während der Völkerwanderungszeit und im frühen Mittelalter verringerte sich die Anzahl dichtbesiedelter Lebensräume. Der Fernhandel ging zurück und die vor allem in Süddeutschland verbreiteten Technologien der Antike gerieten in Vergessenheit. Letztlich ist dies auch bei der Keramik nachzuvollziehen.

Das hier gezeigte Gefäß wurde beim Ausschachten einer Kellergrube im hessischen Niedervellmar aufrechtstehend und unzerstört gefunden. Die Finder hielten das Gefäß für einen „alten Schmalztopf" und zerschmetterten es. Dennoch konnten die Scherben geborgen und wieder zusammengesetzt werden.

Form und Dekor entsprechen dabei den fränkischen Knickwandgefäßen. Dennoch gibt es auch Abweichungen vom fränkischen Vorbild: Während die Franken die Gefäße meist reduzierend brannten, um eine schwarze Oberfläche zu erhalten, wurde hier der Ton oxidierend gebrannt und behielt dadurch seine rotbraune Farbigkeit. Auch der Dekor, der eingestempelt wurde, weist in den Details Abweichungen von den fränkischen Vorbildern auf. Letztlich dürfte das Gefäß einem engen kulturellen Austausch entstammen – angeregt von fränkischen Vorbildern haben hier hessische Töpfer ihren eigenen Gestaltungswillen eingebracht.

ME

Lit.: Görner/Sattler 2016, S. 152f.

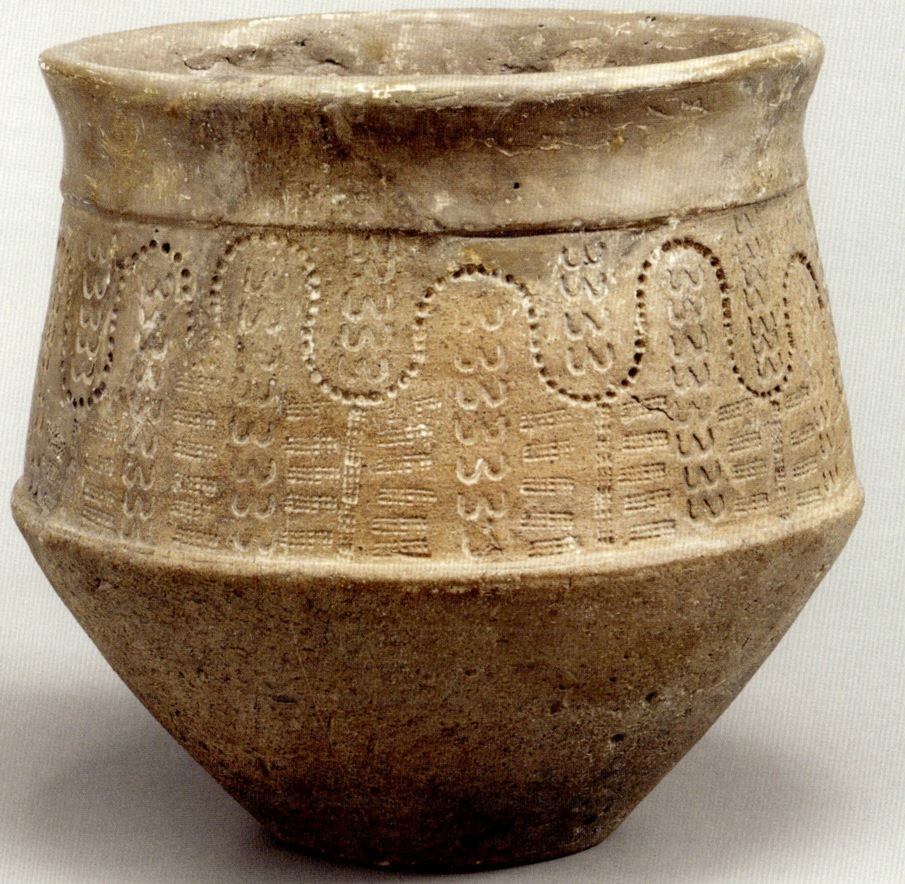

Brunnenfunde

(11)

Unterschiedliche Tongefäße

Bad Hersfeld, Hessen, 11.–15. Jahrhundert

Ton, gedreht, gebrannt

Inv. Nr.: VF 9898-58 a, c, f, k; VF 9898-55 e, d, c, h; VF 9898-62 e, g, a, c, i

Im Laufe des Mittelalters entstanden Städte, die eine größere Arbeitsteilung ermöglichten. Handwerker organisierten sich in Zünften und Gilden, die meist von einzelnen Familien dominiert wurden. So lassen sich in Siegburg im späten Mittelalter vier Familien mit 25 Meistern und zahlreichen Gesellen und Lehrlingen nachweisen, wobei die Lehrzeit sieben Jahre dauerte. Keramikgefäße, die meist in einer Mischung aus Aufbau und Drehen entstanden, nutzte man hauptsächlich für Vorrats-, Gieß- und Kochgefäße, während Teller und Schalen eher aus Holz gedrechselt wurden.

Die unterschiedlichen Gefäße wurden in einem Brunnenschacht der Hersfelder Klosteranlage gefunden. Zweifelsfrei handelt es sich hierbei um hoch- und spätmittelalterliches Alltagsgeschirr, das in der Formgebung über Jahrhunderte teilweise unverändert blieb. Die Gestaltung ist dabei ausgesprochen praktisch: Die Bauchung der Gefäße erhöht das Fassungsvermögen, der stark ausgeprägte Wulstring erlaubt ein leichtes Verschließen des Gefäßes etwa mit einem Tuch, das durch eine Kordel befestigt werden konnte. Der an einigen der Gefäße angebrachte Henkel erleichtert dabei die Handhabung ebenso wie die beim Drehen entstandenen Rillen, die ein Abgleiten der Hand vom Korpus verhindern. Andererseits bilden die gleichmäßigen Rillen auch einen plastischen Dekor, der den Korpus in der Horizontalen gliedert.

Stillgelegte Brunnen dienten oft auch der Entsorgung von Abfall. Entsprechend hat man in mittelalterlichen Brunnen Unmengen von Keramikscherben gefunden, doch haben sich auch nicht wenige noch intakte Gefäße erhalten. Warum diese weggeworfen wurden, ist dabei etwas unklar: Wahrscheinlich war der Inhalt verdorben. Da die einfach gebrannten, unglasierten Gefäße eine höchst poröse Oberfläche aufweisen, waren sie nur schlecht zu reinigen und wurden deshalb zusammen mit dem verdorbenen Inhalt weggeworfen.

ME

Lit.: Görner/Sattler 2016, S. 172f.

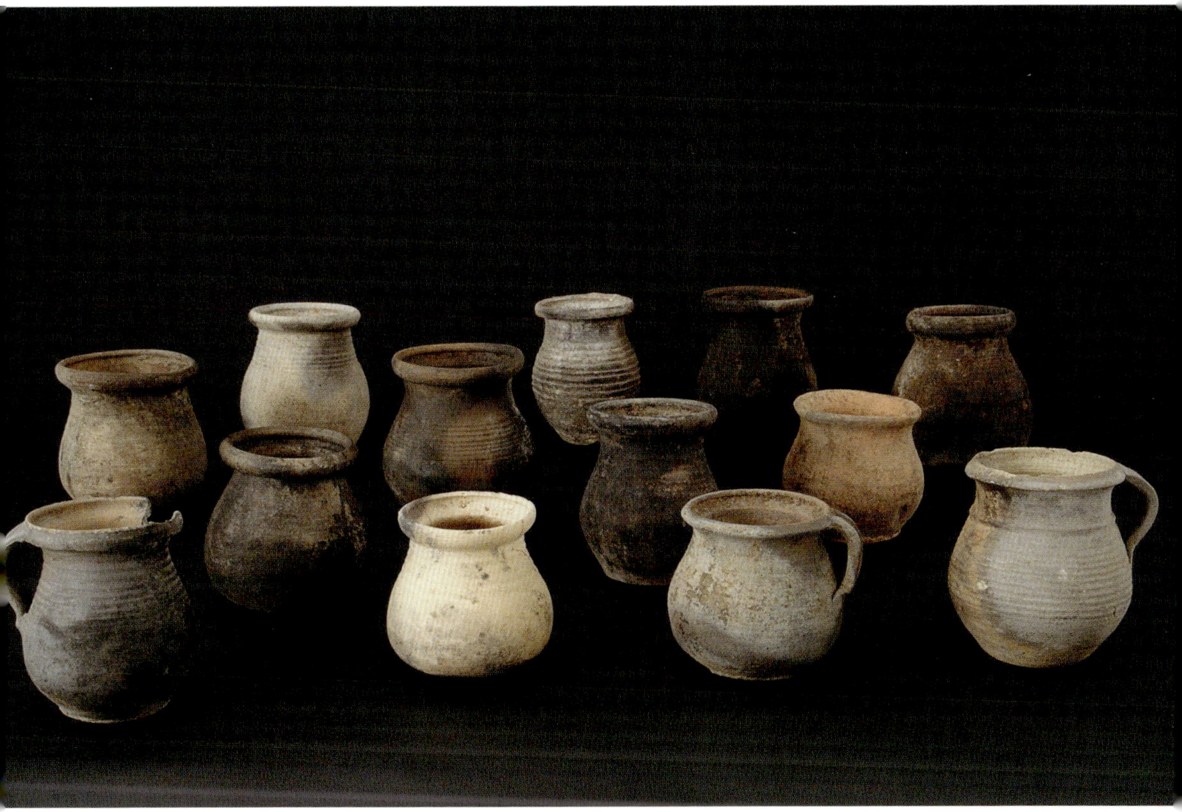

Gott in Terrakotta

(12)

Gottvater im Wolkenkranz

Meister der Lorcher Kreuztragung (tätig um 1410)
Mittelrheingebiet, Deutschland, um 1430/40
Ton, gebrannt
H.: 38,5 cm, B.: 25 cm, T.: 15,4 cm
Inv. Nr.: 1918/5

Ton eignet sich hervorragend zum freihändigen Modellieren von Plastiken, lassen sich doch auch kleine Details naturalistisch wiedergeben. Wird der Ton gebrannt und bleibt dabei aber unglasiert, so bezeichnet man dies als Terrakotta. Bereits in der Antike schätzte man Terrakotta für Plastiken, bevor man sich im späten Mittelalter auf diese Technik neu besann, die dann im 16.–18. Jahrhundert in Europa eine neue Blütezeit erlebte.

In der ersten Hälfte des 15. Jahrhunderts entstanden eine Reihe von Terrakotta-Gruppen, die heute allgemein dem „Meister der Lorcher Kreuztragung" zugeschrieben werden, ein Notname, der sich auf die Figurengruppe der Kreuztragung Christi aus der St. Martinskirche in Lorch am Rhein bezieht, die sich heute in der Berliner Skulpturensammlung befindet. Man vermutet heutzutage, dass sich seine Werkstatt in dem sowohl politisch wie künstlerisch wichtigen Zentrum Mainz befand.

Ikonografisch ist die Handhaltung Gottvaters eng verbunden mit der Aussendung des Heiligen Geistes in Form einer Taube, wie dies etwa bei der Verkündigung der Empfängnis Mariens oder der Taufe Christi bekannt ist. So ist zu vermuten, dass auch diese Büste, die wohl ursprünglich farbig gefasst war, den Teil einer umfangreicheren Figurengruppe bildete.

Weicher, feiner Ton eignet sich hervorragend, um eine einmal gewonnene Bildfindung mit Modeln für Kleinserien abzuformen - auch dies war schon in der Antike bekannt, wie die Tanagra-Figuren (Kat. Nr. 8) beweisen. Bei der Darstellung Gottvaters im Wolkenkranz ist dies aber auszuschließen, gelten doch die Werke des „Meisters der Lorcher Kreuztragung" als ein Höhepunkt der Plastik des frühen 15. Jahrhunderts, die frei modelliert wurden. Geschickt nutzte der Künstler das Material für eine charaktervolle, individuelle Darstellung und die Ausformung feinster Details, wie etwa den leicht geschwollenen Adern. Besonders gelungen ist das fein strukturierte Haupt- und Barthaar, das der Büste die lebendige Wirkung verleiht.

ME

Lit.: Schmidberger/Richter 2001, S. 72f.

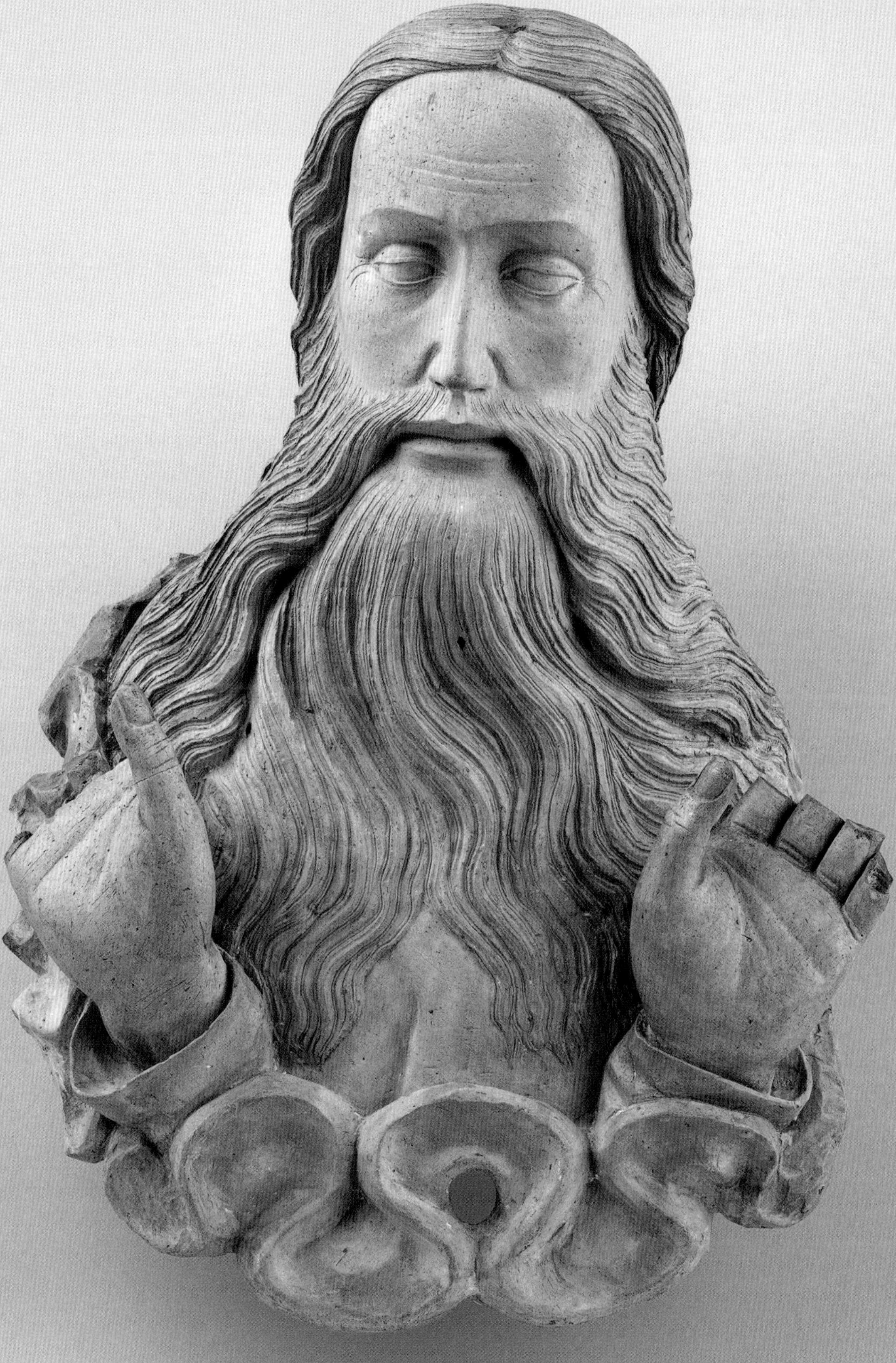

Ein geheimnisvolles Material

(13)

Seladonschale

wohl Longquan, China, Ming-Dynastie, um 1400
Porzellan oder porzellanähnliches Steinzeug, glasiert, Pressdekor
Fassung: Mittelrheingebiet, zwischen 1434 und 1453, Silber, vergoldet, Email, Flussperle (moderne Ergänzung)
H.: 20,6 cm, D.: 16,8 cm
Inv. Nr.: KP B II.240

Die schlichte Schale, deren einziger Schmuck im Inneren aus einem eingepressten Tierzeichen besteht, in dessen Vertiefung sich die zartgrüne Eisenoxidglasur ansammelt, gilt als eines der frühesten erhaltenen Beispiele für den Import chinesischer Keramik. Die glaubhafte Überlieferung besagt, dass Graf Philipp d. Ä. von Katzenellenbogen (1402–1479), der 1433/1434 eine Pilgerreise in das Heilige Land unternahm, die Schale auf dem Basar von Akko erworben hatte, wo eine Route der berühmten Seidenstraße endete. Zurück in der Heimat ließ der Graf die Schale von einem mittelrheinischen Silberschmied aufwendig fassen, und so entstand ein Prunkgefäß für die festliche Tafel oder die Kunstkammer. Später gelangte die Schale über den Erbweg an die Landgrafen von Hessen-Kassel, wo sie 1584 in den unveräußerlichen Hausschatz aufgenommen wurde.

Im späten Mittelalter bzw. zu Beginn der frühen Neuzeit war man nicht nur von der unvorstellbar fernen, exotischen Herkunft des Objektes fasziniert, sondern auch vom Material und der Glasur. Porzellan, eine weiße, dichte, transparente Mischung aus Kaolin, Feldspat und Quarz, die bei ca. 1250 °C gebrannt wird und dadurch versintert, wird in China seit dem 7. Jahrhundert n. Chr. hergestellt. Diese Definition ist jedoch umstritten, da man in China selbst bei Keramiken lediglich zwischen „tao“, poröse Irdenwaren, und „ci“, feines Porzellan oder Steinzeug, unterscheidet. Vom Rätseln der Europäer über das Material der harten, unbekannten Keramik der Schale künden die alten Inventare, wo sie abwechselnd als aus „Erde von Indien“ – wobei Indien als Synonym für Ostasien verwendet wurde –, Stein, Kachel, Taufstein oder venezianische Erde geformt bezeichnet wird. Erst im Inventar von 1577 taucht erstmals der Begriff „Pourzelaene“ auf. Nicht minder rätselhaft erschien die blassgrüne Glasur, eine reduziert gebrannte Eisenoxidglasur. Erst im 17. Jahrhundert erhielt sie ihren Namen „Seladon“, benannt nach dem gleichnamigen Titelhelden des Romans „L'Astrée“ von Honoré d'Urfé (1568–1625) aus dem Jahr 1610, der einen grünen Umhang trug. Die Vorliebe für seladongrüne Gefäße aus Asien wird sich in Europa noch bis weit in das 19. Jahrhundert hinein halten. So stellt die Schale ein sehr frühes Beispiel für die Ostasienmode in Europa dar, die vor allem im 17. und 18. Jahrhundert ihren Höhepunkt finden sollte.

ME

Lit.: Scherner/Cossalter-Dallmann 2016, S. 24f.

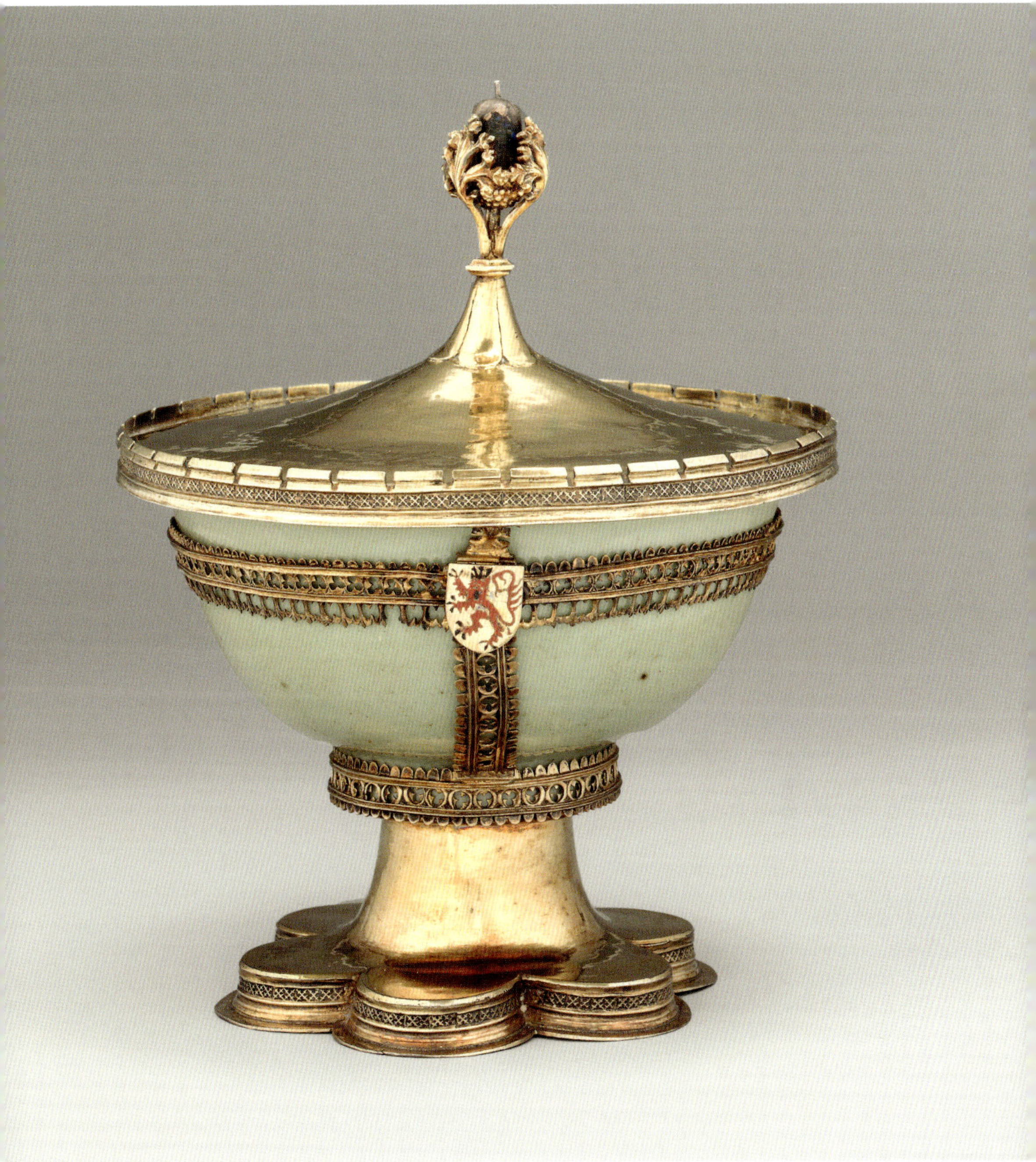

(14)

Kraak-Ware

China, Ming-Dynastie, 1590–1610
Porzellan, Unterglasur-Kobaltblau, glasiert
D.: 51 cm
Inv. Nr.: KP OP 9

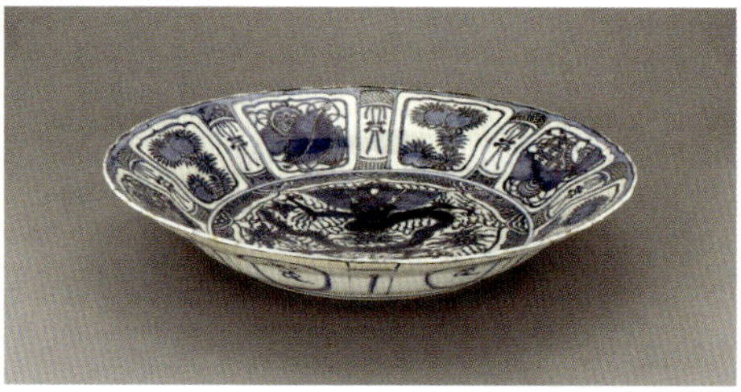

Seit Mitte des 16. Jahrhunderts wurde aus China massenproduziertes Porzellan nach Japan, Asien, Europa und Amerika exportiert. Das Importgeschäft wurde zunächst von den Portugiesen beherrscht, die die dünne, leichte und stapelbare Ware als Beiladung zu Tee- und Stoffimporten in ihren Schiffen, den Carraca oder Kraken, einführten. In den Niederlanden wurde dieses Porzellan als „Kraaksporselein" bekannt, wobei sich der Name auch auf die Ständer („kraken"), auf denen dieses Porzellan dort zum Verkauf angeboten wurde, zurückführen ließe. Zwischen 1602 und 1657 importierte die Vereeinigde Oost-Indische Compagnie (VOC) etwa 3 Millionen Stück Porzellan.

Charakteristisch sind die großen Schalen, die in China seit dem frühen 14. Jahrhundert als Exportware für den islamischen Markt produziert worden waren, wo sie den lokalen Gewohnheiten des gemeinsamen Essens entsprachen. In Europa wurden sie vor allem als Unterstände für Waschkrüge oder zur Präsentation von Speisen verwendet und waren begehrte Luxusobjekte, die auch in Stillleben abgebildet wurden.

Die Kasseler Schale weist die typische radial angelegte Verzierung der Tellerfahne auf, die in acht große und acht Zwischenfelder gegliedert und mit glücksbringenden Symbolen geschmückt ist. Die Symbole stammen aus dem Kreis der „babao" (chin.: „Acht kostenbaren Dinge") bzw. der „Vermischten Schätze" wie das Artemisiablatt, die Bildrolle und das Bananenblatt sowie der „Acht buddhistischen Embleme" wie das Rad der Lehre. Die vier alternierenden Darstellungen von Pfirsichen verweisen auf ein langes Leben, da sie der Legende nach 3000 Jahre reiften, bevor sie von der Königinmutter des Westens den Unsterblichen beim Pfirsichbankett serviert wurden. In der Mitte verweist der Drache auf Glück, aber auch auf kaiserliche Stärke.

Kraakporzellan wird am Kasseler Hof bereits 1711 im Nachlassinventar der Landgräfin Maria Amalia von Hessen-Kassel (1653–1711) erwähnt, die eine Sammlung von rund 2600 Porzellanen und Fayencen besaß.

XS

Lit.: Medley 1976; Valenstein 1989; Schmidberger 1990, S. 230f.; Ayers/Impey/Mallet 1990; Schmidberger/Richter 2001, S. 208; Pierson 2009; Kerr/Mengoni 2011; Ferguson 2016.

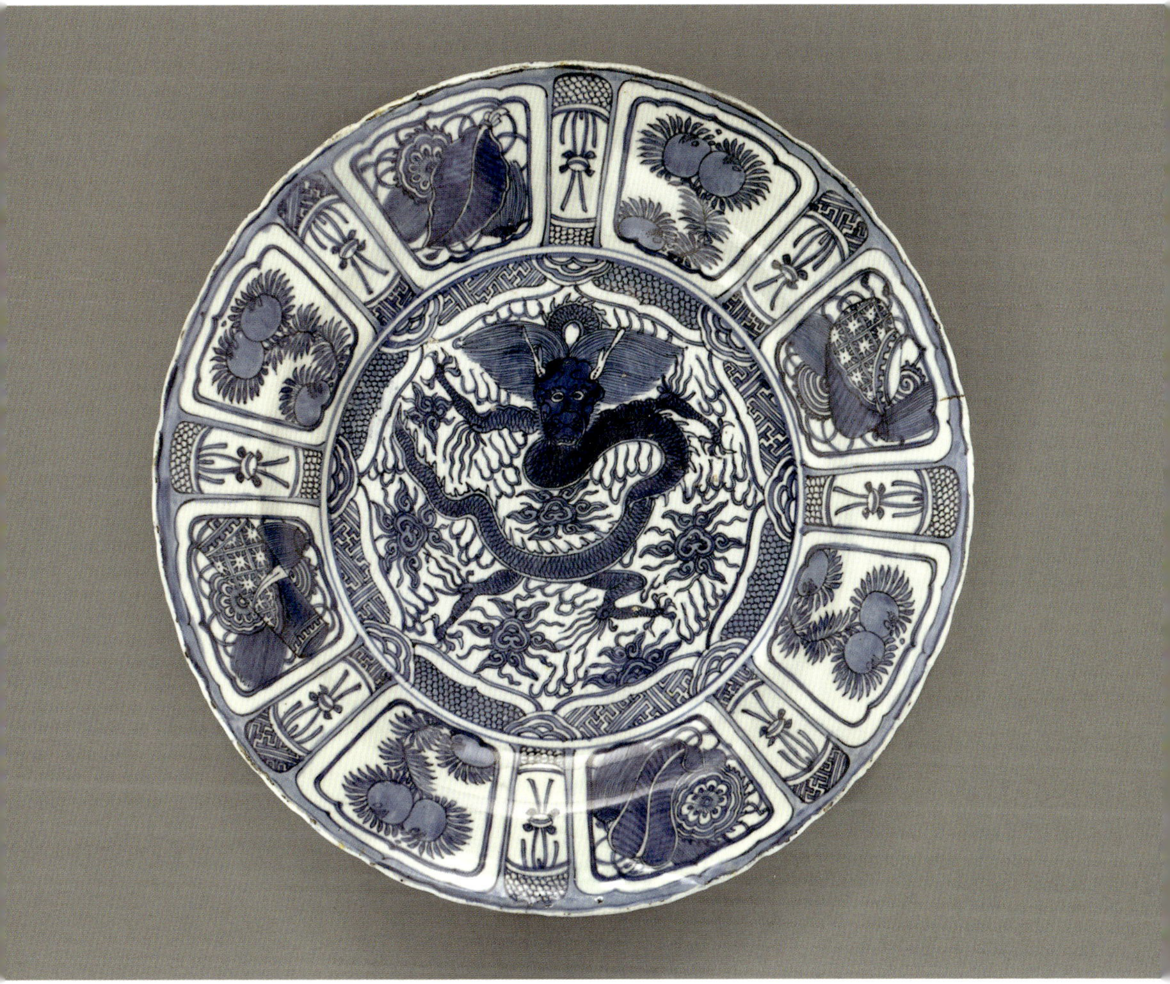

China bei den Osmanen

(15)

Krug

Iznik, Türkei, spätes 16./frühes 17. Jahrhundert
Ton, gedreht, weiße Engobe, glasiert, polychrome Bemalung
H.: 21 cm, D.: 13,6 cm
Inv. Nr.: KP B IX/II.411

Durch die Förderung des osmanischen Hofs und die Inspiration durch chinesisches Porzellan entstand in der westanatolischen Stadt Iznik eine glasierte Töpferware, die nicht nur im gesamten Osmanischen Reich geschätzt war. So lassen sich auch im Umfeld von Martin Luther bereits im 16. Jahrhundert Importe nach Europa nachweisen.

Im 15. Jahrhundert kopierte man in Iznik chinesisches Porzellan, das nicht nur in Europa, sondern auch im osmanischen Reich begehrt war. Wie in Europa gelang es nicht, echte Porzellane herzustellen, da weder die notwendigen Rohstoffe vorhanden waren, noch die entsprechenden Brenntemperaturen erreicht wurden. Letztlich handelt es sich bei Iznik-Keramik um eine Frittenware, die sich hauptsächlich aus Quarz und Glas zusammensetzt. Kennzeichnend wurde dann im 16. Jahrhundert die Farbpalette mit einem Violett, Türkis, Blaugrün, leuchtenden Grün und einem kräftigen Rot, wobei man sich in Formgebung und Bemalung nun von den ostasiatischen Vorbildern löste.

Stilistisch lässt sich die 200-jährige Tradition der Keramikherstellung in verschiedene Phasen unterteilen. Am erfolgreichsten waren aber die polychrom bemalten Keramiken, die ab Mitte des 16. Jahrhunderts bis in das 17. Jahrhundert hinein hergestellt wurden. Bevorzugt wurde dabei eine üppige Flora dargestellt, die dabei so detailreich ist, dass man die Darstellungen botanisch erschließen kann. Daneben gibt es aber unter anderem auch Kompositionen mit Segelschiffen, die wiederum im Zuge der Türkenmode in Europa kopiert wurden. Hergestellt wurden in Iznik nicht nur Teller und Gefäßkeramik, sondern vor allem auch Bauschmuck in Form von Fliesen, die in den Moscheen und Palästen des gesamten Osmanischen Reichs Verwendung fanden. Als die Bauaufträge des Herrscherhauses und des Adels im Laufe des 17. Jahrhunderts zurückgingen, setzte ein Niedergang der Produktion ein. Die Keramikproduktion verlagerte sich nun in die Stadt Kütahya.

ME

Lit.: Denny 2005.

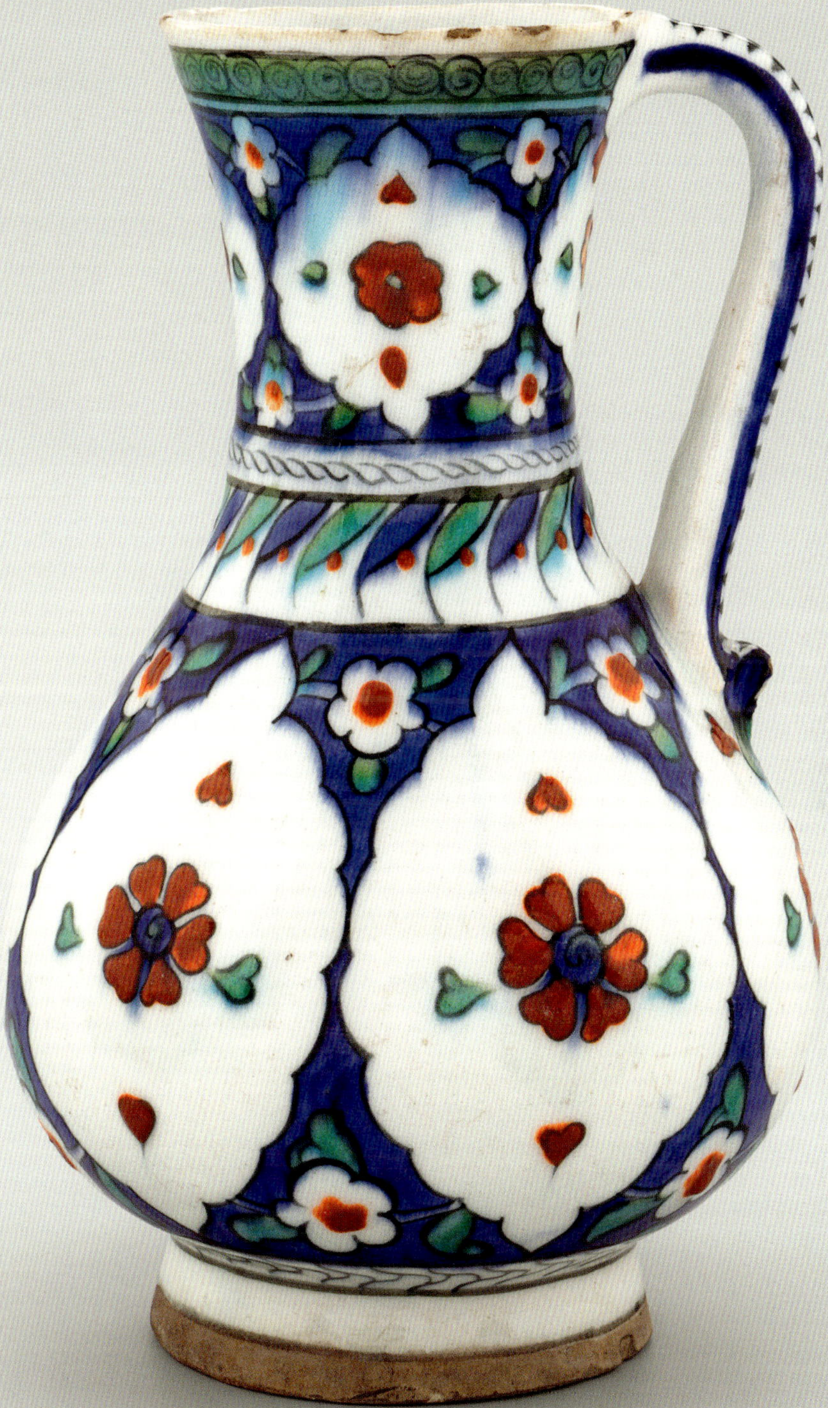

Porzellane auf Bestellung – frühes Chine de Commande

(16)

Vierkantflasche mit portugiesischem Wappen

China, Ming-Dynastie, Wanli-Periode (1573–1620)
Porzellan, Unterglasur-Kobaltblau, glasiert
H.: 30,2 cm, D.: 11 cm
Inv. Nr.: KP OP 3

Die Flasche ist ein frühes Beispiel europäischen Auftragsporzellans. In der zweiten Hälfte des 16. Jahrhunderts bis in das frühe 17. Jahrhundert dominierten die Portugiesen den europäischen Asienhandel. Die Fabriken in Jingdezhen, wo der Großteil des chinesischen Exportporzellans produziert wurde, stellten sich auf die Kundschaft ein und adaptierten die neuen Formen. Insbesondere Tischwaren wie Salzstreuer, Senffässchen oder Kannen, die in Europa vor allem in Silber oder Zinn gearbeitet waren, wurden in Porzellan umgesetzt. Da es an Vorlagen fehlte, wurden hierfür Holzmodelle geschaffen, an denen sich die Töpfer orientierten.

Die Flasche hat europäische Glasflaschen, die auch in Irdenware und Fayence hergestellt wurden, zum Vorbild. Diese wurden mit Zinnverschlüssen zugeschraubt, die hier als gemalte Streifen angedeutet sind. Sie wurden vor allem zur Lagerung von Öl und Alkohol verwendet und waren häufig auf Schiffen zu finden, da sie sich einfach transportieren ließen. Die Kombination von naturalistischen Motiven mit Mustern, die auf Textilien zurückgehen, ist typisch für Porzellane der Regierungszeit des Kaisers Wanli (1573–1620).

Das Wappen lässt auf die portugiesischen Familien Vilas-Boas und Farias oder Vaz schließen. Möglicherweise wurde die Serie von Alvar Vilas-Boas in Auftrag gegeben, einem Ehrenritter der Casa Real, Kommandeur des Ordens des heiligen Jakob vom Schwert, der als Kommandeur der

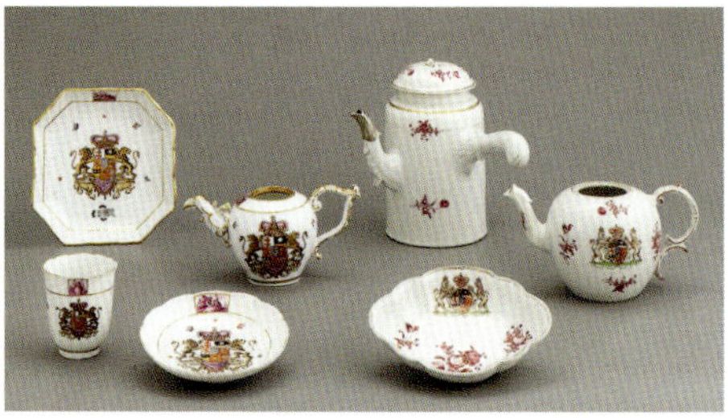

portugiesischen Indienflotte auch selbst mehrfach nach Asien reiste. Auch an Bord des mit Wanli-Porzellanen beladenen portugiesischen Handelsschiffs, das 1625 auf dem Weg nach Melaka in der Chinesischen Südsee sank, fanden sich die Scherben einer Viertkantflasche mit seinem Wappen. Das sogenannte Wanli-Schiff wurde erst 2004 gefunden und etwa 9000 Kilogramm Porzellan geborgen.

Der Begriff „Chine de Commande“ wird speziell für Auftragsware des 18. Jahrhunderts verwendet, als neben den Modellen auch Zeichnungen und Drucke als Vorlagen etwa für Familienwappen geliefert wurden. Besonders beliebt waren komplette Service mit uniformem Dekor, die man zum Servieren des populären Kaffees, Tees und Kakaos verwendete. Ein solches Service hat sich auch mit dem Wappen der Landgrafen von Hessen-Kassel erhalten (s.o. Service Inv. Nr.: KP OP 266 b-d).

XS

Lit.: Valenstein 1989; Schmidberger 1990, S. 221; Ayers/Impey/Mallet 1990; Lochschmidt 2008; Pierson 2009; Kerr/Mengoni 2011.

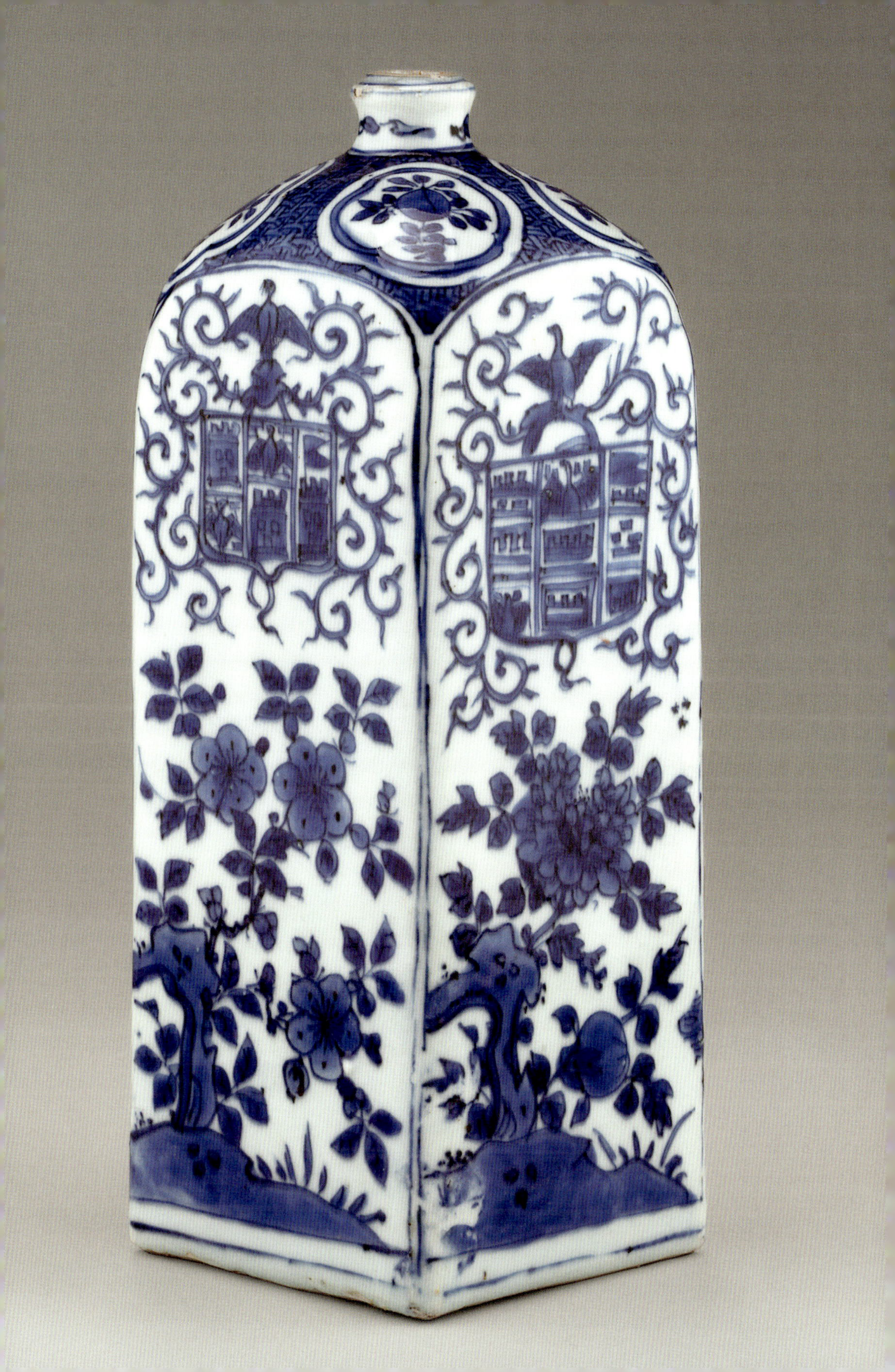

Geritzt und nicht gemalt

(17)

Rouleauvase mit Lotosblütenranken im Rapport, Ritzdekor

China, Qing-Dynastie, um 1650
Porzellan, Ritzdekor, glasiert
H.: 26,5 cm
Inv. Nr.: KP OP 34 a, b

Da chinesische Töpfer meist nach strengen Vorgaben arbeiteten und handwerkliche Traditionen von der Kundschaft geschätzt wurden, lässt sich bei Vasen eine limitierte Anzahl von Grundformen finden, die ein wichtiges Indiz bei der Datierung sind. So ist die Form der Rouleauvasen mit dem länglichen zylindrischen Körper, geraden Schultern und gestreckten Hals typisch für Vasen der frühen Qing-Dynastie (1644–1911). Die chinesische Bezeichnung „bangchuiping" verweist auf die Form der hölzernen Schlegel, mit denen in China Getreide gedroschen wurde.

Die beiden Vasen sind mit einem Ritzdekor von Lotusblüten, einem buddhistischen Symbol der Reinheit, verziert. Bei dieser Technik wird das Gefäß in eine Schlicker oder Engobe genannte Mischung aus Ton und Wasser getaucht oder mit dieser übergossen. Im lederharten Zustand können in diese Schicht nun mit einem Nagel oder einer Messingblechschlinge Dekorationen in verschiedenen Tiefen eingeritzt werden. Während des Brands treten die farblichen Unterschiede der Ebenen hervor. Durch die sich in den Vertiefungen ansammelnde anschließende Glasur wird dieser Effekt noch verstärkt.

XS

Lit.: Medley 1976; Valenstein 1989; Schmidberger 1990, S. 267; Ayers/Impey/Mallet 1990; Pierson 2009; Kerr/Mengoni 2011.

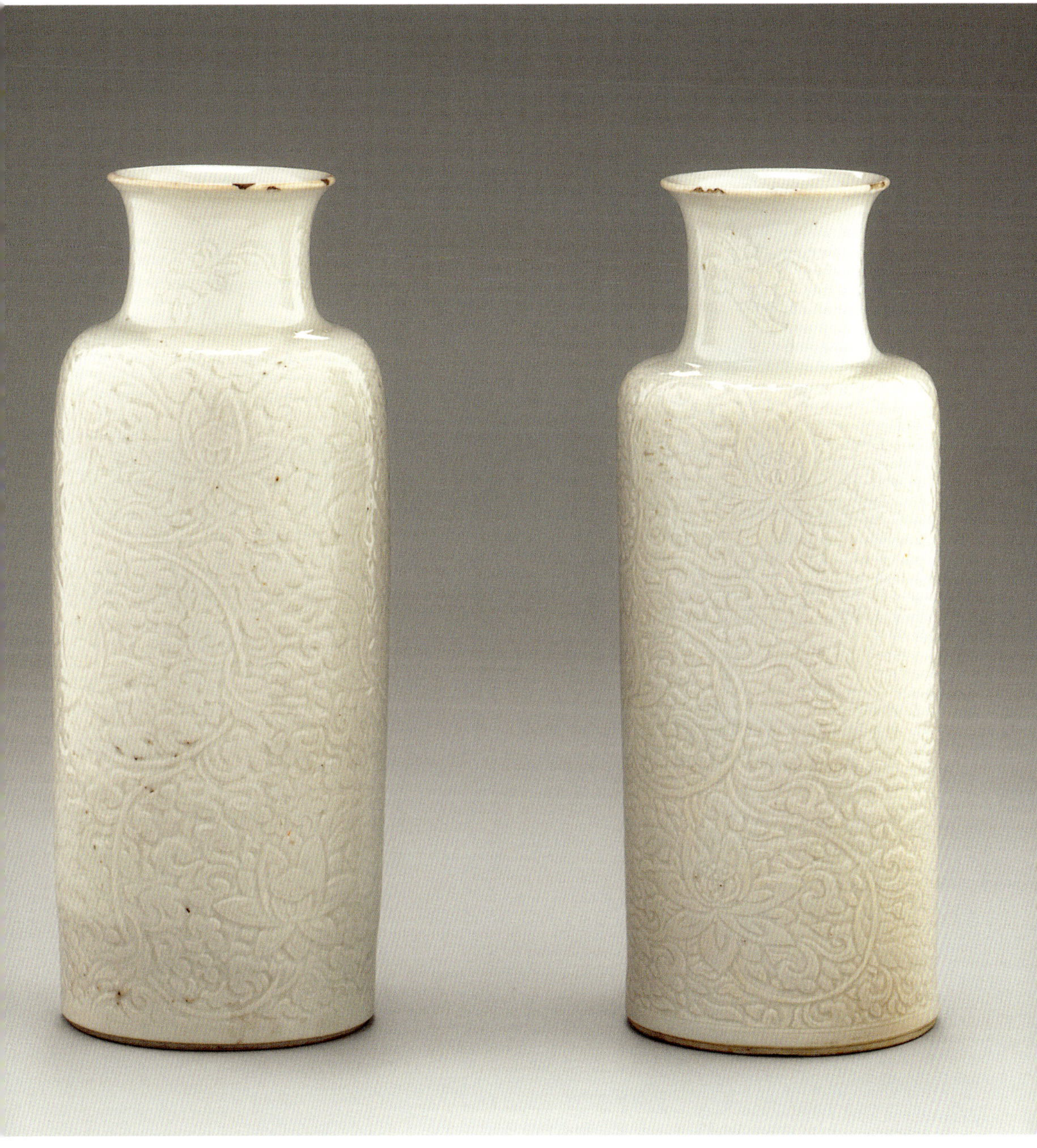

(18)

Dehua Porzellan/Blanc de Chine

Dehua, China, Qing-Dynastie, Kangxi-Periode (1662–1722)
Porzellan, glasiert
H.: 41 cm
Inv. Nr.: KP OP 274a

Neben dem Hauptproduktionszentrum Jingdezhen wurden auch in Dehua, in der südostchinesischen Provinz Fujian, Porzellanfiguren hergestellt. Insbesondere seit dem späten 16. Jahrhundert lag ein Fokus auf Gebrauchsgegenständen für Tempel oder Hausaltäre in Form von Vasen, Räuchergefäßen, Kerzenhaltern und vor allem kleinen Figuren buddhistischer und daoistischer Gottheiten. Diese wurden wegen ihrer skulpturalen Qualitäten geschätzt.

Da die lokale Erde einen sehr niedrigen Kaolinanteil besaß und deswegen schlecht formbar war, stellte man die Figuren her, indem man das Material in einzelne Hohlformen presste und die so entstandenen Elemente später zusammensetzte. Gut erkennbar ist dies an der rechten Hand der Figur. Die feinen Details wurden in einem weiteren Arbeitsschritt herausgearbeitet. Der niedrige Kaolinanteil bedeutete aber auch, dass sich die Tonmasse außergewöhnlich gut mit der farblosen, charakteristisch hochglänzenden und glatten Glasur verband. In den 1870er-Jahren setzte sich die Bezeichnung „Blanc de Chine“ für diese weißen Porzellane durch.

Zu den beliebtesten Motiven zählte die Bodhisattwa Guanyin, die Göttin der Barmherzigkeit. Sie wurde insbesondere von Frauen mit Kinderwunsch verehrt, worauf das Kind auf dem Schoß der Figur sowie die sich windenden Drachen zu ihren Füßen verweisen.

In Europa waren die Guanyin Figuren im 18. Jahrhundert äußerst beliebt und finden sich in vielen Porzellansammlungen dieser Zeit. Es ist zu vermuten, dass die Ähnlichkeit zum christlichen Typus der Maria mit dem Jesuskind hierfür ausschlaggebend war. Auf diese Vorliebe reagierten die chinesischen Produzenten, indem sie auch Adaptionen, die Maria darstellen, herstellten. Häufig finden sich auf den Figuren auch nachträgliche farbige, kalte Bemalungen, wobei sich nicht sagen lässt, ob diese noch in China oder erst in Europa aufgemalt wurden.

XS

Lit.: Medley 1976; Valenstein 1989; Ayers/Impey/Mallet 1990; Schmidberger 1990, S. 542; Pierson 2009; Kerr/Mengoni 2011; Crossalter-Dallmann/Scherner 2016, S. 142f.; Ferguson 2016.

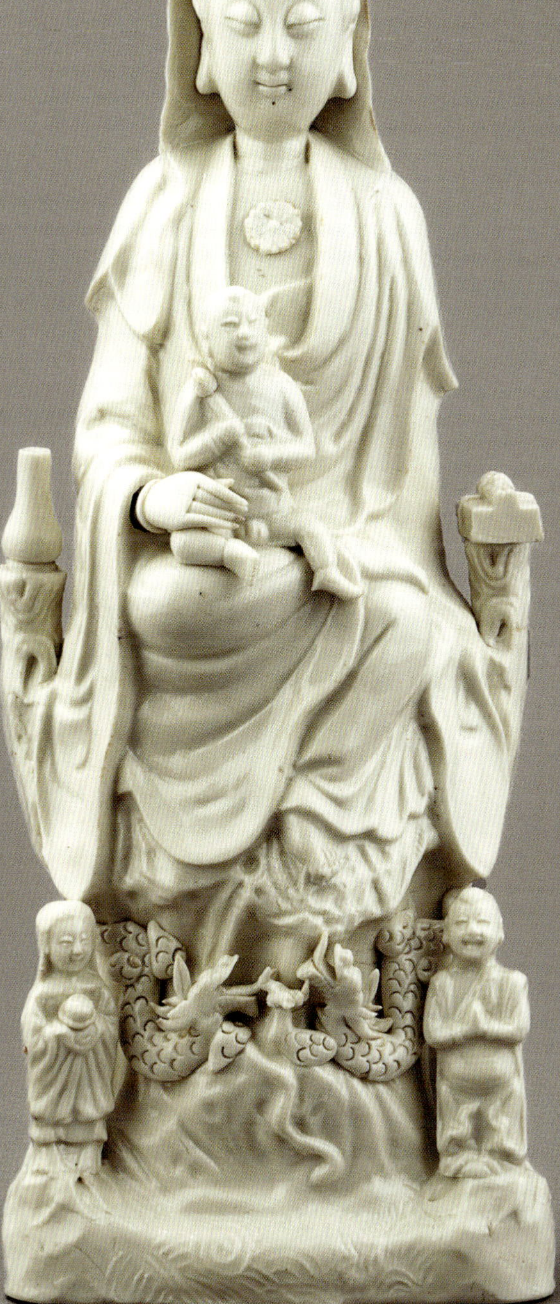

Frühes Airbrush

(19)

Rouleauvase mit Bildreserven auf puderblauem Grund

China, Qing-Dynastie, Kangxi-Periode, frühes 18. Jahrhundert
Porzellan, Puderblau mit Malerei in Unterglasur-Kobaltblau
H.: 25,7 cm, D.: 10,8 cm
Inv. Nr.: KP OP 163

Blau-weiße Porzellane gelten als der Inbegriff chinesischen Porzellans. Die Technik, mit Kobaltblau auf weißem (Fayence-)grund zu malen, wurde ursprünglich jedoch im 9. Jahrhundert im heutigen Irak entwickelt und taucht um 1320 erstmals auf chinesischen Porzellanen auf.

An diesem Vasenpaar aus der Regierungszeit des Kaisers Kangxi (1662–1722) sind verschiedene Dekorationstechniken erkennbar. Der Grund wurde in einer „chuiqing" (chin.: „geblasenes Blau") Glasur mit Bildreserven dekoriert. Aus literarischen Quellen ist überliefert, dass hierfür das fein zerriebene, noch schwarze Kobaltpigment durch mit Gaze bespannte Bambusrohre auf die ungebrannten, unglasierten Objekte geblasen wurde. Die Reserven wurden dabei abgedeckt und konnten im Anschluss mit Pinseln bemalt werden. In einem letzten Schritt wurden die Vasen mit einer durchsichtigen Glasur überzogen und gebrannt. Diese Technik wurde um 1620 erfunden, aber vor allem gegen Ende des Jahrhunderts auf Exportporzellanen für den Westen verwendet.

Porzellan wird bei sehr hohen Temperaturen (ca. 1300 °C) gebrannt, denen nur wenige Farbpigmente widerstehen können. Lange Zeit konnte hierfür nur das Metalloxid Kobalt für die Farbe Blau und Kupferoxid für die Farbe Rot verwendet werden. Durch den kontrollierten Brand und die hohe Temperatur verbindet sich der Scherben mit der Glasur und das glanzlose schwarze Pigment Kobalt verwandelt sich ein sattes Blau. Wenn das Pigment nicht fein genug gerieben ist, durchstößt es die Glasur und wird beim Brennen wieder schwarz. Dieser Effekt wurde im 18. Jahrhundert auch gerne als Dekoration zur Farbabstufung von Unterglasuren verwendet. Kobaltpigmente wurden aus der südwestlichen Provinz Yunnan oder aus dem Nahen Osten nach Jingdezhen importiert, worauf die Bezeichnung „huiqing" (chin.: „Mohammedanerblau") verweist. Die neuere Forschung geht jedoch davon aus, dass zunehmend lokale Vorkommen genutzt wurden.

XS

Lit.: Medley 1976; Valenstein 1989; Ayers/Impey/Mallet 1990; Schmidberger 1990, S. 335; Pierson 2009; Kerr/Mengoni 2011; Ferguson 2016.

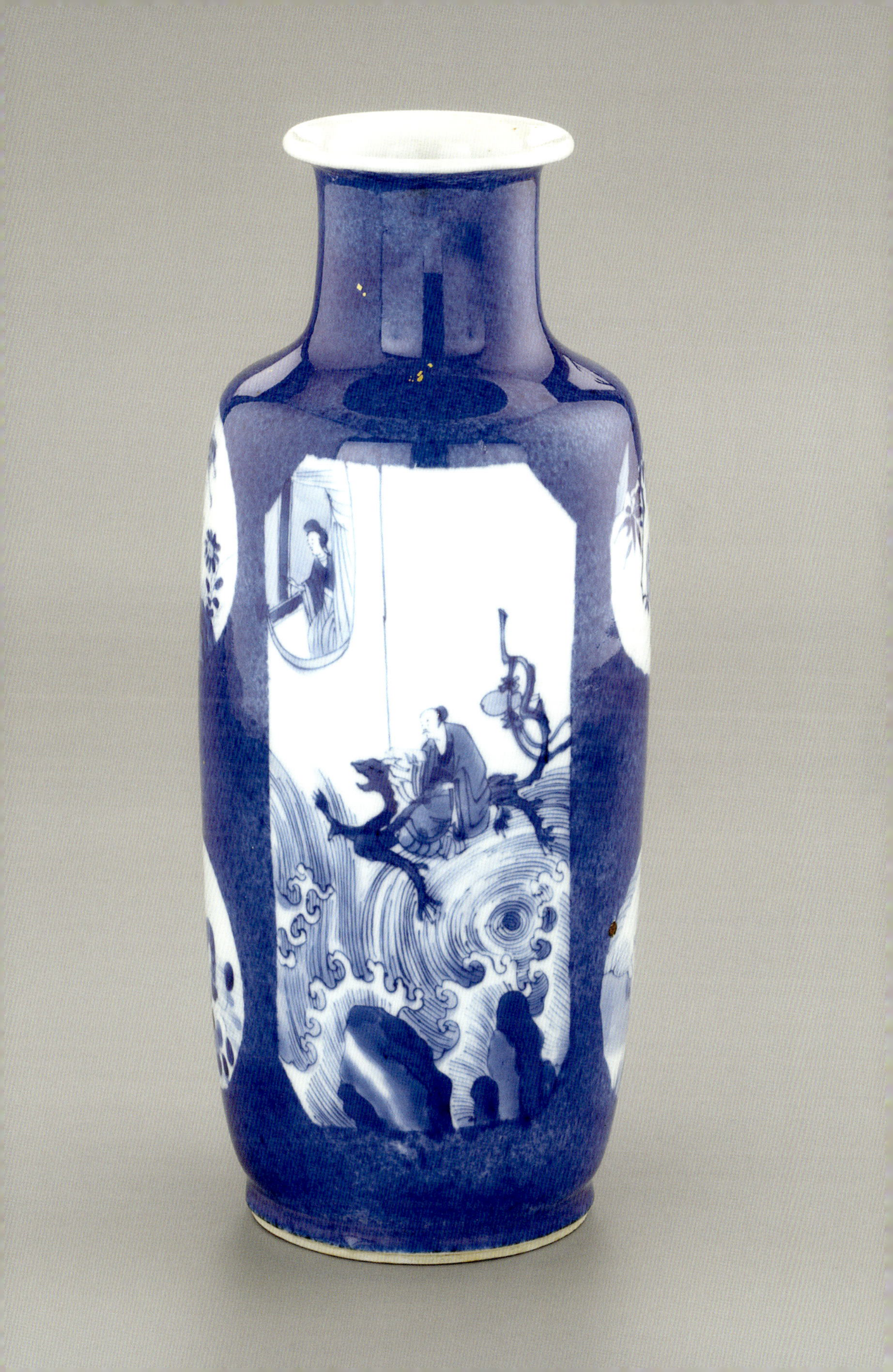

Starke Farben

(20)

Kendi, famille verte

China, Qing-Dynastie, Kangxi-Periode (1662–1722)
Porzellan, glasiert, bemalt, Aufglasurfarben in Grün, Aubergine, Gelb, Eisenrot und Schwarz
H.: 22,1 cm, B.: 17,1 cm, T.: 20,2 cm
Inv. Nr.: KP OP 228 a

Während des Bürgerkrieges, der den Wechsel der Ming- zur Qing-Dynastie begleitete, wurden viele chinesische Porzellanproduktionstätten zerstört, allen voran in Jingdezhen. Mit den neuen Herrschern kam aber auch ein neuer Bedarf an Porzellan, dem die kaiserliche Töpferei mit neuentwickelten Dekorationstechniken und Glasuren entgegenkamen. Als im Inland wie im Ausland beliebt erwies sich das um 1700 entwickelte erweiterte Repertoire von durchscheinenden Aufglasurfarben, die, da sie sich nur schwer abstufen ließen, auch „yingcai" (chin.: „starke Farben") genannt werden. Zusätzlich zum klassischen „doucai" oder „wucai" Dekor der Ming-Zeit, das eine kobaltblaue Unterglasur mit Aufglasurfarben in Rot, Grün und Gelb kombinierte, wurde diese Palette nun um weitere Farben wie Schwarz, Aubergine, Weiß und vor allem Blau erweitert. Je nachdem welche Farbe dominierte, wurden solche Glasuren ab Mitte des 19. Jahrhunderts in Europa als famille verte, famille noire, famille jaune, famille rose etc. bezeichnet.

Famille verte Farben wurden entweder direkt auf das gebrannte, unglasierte Biskuit oder auf das bereits glasierte, gebrannte Objekt aufgetragen. In beiden Fällen wurden die Farben in einem zweiten Brand bei niedrigeren Temperaturen von ca. 800 °C, dem Muffelbrand, gefestigt. Bei Enamelfarben auf Biskuitporzellan prägt häufig eine dominante, solide Farbe wie Schwarz, Gelb oder Grün den Hintergrund. Da eine Unterglasur plastische Details überdeckt hätte, findet sich diese Art der Bemalung auch häufig auf Porzellanskulpturen. Werden die Farben wie bei diesem Kendi-Gefäß auf eine Glasur aufgetragen, setzen sie sich gegen das Weiß des Hintergrundes ab, welches ein integraler Bestandteil der Komposition ist.

Kendi sind in ganz Südostasien verbreitete Trinkgefäße, die es erlauben, Wasser zu transportieren und hygienisch mit mehreren Menschen zu teilen, da die Flüssigkeit direkt in den Mund gegossen werden kann. Ursprünglich wurde die Form in Ritualen in Indien verwendet und gelangte mit dem Hinduismus nach China. Ab dem 14. Jahrhundert wurden Kendi in China für den muslimischen Exportmarkt, insbesondere Malaysia und Indonesien, hergestellt. Ab dem 16. Jahrhundert exportierte man sie auch in die arabische Welt und später nach Europa, wo die Gefäße wegen ihres exotischen Reizes geschätzt wurden.

XS

Lit.: Medley 1976; Valenstein 1989; Ayers/Impey/Mallet 1990; Schmidberger 1990, S. 345f.; Pierson 2009; Jörg 2011; Kerr/Mengoni 2011.

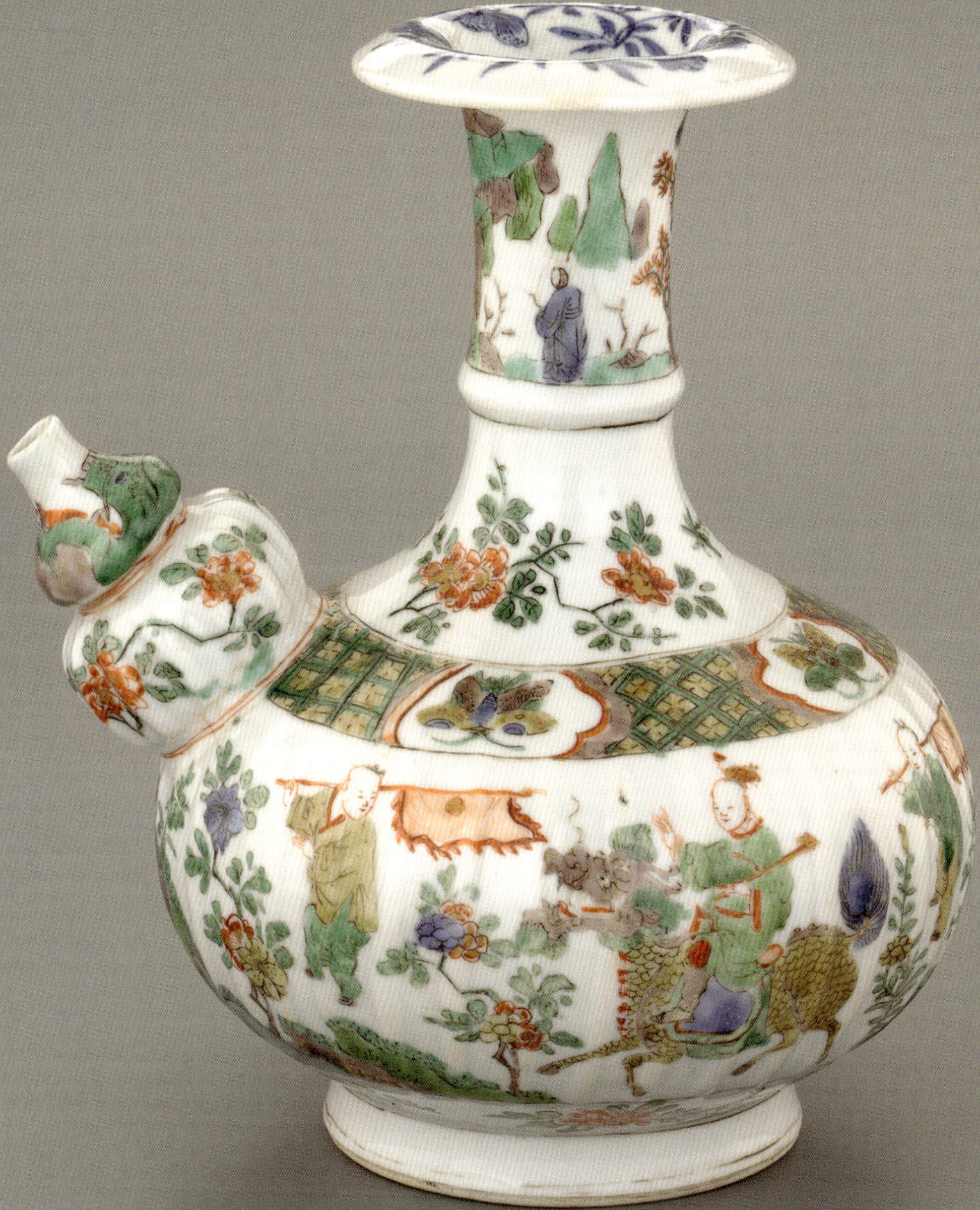

Zarte Farben

(21)

Deckelvasen mit Figurenszenen in Reserven

China, Qing-Dynastie, 1725–1750
Porzellan, glasiert, bemalt, Aufglasurfarben in Rosa, Grün, Gelb, Rot, Schwarz, Weiß, goldstaffiert
H. (mit Deckel): 61 cm, D.: 37,5 cm
Inv. Nr.: KP OP 236 a, b

Um 1720 erlebte das Porzellanhandwerk in Jingdezhen unter der Leitung des Werkstättenleiters der kaiserlichen Öfen Tang Ying (1682–1756) mit der Entwicklung der famille rose Farbpalette eine weitere Blüte. Während der europäische Name auf den neu hinzugekommenen Rosaton verweist, beschreibt der chinesische, „fencai", oder Puderfarben, die opake Qualität der Farben, die durch die Entwicklung eines neuen mischbaren Weiß erreicht wurde. Dieses erlaubte auch eine feinere Abstufung der Farbtöne, wie etwa an den Blütenblättern der Pfingstrosen auf den gezeigten Vasen gut zu erkennen ist.

Wie sich diese Farben entwickelten, ist nicht endgültig geklärt. Es besteht eine enge Verbindung zu den Rosatönen auf europäischen Metallarbeiten und Fayencen, die die Jesuiten am chinesischen Kaiserhof eingeführt hatten. Die andere Bezeichnung dieser Farben, „yangcai" (chin.: „fremde Farben"), scheint auf diesen Zusammenhang zu verweisen. Darüber hinaus finden sich vor der Einführung dieser Produkte keine vergleichbaren Farben auf chinesischer Keramik. Neuere technische Untersuchungen haben jedoch ergeben, dass im Gegensatz zu europäischen Rosatönen, die durch Beimischung von Gold hergestellt wurden, in China Rubinglas benutzt wurde. Auch gibt es eine Verbindung zu chinesischen Cloisonné-Glasuren, die in China bereits vor der Qing-Dynastie auf Metallobjekten verwendet wurden. Ob sich die neuen Farben aus der Begegnung mit Objekten oder durch Technologietransfer aus Europa oder von anderen Materialien entwickelten, lässt sich nicht festlegen.

Die Farbpalette erfreute sich an den Höfen der Kaiser Yongzheng (1723–1735) und Qianlong (1735–1796) großer Beliebtheit und wurde häufig auf sehr dünnes sogenanntes Eierschalenporzellan aufgetragen. Auf der Rückseite solcher Porzellane findet sich häufig eine monochrome rosafarbene Glasur. In Europa kamen die Pastelltöne dem Geschmack des Rokokos entgegen, neben den Eierschalenporzellanen wurden insbesondere schwerere Porzellane als Vasengarnituren für Kamine exportiert. Hier dominiert häufig ein singuläres Motiv gegen einen weißen Hintergrund, oder die Farbpalette konzentriert sich auf Bildreserven.

XS

Lit.: Valenstein 1989; Ayers/Impey/Mallet 1990; Schmidberger 1990, S. 368; Lochschmidt 2008; Pierson 2009; Kerr/Mengoni 2011.

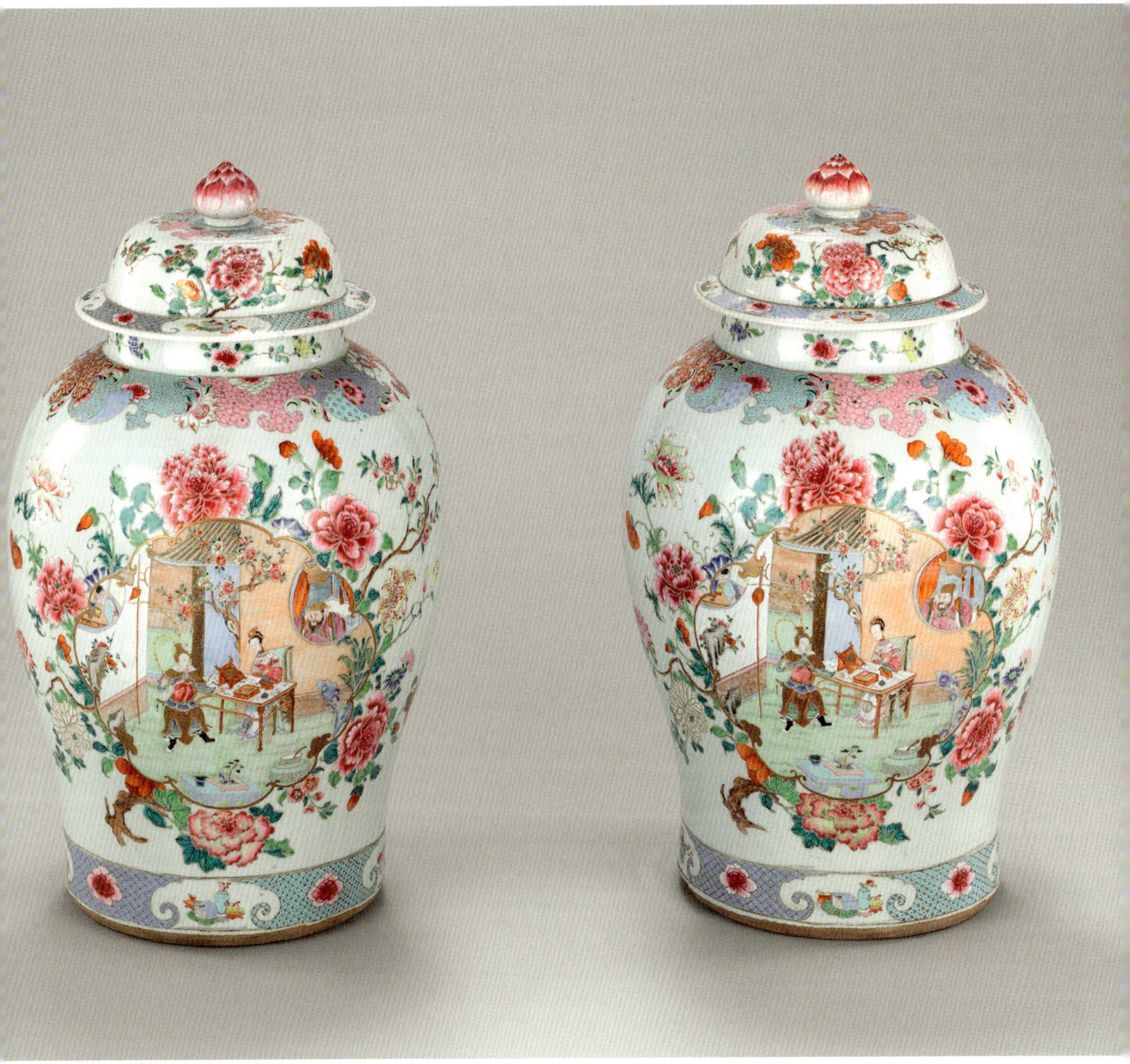

Fernöstliche Konkurrenz

(22)

Hohe Deckelvase mit Herbstlandschaft

Arita, Japan, um 1680
Porzellan, glasiert, bemalt, Unterglasur-Kobaltblau, Aufglasurfarben in Blau, Grün, Gelb, Aubergine, Eisenrot und Schwarz
H.: 45,5 cm, D.: 30,2 cm
Inv. Nr.: KP B XIII/I.88 (SM 4.1.900)

Die japanische Porzellanproduktion war seit Beginn des 17. Jahrhunderts in Arita auf der Insel Kyushu angesiedelt, wo zunächst vor allem in kleinen Mengen für den einheimischen Markt produziert wurde. Der Großteil des Porzellanbedarfs wurde jedoch über chinesische Importe gedeckt, die speziell auf den japanischen Markt angepasst waren. Der durch den Ausbruch des chinesischen Bürgerkriegs bedingte Einbruch dieses Markts Mitte des 17. Jahrhunderts und die damit verbundene gesteigerte Nachfrage aus Europa führten zur Entwicklung neuer Porzellandekore wie der sogenannten Kakiemonbemalung, die zwischen 1670 und 1690 einen Höhepunkt erlebte und um 1740 fast vollständig eingestellt wurde. Der Name geht auf Sakaida Kakiemon (1596–1666) zurück, der die Technik der Überglasur laut der Familienchronik angeblich von einem chinesischen Arbeiter um 1647 erlernt hatte. Charakteristisch für diese Art von Porzellan ist der feine milchige Scherben (jap.: „nigoshide"), der von einer klaren, hauchdünnen Glasur überzogen ist. Auf diese ist ein asymmetrisches Dekor von Pflanzen und Tieren in klaren roten, gelben, grünen, schwarzen und blauen weniger häufig auch braunen und auberginenfarbenen Überglasurfarben gemalt, das viel weißen Raum lässt. Auch Varianten in kobaltblauer Unterglasur oder einer Kombination aus Unterglasur mit Überglasurfarben sind bekannt.

Die auf dieser Vase umlaufend dargestellte aquarellhafte Herbstlandschaft mit ihren leuchtenden Farben ist ohne die lange Tradition der ostasiatischen Tuschemalerei nicht denkbar. Im Gegensatz zu chinesischem Porzellan, wo die symbolische Bedeutung von Pflanzen- oder Tiermotiven überwiegt, beziehen sich diese bei japanischen Kunstwerken direkter auf die Jahreszeiten. Des Weiteren wurde in Japan das Unterglasurblau auf den bereits einmal gebrannten Körper aufgetragen. Darüber hinaus wurde eine Erde verwendet, der im Gegensatz zur chinesischen Porzellanerde kein Feldspat oder Quarz hinzugefügt werden musste, wodurch aufwendige Arbeitsschritte entfielen

XS

Lit.: Schmidberger 1990, S. 209; Ayers/Impey/Mallet 1990; Schmidberger/Richter 2001, S. 256; Jackson/Jaffer 2004; Fitski 2011.

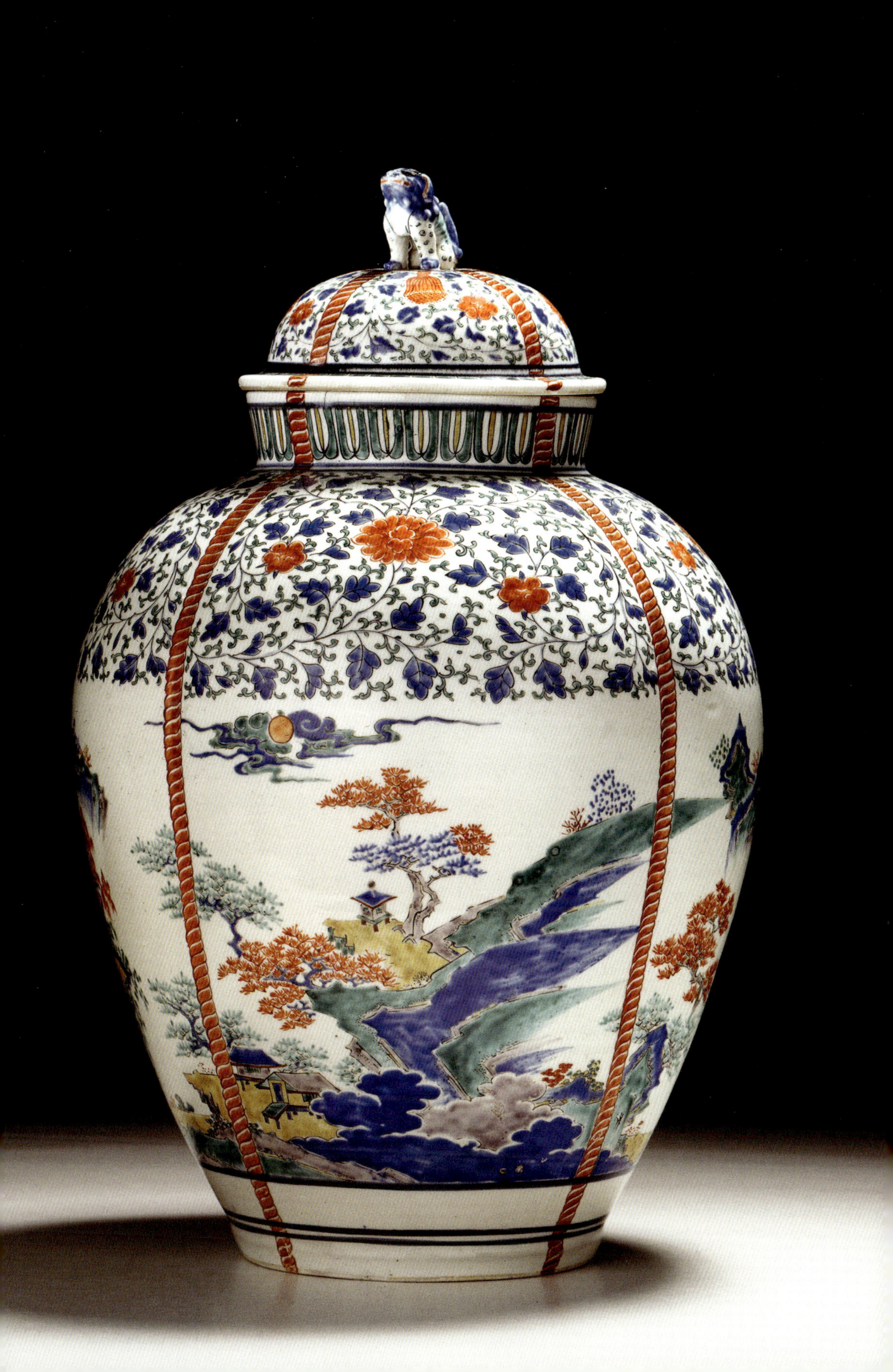

Ein Hafen beliefert die Welt

(23)

Garnitur aus drei Deckelvasen und zwei Stangenvasen

Arita, Japan, spätes 17. bis frühes 18. Jahrhunderts
Porzellan, glasiert, bemalt, Unterglasur-Kobaltblau, Aufglasurmalerei in Schwarz, Eisenrot und Gold
Deckelvasen: H.: 85,5 cm, D.: 42 cm
Stangenvasen: H.: 60 cm, D.: 29,4 cm
Inv. Nr.: SM 4.1.937-939, SM 4.1.924-925

Imariporzellan ist nach dem Hafen auf der Insel Kyushu benannt, von dem aus das Porzellan auf die künstliche Insel Dejima bei Nagasaki verschifft wurde und von der aus die Niederländer als einzige Europäer in Japan Handel treiben durften. Es handelt sich jedoch um eine europäische Benennung des 19. Jahrhunderts, um zwischen Kakiemon- und Imaridekoren, die beide für den Export und häufig in denselben Werkstätten geschaffen wurden, zu unterscheiden, die in Japan nicht gebräuchlich ist. Imari entstand wie Kakiemon (vgl. Kat. Nr. 22) in der zweiten Hälfte des 17. Jahrhunderts und wurde nach 1740 ebenfalls nur noch spärlich hergestellt. Eine Überkategorie für japanisches Exportporzellan ist Arita- oder Hizenware.

Typisch für Imaridekore ist die Kombination aus kobaltblauer Unterglasur mit Überglasurfarben in Eisenrot und Gold, wobei die Farben so dicht aufgetragen sind, dass sie den Scherben fast verdecken. Da Japan im Gegensatz zu China über vergleichsweise reiche Goldvorkommen verfügte, war die Verwendung als Aufglasurfarbe eine japanische Spezialität. Grün, Gelb, Aubergine und Schwarz sind weitere häufig für die Ausarbeitung von Details verwendete Farben. Bei Stücken mit besonders üppiger Goldbemalung und an Textilien orientierten Mustern wird dieser Stil auch als „nikishiki-de“ oder Brokatstil bezeichnet. Häufig orientierte man sich dabei an zeitgenössischen Vorlagewerken für Kimonostoffe. Imariporzellan ist in der Gestaltung sehr vielfältig, häufig finden sich in der Objektmitte jedoch geschwungene Kartuschen, die von Mustern umrahmt sind, und Deckel in Tierform.

Ab den 1690er Jahren waren in Europa besonders große Vasen beliebt, die etwa in Kombinationen aus drei Balustervasen und zwei Stangenvasen als sogenannte Garnitures de Cheminée zur Dekoration vor Kamine oder auf Schränke gestellt wurden. Dabei blieb Imariporzellan vergleichsweise preiswert – selbst die höchste Qualitätsstufe war günstiger als Kakiemonporzellan und im 18. Jahrhundert bereits für Kaufleute, den Kleinadel und das reiche Bürgertum erschwinglich.

XS

Lit.: Schmidberger 1990; Ayers/Impey/Mallet 1990; Pantzer 2000; Jackson/Jaffer 2004; Ferguson 2016.

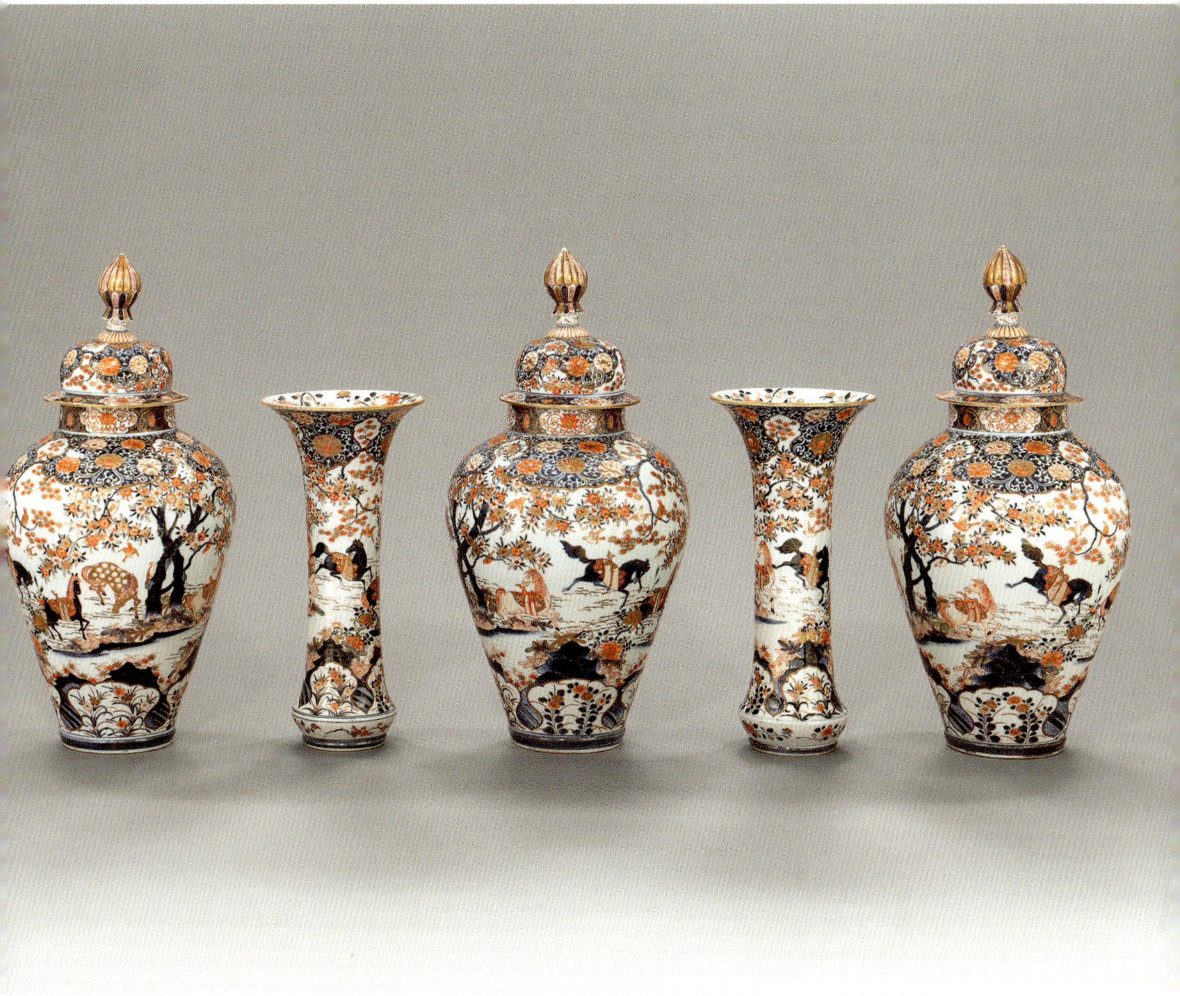

Ein Hoch der Gastlichkeit

(24)

Daunscher Willkomm

Deutschland, 1400–1450
Steinzeug, gedreht, frei geformt, Stempeldekor, Engobe, Salzglasur
Fassung: 1517 und 1632, Silber, graviert
H.: 36,3 cm, D.: 14,5 cm
Inv. Nr.: KP B VI/III.103

Der hohe Deckelpokal gehört zu den frühen Beispielen mittelalterlicher Kunstkeramik. Nur wenige Gefäße dieser Art - teilweise nur im Fragment - haben sich erhalten, und der Herstellungsort der künstlerisch gleich gestalteten Gefäße wirft immer noch Fragen auf.

Der Korpus des balusterförmigen Trinkgefäßes ist gleichmäßig mit einem sehr feinen geometrischen Stempeldekor versehen. Zusätzlich wurde eine fein geformte bärtige Maske, ein „Bartmann", auf die Schulter aufgesetzt, bei der Bart und Haare detailliert durchgestaltet wurden. Das Steinzeug wurde zusätzlich mit einer lederbraunen Engobe überzogen. Dabei handelt es sich um eine dünnflüssige Tonmineralmasse, die vor allem der Einfärbung dient. Anders als bei Glasuren bildet die Engobe allerdings keine Schutzschicht für die Keramik, sodass das Gefäß zusätzlich noch eine Salzglasur aufweist. Die Salzglasur wurde im 14. Jahrhundert im Rheinland mehr oder weniger zufällig erfunden, wobei durch das Einführen von Salz in den Brennofen auf der Keramik eine durchsichtige Glasur entsteht. Schon früh erfuhr der Pokal hohe Wertschätzung, diente er doch als „Willkomm" der Wild- und Rheingrafen zu Daun, einem Pokal, der bei festlichen Anlässen dem zu ehrenden Gast gereicht wurde oder in der Gesellschaft herumging. Hierauf deuten die beiden Inschriften, die in die silberne Fassung eingraviert sind. Die 1517 datierte Inschrift lautet: „ES.KAN.IA.KAINER.BESCHWEREN.DER.IC.TRINCKT.AVS.DEM.HAVS.VND HERREN.ZV.EHREN" und weist zudem auf den Verwendungszweck hin: „VOR EN WILKVM ZV DHAVNEN". Anscheinend genoss der Pokal auf der Burg Daun in der Eifel noch im 17. Jahrhundert als traditionelles Trinkgefäß eine hohe Wertschätzung. Vermutlich war es zu einer Beschädigung gekommen, sodass der Pokal bestoßen war und repariert wurde. Darauf deutet eine weitere Inschrift aus dem Jahr 1652: „...LIES.MICH.ERNEVERN.GAR.ALS.ICH.ZV.DHAVN.GEDIENT.HVNDERT.DREYSIG.FÜNF.IAR.OHN.WÜSSENT.WIE.LANG.IM.AMT.ZVVOREN.GEWESEN.WAHR".

Das Gefäß findet sich erstmals 1763 in einem Inventar des Kasseler Kunsthauses mit dem Vermerk, dass es im August 1729 aus den Gemächern der verstorbenen Landgräfin Maria Amalia (1653–1711) hierher verbracht worden sei, ursprünglich aber bei der Belagerung der Burg Rheinfels (1692) von einem Obristen im Zelt des geflohenen französischen Generals Tallard (1652–1728) gefunden worden sei. In der Überlieferung des Hauses Hessen-Kassel war diese Belagerung ein wichtiges Datum, was sich auch darin zeigt, dass der Krug 1779 im Inventar des Amaturenzimmers des Museum Fridericianum zu finden ist.

ME

Lit.: Schmidberger/Richter 2001, S. 60f.

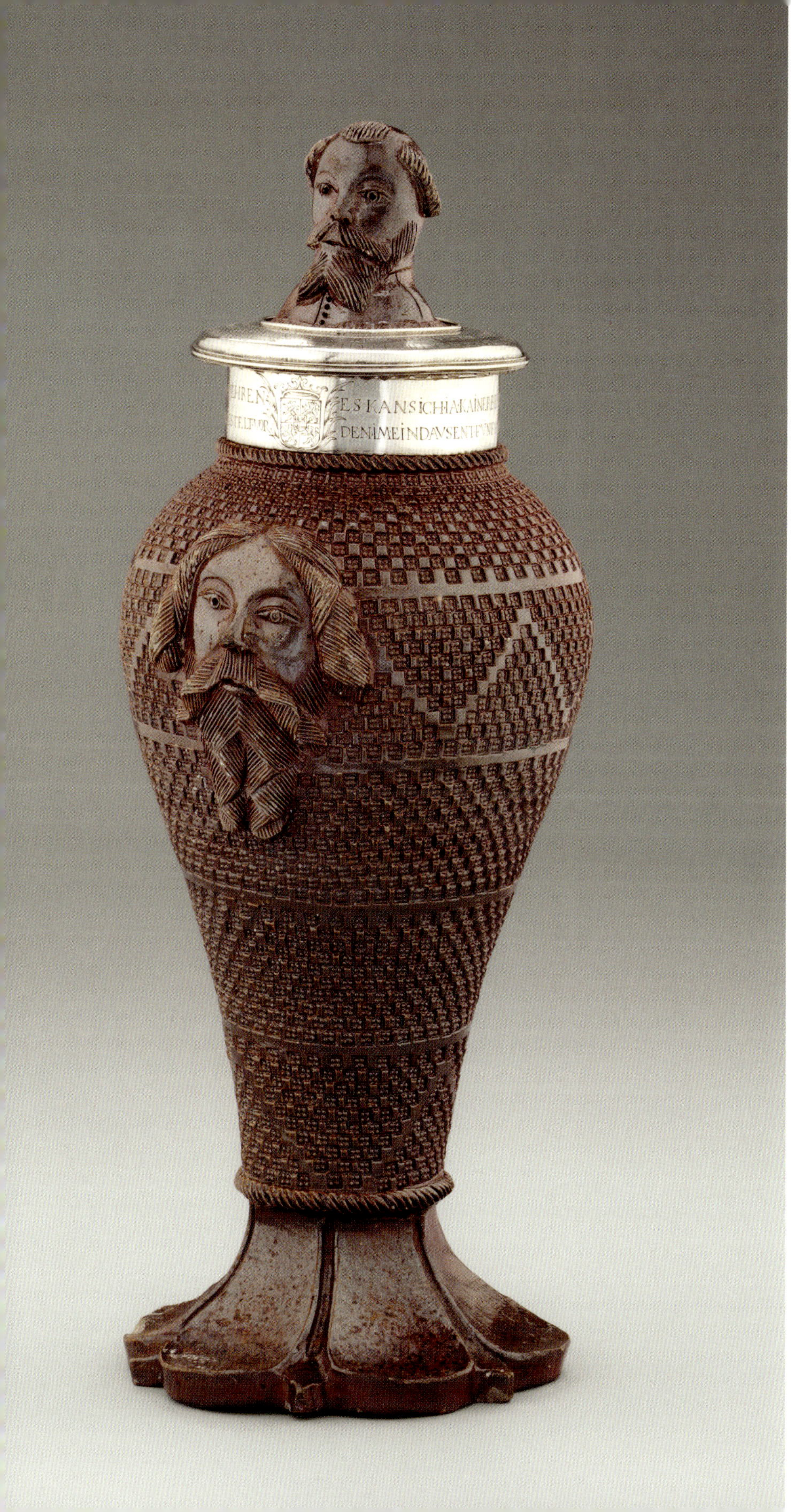

Hohe Kunst auf schönen Krügen

(25)

Krug

Siegburg, Rheinland, 1550–1600
Steinzeug, gedreht, aufgelegter Reliefdekor
H.: 32,5 cm
Inv. Nr.: 8 E 299

Die ältesten Steinzeuge Europas stammen aus dem 12./13. Jahrhundert aus Siegburg, wobei die Blütezeit während des 14.–17. Jahrhunderts anzusiedeln ist. Die Keramiken wurden in ganz Europa gehandelt. Begünstigt wurde diese Entwicklung durch die hochwertigen Tonlagerstätten, den reichen Waldbeständen für das Feuerholz und die funktionierenden Handelsrouten über den Fluss Sieg in den Rhein - wie bereits schon in der Antike. Als in der Mitte des 16. Jahrhunderts die Töpfer aus Köln vertrieben wurden und sich unter anderem in Siegburg ansiedelten, kam es durch den künstlerischen und technischen Innovationsschub zur Blütezeit in Siegburg. Produktion und Handel kamen aber während des Dreißigjährigen Krieges (1618–1648) dann zum Erliegen. Die Töpferfamilien wanderten teilweise aus, unter anderem in den Westerwald, wo ein weiteres dominierendes Zentrum der Steinzeugproduktion entstand.

Der fein gekörnte Ton aus Siegburg ist arm an Eisenoxid, weshalb er zu einem hellen, fast weißen Scherben brennt. Bereits in römischer Zeit wurde dieser Ton abgebaut, um irdenes Geschirr herzustellen. Um 1400 griff man wieder auf die Lagervorkommen zurück. Ab der Mitte des 16. Jahrhunderts entwickelte man in Siegburg eine eigene künstlerische Gestaltung, indem man große reliefierte, im Model geformte Rundauflagen mit allegorisch-religiösen Themen auf die Gefäßformen applizierte. Seltener weisen Siegburger Keramiken eine Salzglasur auf, den Glanz erzielte man stattdessen durch Ascheanflug während des Brennvorgangs.

In Siegburg stellte man vornehmlich Kannen, Krüge, Feldflaschen und Trinkgeschirre her. Einer der bekanntesten Gefäßtypen ist die „Schnelle", wie sie auch hier gezeigt wird. Es handelt sich dabei um schlanke, leicht kegelförmige Krüge mit Henkel, die als Trinkgefäß dienten. Durch ihren reichen Reliefdekor waren die Krüge für einen gehobenen großbürgerlichen und adligen Käuferkreis in ganz Europa bestimmt und wohl eher Schaustück als tatsächlich benutztes Geschirr.

Kunstgeschichtliche Bedeutung erhalten die Siegburger Schnellen gerade wegen dieser Dekorauflagen, die allegorische oder mythologische Darstellungen aufweisen. Als Vorlagen dienten dabei Grafiken von Virgil Solis (1514–1562), Heinrich Aldegrevers (1502–1555/61), Hans Sebald Beham (1500–1550), Peter Flötner (1485–1546) oder Jörg Breu (1475/1480–1537), wobei die Vorlagen dem kegelförmigen Korpus angepasst wurden, was das künstlerische Verständnis der Formenschneider der Patrizen voraussetzt. Die hier gezeigte Schnelle zeigt biblische Motive.

ME

Lit.: Reineking-von Bock 1971; Hähnel 1992; Gaimster 1997; Kessler 2002; Roehmer 2007.

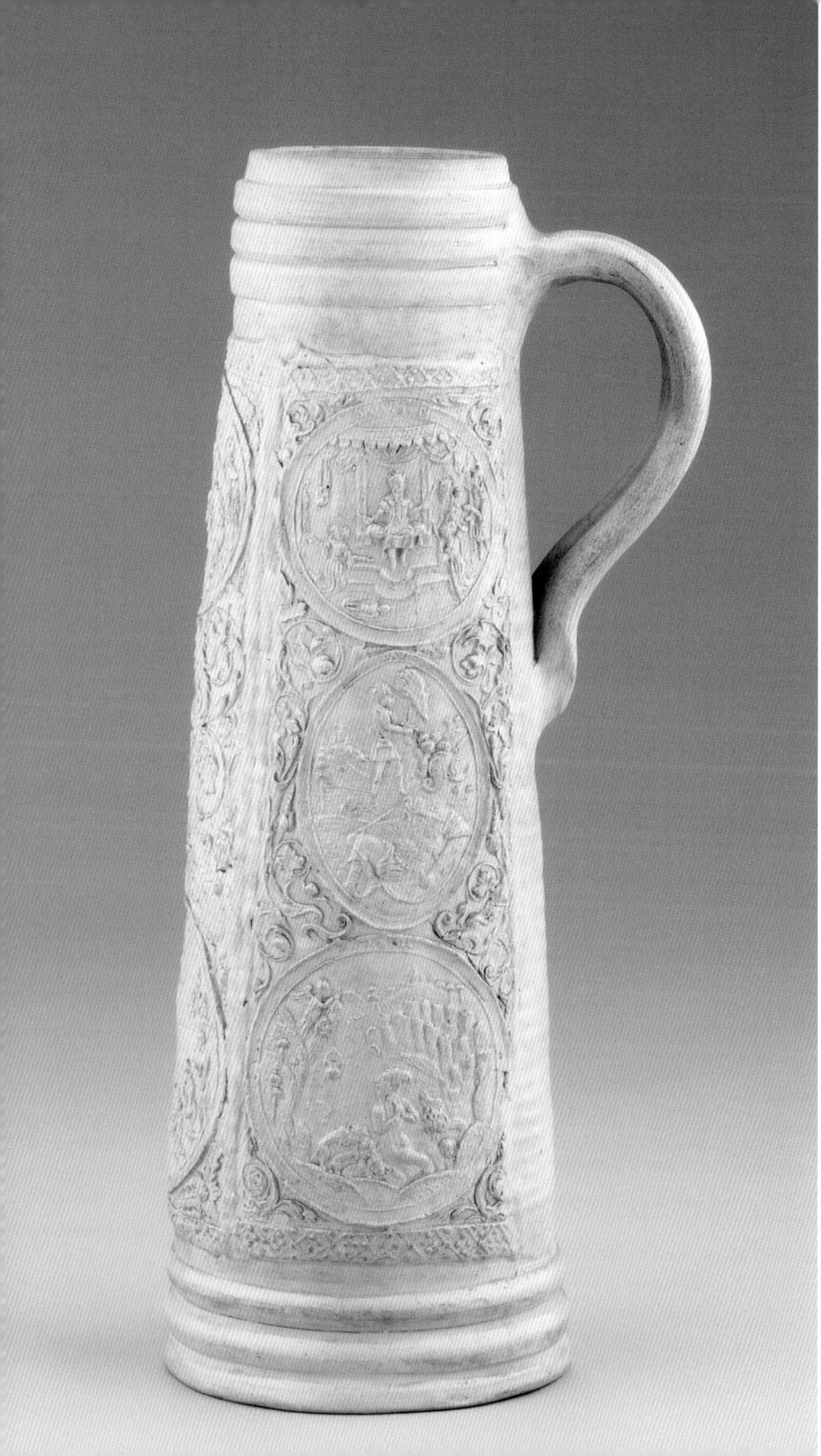

Triumph des Reliefs

(26)

Zylinderbauchkrug

Raeren, Belgien, nach 1584
Steinzeug, gedreht, aufgelegter Reliefdekor, Engobe, Salzglasur
H.: 37,5 cm, D.: 19,8 cm, T.: 22,6 cm
Inv. Nr.: 8 D 276

Die Produkte des heute in Belgien gelegenen Raeren werden den rheinischen Steinzeugwaren zugezählt. Wie Siegburg und Frechen erlebte die Herstellung in der zweiten Hälfte des 16. Jahrhunderts ihren Höhepunkt. Bis in das 16. Jahrhundert wurden hier vor allem einfache Keramiken hergestellt, doch mit der Ansiedlung Kölner Töpfer entwickelte sich das keramische Kunsthandwerk. 1566 waren in Köln keine Steinzeugbrenner mehr zugelassen. Von den oft wochenlang brennenden Öfen ging eine Brandgefahr für die Stadt aus. Der hohe Holzverbrauch führte zu einer Verteuerung der Brennholzpreise und zudem ging von den Chlorgasen, die bei der Verwendung von Salzglasur frei werden, eine Geruchsbelästigung aus. Die Kölner Töpfer suchten nun neue Werkstätten, die sie im Rheinland fanden. Zu Beginn des 17. Jahrhunderts – bedingt wohl durch den Dreißigjährigen Krieg – kam die Produktion dort nahezu zum Erliegen, und die Töpfer verlagerten nun ihre Werkstätten in den Westerwald.

Für Raeren bezog man den Ton südlich von Aachen, der zu einem grauen bis gelbbraunen Scherben brennt. Dabei ist der Ton gröber als der, den man in Siegburg verwenden konnte. So wurden die Keramiken in Raeren zusätzlich mit einer rotbraunen Engobe versehen, bevor die Salzglasur aufgetragen wurde. Ähnlich wie an anderen Orten experimentierte man auch in Raeren bereits im 16. Jahrhundert mit kobaltblauen Glasuren, die aber nicht den Zeitgeschmack trafen. Erst im 17. und 18. Jahrhundert erlangten die blauen Glasuren auf dem grauen Ton des Westerwaldes die Gunst des Publikums.

In Raeren wurden vor allem Kannen, Krüge und Trinkgeschirr hergestellt, die die Gefäßformen aus Köln, Frechen und Siegburg kopierten. Da der Ton nicht so fein ist, konnten auch nur gröbere Reliefauflagen hergestellt werden, sodass die Raerener Töpfer sich vor allem auf eine exakte Formgebung konzentrierten. Bei dem hier abgebildeten Krug drückt sich dies etwa in der hohen, eleganten, konkav und konvex geschwungenen Schulter aus. Kennzeichnend für das Schaffen in Raeren sind Dreihenkelkrüge und Zylinderbauchkrüge, bei denen die Bauchung des Korpus zylindrisch ausgeformt wurde. So entstand eine Fläche, die man mit einem Reliefdekor versehen konnte. Beliebte Themen waren hier neben Bauerntanzszenen die Darstellung der sieben Kurfürsten des Reiches oder – wie hier – mythologische Themen.

ME

Lit.: Reineking-von Bock 1971; Gaimster 1997; Kessler 2002.

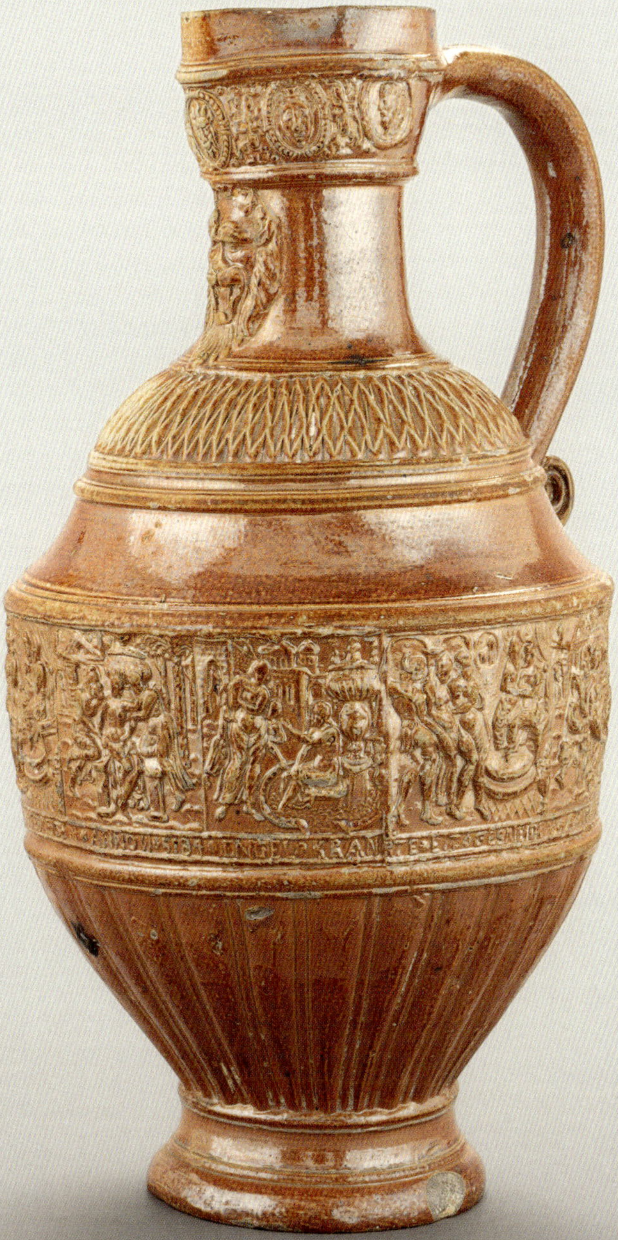

(27)

Flasche mit Renaissance-Dekor

Großalmerode, Hessen, spätes 16. Jahrhundert
Steinzeug, gedreht, aufgelegter Reliefdekor, Salzglasur
H.: 25,5 cm, D.: 15 cm
Inv. Nr.: 8 G 301

Auch in der Keramikindustrie verfügt Nordhessen seit jeher über entscheidende Wettbewerbsvorteile: Zum einen über reiche Wälder, die das Holz für den Brand lieferten, dann über schiffbare Flüsse, die den Absatz der Ware begünstigten und vor allem aber über exzellente Tonvorkommen. Hervorzuheben sind vor allem die Tonvorkommen um den Ort Großalmerode.

Der Steinzeugton aus Großalmerode wurde spätestens um 1300 verstärkt genutzt, verträgt er doch deutlich höhere Brenntemperaturen als herkömmlicher Ton. Bei ca. 1250 °C verschmilzt die Oberfläche der Tonpartikel dauerhaft miteinander, weshalb Steinzeuggefäße auch ohne Glasur wasserdicht, säurebeständig und leicht zu reinigen sind – erhebliche Vorteile gegenüber dem normalen Ton. Spezielle Tonarten aus der Gegend um Großalmerode weisen eine Temperaturbeständigkeit bis zu 1775 °C auf, womit sie sich auch zur Herstellung von technischen Keramikprodukten wie etwa Tiegeln eignen. So unterscheidet man zwischen Töpferton, etwa für Irdenware und Steingut, Hafenton, etwa zur Herstellung von Tiegeln für die Glasherstellung und feuerfeste Ofenauskleidungen, Tiegelton für Schmelztiegel, wie sie für den Metallguss oder die Alchemie benötigt werden und Pfeifenton, einer besonders hellen Tonsorte, aus der nicht nur Tabakspfeifen hergestellt wurden, sondern auch figürliches Spielzeug und Murmeln.

Großalmerode ist Teil des Werra-Meißner-Kreises, in dem die „Werrakeramik“ entstand, stets farbenfroh dekorierte Töpferwaren, die durch gute Handelsbeziehungen an der Weser in weiten Teilen Norddeutschlands als Gebrauchskeramik ihren Absatz fanden. Von dort gelangten die nordhessischen Erzeugnisse auch in die Neuenglandstaaten und die holländischen Kolonien in Ostasien.

Die hier gezeigte Steinzeugflasche weist einen im Model geformten Dekor aus Löwenmasken und edelsteinähnlichen Rauten auf, die ebenso auf den Korpus gesetzt wurden, wie die frei geformten Henkel, durch die eine Kordel verläuft.

ME

Lit.: Lüdicke/Kölsch 2016, S. 18f.

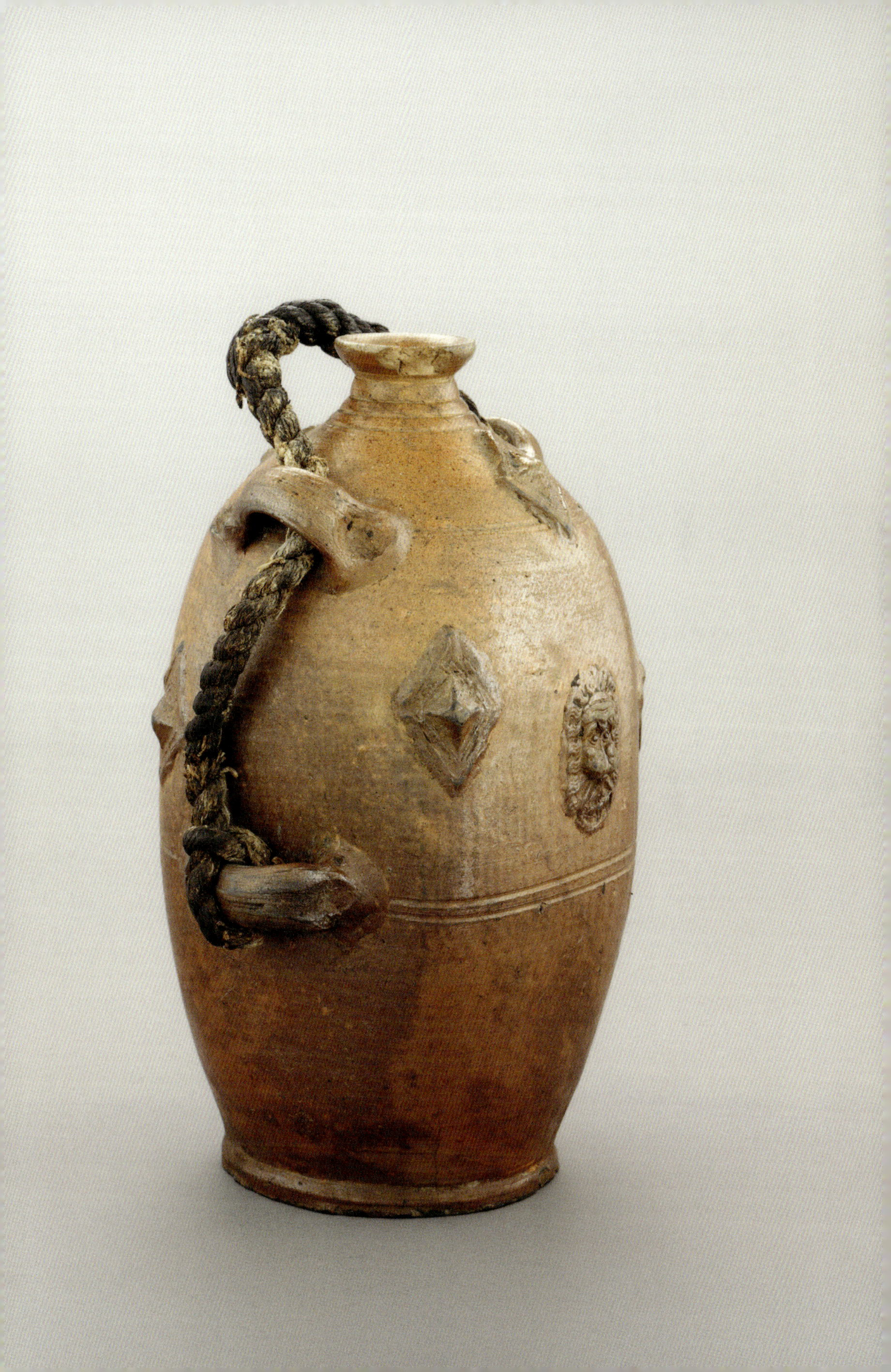

Nicht nur für den Tisch

(28)

Schüssel mit der Darstellung des letzten Abendmahls

Werrakeramik (?), Mitteldeutschland, 1612
Irdenware, gedreht, Engobe, glasiert
D.: 47 cm
Inv. Nr.: 8 N 168

Als die Schüssel 1911 aus einer schottischen Sammlung vom Museum erworben wurde, schrieb man sie noch einem Wanfrieder Töpfer zu, wobei Wanfried ein überregionales Zentrum der Keramikproduktion und des Keramikhandels des Werra-Meißner-Kreises bildete. Spätere Ausgrabungen machten deutlich, dass diese Form der Keramik in weiten Teilen Nordhessens und Thüringens verbreitet war, sodass man heute allgemein von Werrakeramik spricht, die seit dem letzten Viertel des 16. bis zur Mitte des 17. Jahrhunderts verbreitet war.

Hergestellt wurde die Schüssel aus Irdenware, ein Ton, der bei niedrigen Temperaturen gebrannt wird. Die Tonpartikel sintern hierbei nicht vollständig durch, sodass unglasierte Irdenware wasserdurchlässig ist. Zum Irdengut gehören die sogenannte Hafnerkeramik (mit Brenntemperaturen um 700/800 °C), Fayencen und Majolika (950/1040 °C) und Steingut (1120–1250 °C). Zusätzlich trug man bei der Schüssel eine meist rotbraune Engobe auf. Mit einem Malhorn oder Pinsel wurde ein überwiegend weißes Dekor aufgetragen, in das hier in den Spiegel die Darstellung des letzten Abendmahls geritzt und abschließend mit einer teilweise farbigen Bleiglasur versehen wurde. Typisch ist auch die Angabe des Datums, 1612.

Die günstigen Materialien und die niedrigen Brenntemperaturen deuten darauf hin, dass derartige Keramiken auch an sozial niedrigere Schichten verkauft werden konnten. Sie wurden wohl nicht nur als Tafelgeschirr, sondern auch als dekorativer Wandschmuck verwendet, wie Löcher im Standring deutlich machen, mit denen die Schüssel an der Wand befestigt werden konnte.

Keramiken aus dem Meißner-Werra-Kreis fanden über die Transportwege der Weser großen Absatz – so auch in den Niederlanden, wo sie bald schon kopiert wurden. Aufgrund der hohen Ähnlichkeit der Stücke und der meist fehlenden Herstellersignaturen lässt sich der genaue Herkunftsort auch bei dieser Schüssel nicht eindeutig bestimmen.

ME

Lit.: Hampe 1981; Lüdicke/Kölsch 2016, S. 60f.

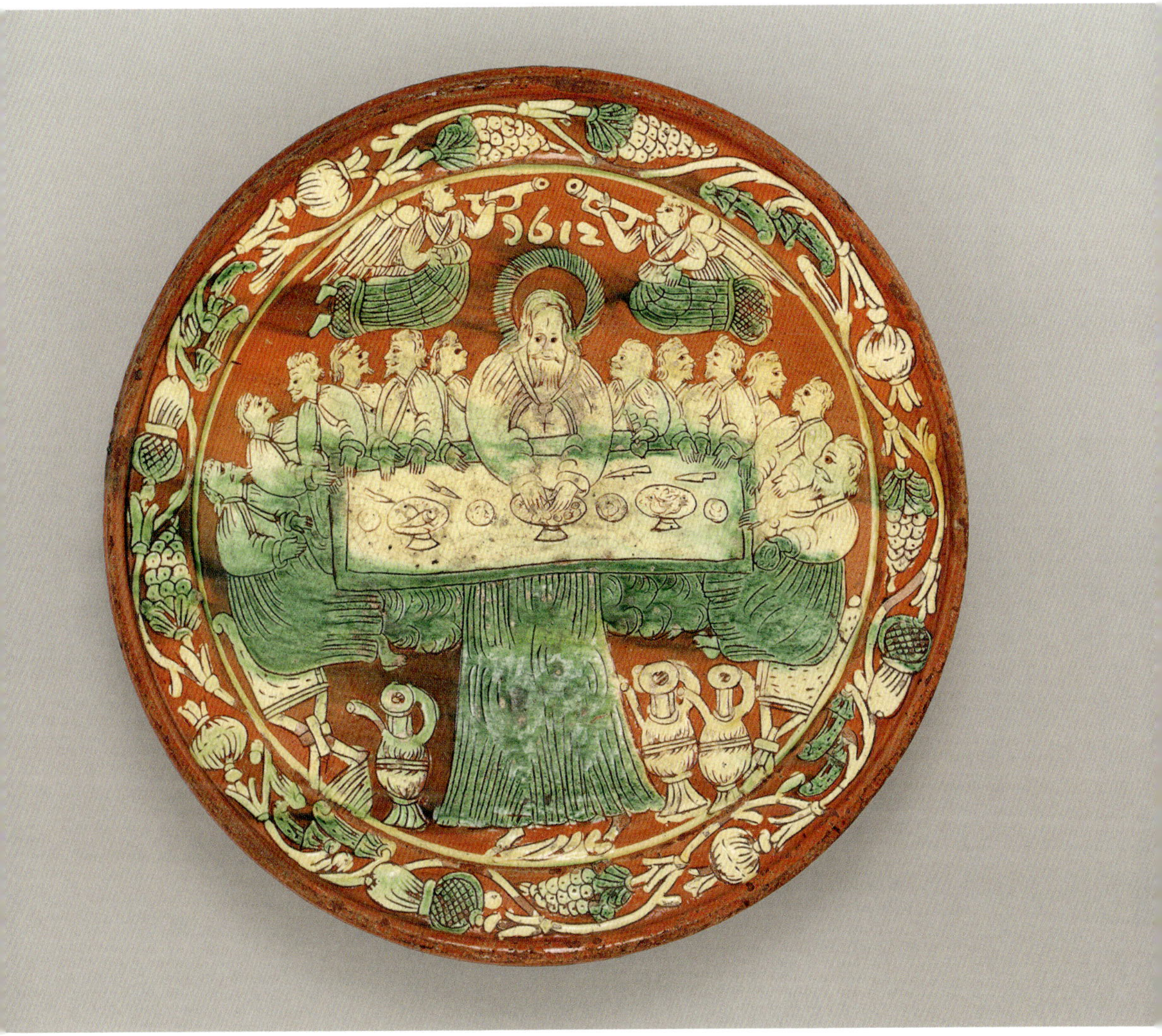

„Krausen“ aus Creußen

(29)

Apostelkrug

Creußen, Oberfranken, 1667
Steinzeug, gedreht, aufgelegter Reliefdekor, Bemalung mit Emailfarben, Zinnmontierung
H.: 17,4 cm, D.: 16,5 cm
Inv. Nr.: 8 E 59

In der unweit von Bayreuth gelegenen Stadt Creußen wurde zwischen dem 16. und 18. Jahrhundert ein Steinzeug produziert, wie es ähnlich auch im sächsischen Dippoldiswalde hergestellt wurde, welches früher Annaberg bzw. Freiberg in Sachsen zugeschrieben wurde. Kennzeichnend ist ein dunkelbrauner Ton, der mit einem Reliefdekor versehen wurde. Danach erhalten die Waren eine Salzglasur. Um 1600 begann man die Waren mit kräftigen, „kalten“, also ungebrannten, Farben zu bemalten. Ab 1628 lassen sich dann Emailfarben nachweisen. Dabei handelt es sich um chemisch dem Glas ähnliche Farben, die bei hohen Temperaturen und bei nur kurzer Brenndauer auf die Oberfläche gebrannt werden. So entstehen leuchtend helle Farben, die sich von dem dunklen Grund des Tons gut abheben.

Der in Creußen verwendete Ton ist sehr dicht und durch die Salzglasur säurebeständig. Deswegen wurden vor allem Apothekergefäße hergestellt, aber auch Vorratsgefäße wie Schraubflaschen und Krüge, die bisweilen nach ihrem Herstellungsort als „Krausen“ bezeichnet werden. Oft weisen sie eine gedrungene Gestalt auf. Hauptschmuck bilden die bemalten Reliefauflagen, die oftmals Jesus und die zwölf Apostel zeigen – wie hier – oder aber Jagdszenen. Daneben gibt es aus Creußen auch noch Darstellungen von Heiligen und anderen christlichen Motiven, den sieben Werken der Barmherzigkeit, Allegorien der sieben Planeten oder aber die Darstellung der sieben Kurfürsten als Halbfiguren. Bisweilen appliziert man auch das Wappen des Auftraggebers sowie Datierungen auf der Front der Krüge. Die Krüge waren im 17. und frühen 18. Jahrhundert sehr beliebt und wurden exportiert. Meist fertigte man dann am Ort des Verkaufs noch Klappdeckel und bisweilen auch Standringe aus Zinn an.

ME

Lit.: Reineking-von Bock 1971; Barth 2007.

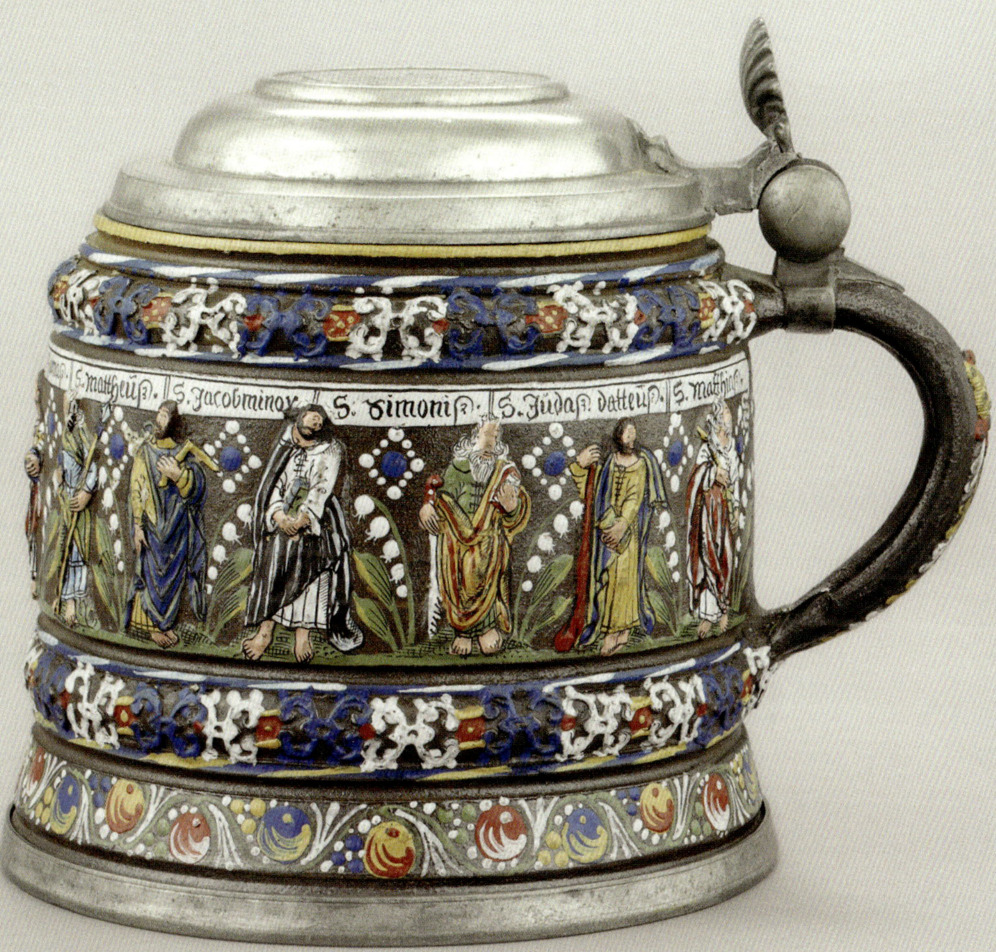
S. Jacobminor
S. simonis.
S. Judas datteus.

Jetzt wird's bunt

(30)

Majolikaschüssel mit der Darstellung des Monats Mai

wohl Domenico da Venezia (1520/25–1569/74)
Venedig, Italien, um 1560/70
Majolika, gedreht, glasiert, polychrom bemalt
H.: 5,6 cm, D.: 34,8 cm
Inv. Nr.: KP B XII.38

Der Name „Majolika" ist von der Insel Mallorca abgeleitet, einem Umschlagplatz von Waren aus dem maurischen Spanien in der frühen Neuzeit. Unter anderem wurden dort Lüsterwaren produziert, die nach Italien ausgeführt wurden (vgl. Kat. Nr. 53). Die Waren wurden in Italien sehr beliebt und regten die einheimische Keramikproduktion an. Bei der Majolika handelt es sich um zinnglasierte Irdenware, die mit den vier Scharffeuerfarben Kupfergrün, Antimongelb, Kobaltblau und Manganviolett/-braun dekoriert sind, wobei durch die Abschattierung der Farben eine breite Malpalette zugrunde liegt, die eine bildhafte Bemalung erlaubt. Technologisch handelt es sich bei Majolika und Fayencen um vergleichbare Produkte, doch setzte sich in der kunstgeschichtlichen Terminologie durch, dass Arbeiten aus Italien und Spanien als Majolika bezeichnet werden, Werke, die nördlich der Alpen entstanden, als Fayencen.

Majolika wird aus einem in der Regel hellen, porösen Scherben hergestellt. Das fertig geformte Gefäß wird einem ersten Brand („Schrühbrand") ausgesetzt, bevor es mit der opak-weißen Zinnglasur überzogen wird. Hierauf erfolgt die Malerei in Scharffeuerfarben, wobei im zweiten Brand („Scharffeuerbrand") dann Glasur und Farben verschmelzen und eine glänzende, wasserdichte Außenhaut entsteht. Zunächst kopierte man in Italien die Lüsterware, indem man mit einer weißen Engobe statt der Zinnglasur arbeitete – hierbei entstand die „Mezzo-Majolika". Um 1480/90 waren es Werkstätten in der Stadt Faenza, die als erste die Töpferwaren mit einer Zinnglasur überzogen. Die neue Technik wurde dann unter anderem in Urbino aufgegriffen, wo man die Gefäße in kräftigen Farben mit biblischen, mythologischen und historischen Themen überzog. Weitere Zentren waren Siena, Deruta und Venedig.

Der hier vorgestellte Teller stammt vermutlich aus der Werkstatt des Domenico da Venezia in Venedig. Die über Spiegel, Steigbord und Rand geführte Darstellung zeigt eine Falkenjagd und verkörpert den Monat Mai, war also Teil einer Serie von 12 Tellern mit den Monatsdarstellungen. Die Wirkung ist bildhaft und verrät, dass es sich bei derartigen Gefäßen eher um Schaugeschirr als um tatsächlich verwendetes Tafelgerät handelte. Bereits in der Barockzeit waren Majoliken begehrte Objekte fürstlicher Sammlungen, hielt man die besten Darstellungen doch für originale Werke von Raffael (1483–1520). So wissen wir, dass die Kinder des Landgrafen Carls von Hessen-Kassel (1654–1730) ihrem Vater Majoliken unter anderem als Neujahrspräsent überreichten.

ME

Lit.: Hausmann 1972; Lessmann 1979; Schmidberger/Richter 2001, S. 132f.w

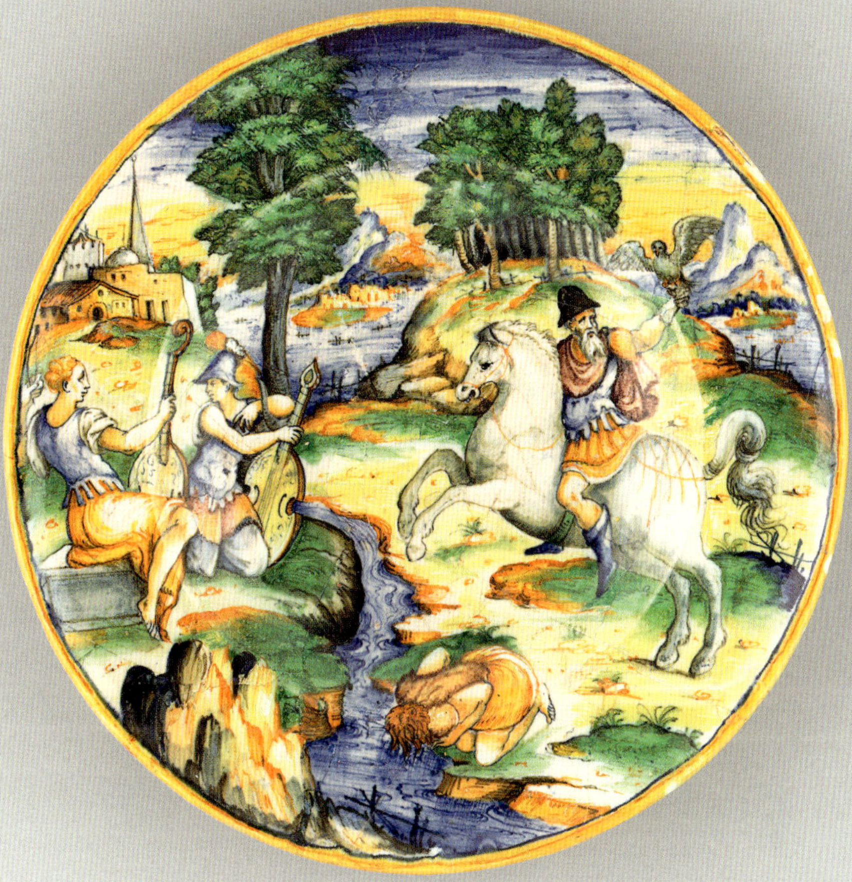

Service für die feinen Leute

(31)

Teller aus dem Majolika-Service des Johann Neudörffer

Urbino, Italien, 1552–1563
Majolika, gedreht, glasiert, polychrom bemalt
H.: 3,7 cm, D.: 23,8 cm
Inv. Nr.: KP B XII.11

Die Darstellung auf dem Teller geht auf einen Kupferstich von Hans Sebald Lautensack (um 1520–1565) zurück, der dem Maler in Urbino als Vorlage gedient haben dürfte. Unter der Devise „SPARTAM QVAM NAC.TVS ES HANC ORNA" (Etwa: „Erfülle die Aufgabe, die dir zugefallen ist") und Nennung des Auftraggebers „Johann Newdörffer Rechnmeister" befinden sich die Wappen Neudörffers (1497–1563) mit drei Sternen und das seiner Gemahlin Katharina (um 1513–1568) mit zwei Schäferstäben, jeweils mit Helmzier und Wappendecken. Die zentrale Wappenkartusche zeigt vor weißem Grund die Hausmarke Neudörffers und das Datum 1552. Darunter beschäftigen sich Genien mit Zirkel, Lineal und Winkel damit, einen Stern zu vermessen und mit einem Himmelsglobus. Dabei wird nicht nur auf den Beruf Neudörffers als Rechenmeister angespielt, sondern auch auf dessen wissenschaftliche Beschäftigung mit der Astronomie und Astrologie.

Johann Neudörffer, Sohn eines Nürnberger Kürschners, war nicht nur ein Rechenmeister, sondern auch ein Schreibmeister, der heute als Schöpfer und Begründer der deutschen Schönschreibekunst gilt. Seine Bedeutung zeigt sich unter anderem darin, dass ihn Albrecht Dürer (1471–1528) beauftragte seine „Vier Apostel" mit Inschriften und Bibelzitaten zu versehen. Durch seine Veröffentlichungen war er im gesamten Deutschen Reich geschätzt, und Kaiser Ferdinand I. (1503–1564) verlieh ihm den nicht erblichen Titel eines Pfalzgrafen, der ihn mit Patriziern und Adligen gleichstellte. Dies gab ihm die Möglichkeit, sich auch mit Luxusgütern zu umgeben, wie etwa dem Service aus Urbino, aus dem sich einige Teile in verschiedenen Museen und Sammlungen erhalten haben. Wahrscheinlich wurde das Service um 1700 aufgeteilt und an verschiedene Fürstenhäuser verkauft.

Ganze Service aus Majolika waren höchst selten und leiteten eine neue Epoche der Tafelkultur ein. Bis dahin wurden die Speisen auf einzelnen Geschirrteilen aus Zinn, Silber, Keramik oder Holz gereicht, und die Hauptzierde der Tafel bildeten die aufwendigen Schaugerichte selbst. Durch das einheitliche Service – das sicherlich nur zu besonderen Anlässen Verwendung fand und ansonsten auf dem Schaubuffet vom Vermögen und Kunstsinn des Besitzers kündete – war nun das Geschirr zur Hauptzierde geworden, eine Entwicklung, die in den Silbergeschirren und Porzellanservicen des 17. und 18. Jahrhunderts ihren Höhepunkt finden sollte.

ME

Lit.: Hausmann 1972; Lessmann 1979; Schmidberger/Richter 2001, S. 92f.

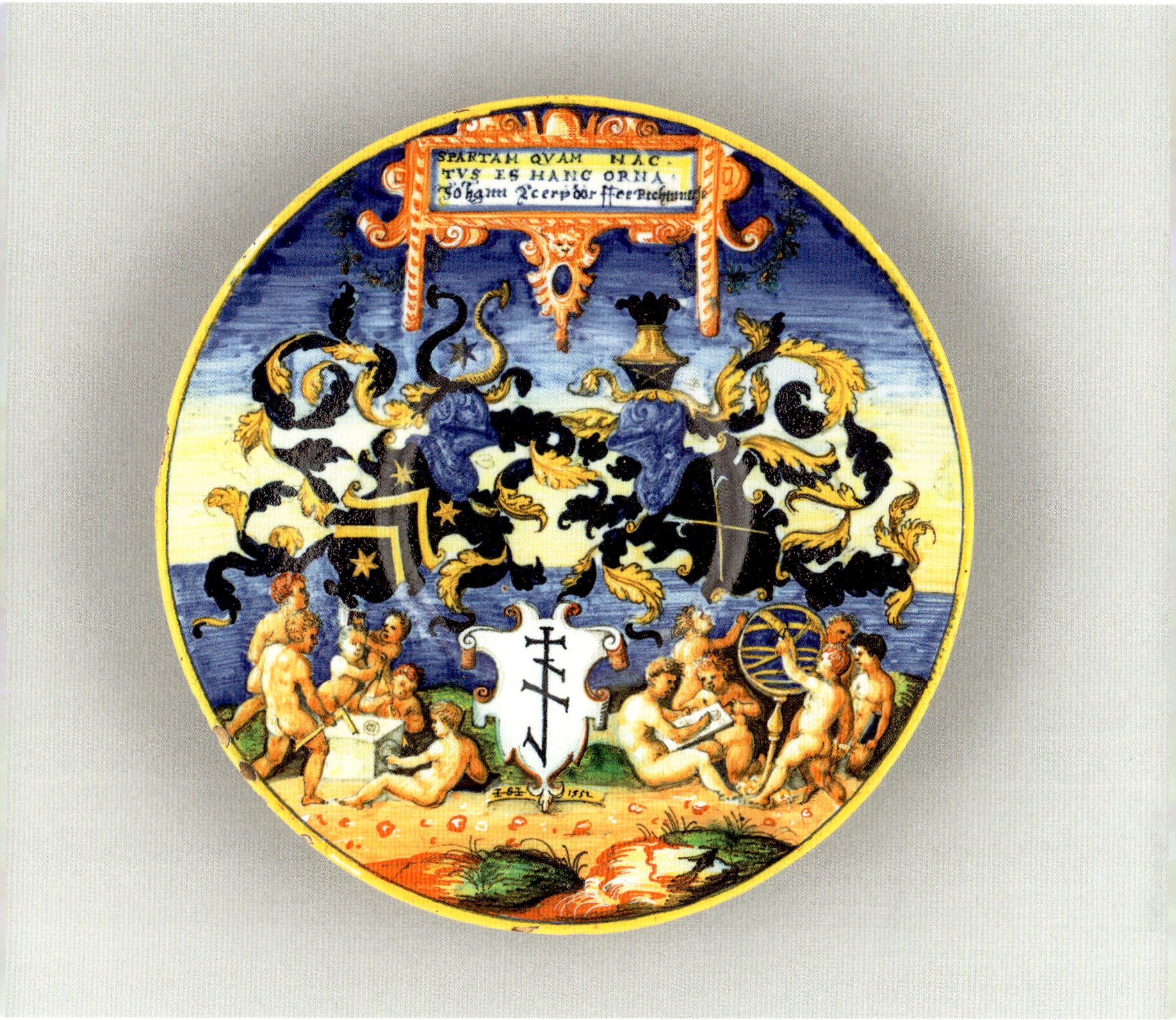
SPARTAM QVAM NAC
TVS ES HANC ORNA

Entwürfe für ein göttliches Bad

(32)

„Paris“ und „Bacchantin“

Pierre Étienne Monnot (1657–1733)
Rom, Italien, 1692–1714
Terrakotta, vergoldet
H.: 63 cm und 66 cm
Inv. Nr.: KP 2015/2, KP 2015/1

EvS ERNST VON SIEMENS KUNSTSTIFTUNG

Erworben mit Unterstützung der Kulturstiftung der Länder, der Hessischen Kulturstiftung und der Ernst von Siemens Kunststiftung

So wie der Maler mithilfe von Skizzen seine Ideen in ein Werk umsetzt, so bediente sich der Bildhauer seit der Renaissance verstärkt des Tons. Mit dem weichen Material, aus dem sich auch feine Details herausarbeiten lassen, kann er sich sowohl künstlerischen wie statischen Fragestellungen annähern.

Die beiden Terrakotta-Statuen dienten Pierre Étienne Monnot (1657–1733) als Werkstattmodelle für zwei Marmorstatuen, die sich heute im Marmorbad in Kassel befinden, das zwischen 1722 und 1729 entstand. Hierfür trug Monnot nicht nur die zwölf mythologischen Statuen bei, sondern auch acht großformatige Reliefs. Die heute so harmonisch wirkende Raumausstattung täuscht dabei darüber hinweg, dass hier ein tiefgreifender Planwechsel zugrunde lag. So fertigte Monnot – ohne konkreten Auftrag – ab 1692 die zwölf Marmorfiguren an. In diesem Zusammenhang sind im Vorfeld auch die hier gezeigten Modelle entstanden. Nach dem Tod des wichtigsten Auftraggebers des Künstlers, Livio Odescalchi (1652–1713), suchte Monnot nach einem neuen Käufer, den er in Landgraf Carl von Hessen-Kassel (1654–1730) fand. Für die Ausstattung des Marmorbades wurden dann noch die Reliefs hergestellt, für die Wachsmodelle angefertigt wurden. Anders als bei den beiden Figuren handelt es sich hierbei allerdings nicht um Entwurfsmodelle, sondern um verbindliche Vorlagenmodelle, mit denen dem

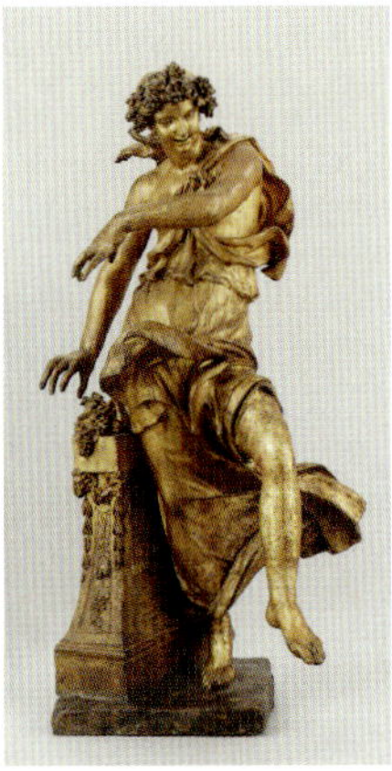

Landgrafen die zukünftige prachtvolle Wirkung des Raumes vorgeführt werden sollte.

Die beiden Modelle dokumentieren einen Arbeitsstand. So experimentierte der Künstler mit dem Baumstamm, der bei den Marmorskulpturen eine stützende Wirkung haben sollte. Dieser fehlt noch in der Terrakotta-Version der Bacchantin, bei der Umsetzung in Marmor aber wurde er hinzugefügt. Ist er bei der Darstellung des Paris noch deutlich sichtbar, so verschwand er bei der Ausführung in Marmor elegant hinter dem Manteltuch. Auch dem Gewand der Bacchantin verlieh der Künstler bei der Ausführung mehr Dynamik, um sie noch lebendiger darzustellen.

Modelle, die unmittelbar aus der Hand des Künstlers geformt wurden und somit sein gestaltendes Genie verraten, wurden schon früh gesammelt. Sie bilden eine ganz besondere Form der keramischen Kunst.

ME

Lit.: Scherner/Cossalter-Dallmann 2016, S. 134f.; Scherner 2019.

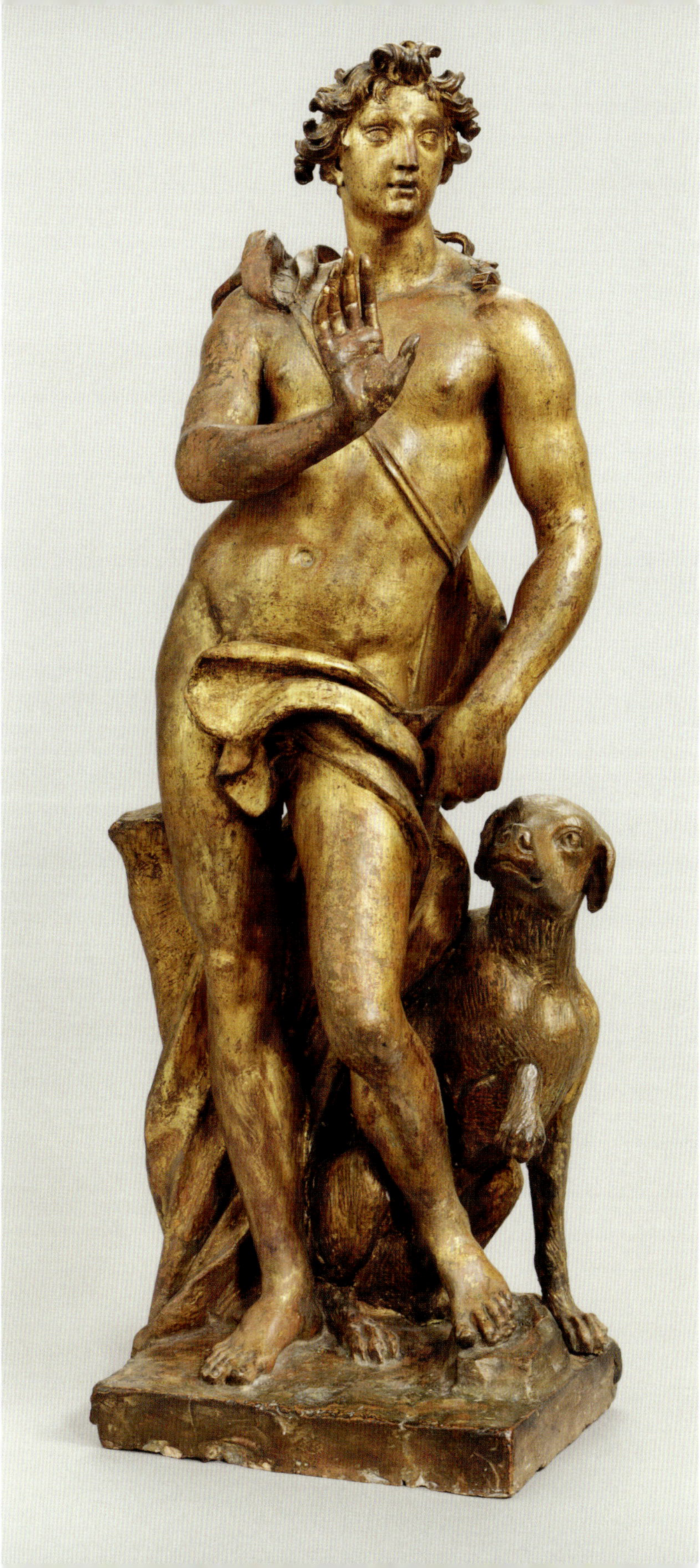

(33)

Große Balustervase

Frankfurt od. Delft, um 1680–1690
Fayence, glasiert, bemalt (Inglasur)
H.: 94 cm, D.: 39 cm
Inv. Nr.: KP 1927/34

Der Name Fayence leitet sich von der italienischen Stadt Faenza ab, von der aus sich die Tonwarenobjekte im 16. Jahrhundert durch italienische Handwerker über Frankreich und die Niederlande in ganz Europa ausbreiteten (vgl. Kat. Nr. 30). Die Dekore waren häufig stark beeinflusst vom blau-weißen Porzellan der Ming-Dynastie (vgl. Kat. Nr. 14). Nach deren Zusammenbruch Mitte des 17. Jahrhunderts konnte das in wesentlich geringerem Umfang importierte japanische Porzellan die europäische Nachfrage nicht befriedigen. In der Folge wurden im niederländischen Delft und anderswo Fayencemanufakturen gegründet, die ihren Höhepunkt zwischen 1660 und 1725 erlebten. Insbesondere Delfter Fayence, in zeitgenössischen deutschsprachigen Quellen auch als „holländisches Porzellan" bezeichnet, wurde zu einem begehrten Importgut in Deutschland und England.

Durch die merkantilistischen Bestrebungen mancher deutscher Höfe, Fayencen in einheimischen Manufakturen herzustellen, unter anderem um Importkosten zu sparen und die heimische Wirtschaft zu fördern, verbreiteten sich Fayencefabriken in ganz Deutschland. Begünstigt wurde dies auch durch den Strom von meist gut ausgebildeten calvinistischen Flüchtlingen, die nach dem Achtzigjährigen Krieg (1568–1648) die katholischen Niederlande verließen und mit ihrem Fachwissen gern gesehene Arbeiter waren.

So waren 1661 die Gründer der ersten deutschen Fayencefabrik in Hanau Niederländer. Am 8. September 1661 folgte dann die Fabrikgründung in Frankfurt durch den ebenfalls aus den Niederlanden eingewanderten Franzosen Jean Simonet mit finanzieller Unterstützung von Frankfurter Kaufleuten wie Johann Christoph Fehr, der kurz darauf die Leitung der Fabrik übernahm. Mit ihrer außergewöhnlichen Höhe und qualitätsvollen Bemalung mit einer chinesischen Landschaft zählt die vorgestellte Vase wohl zu den Glanzleistungen dieser Manufaktur.

Da Fayencen meist ungemarkt sind, Arbeiter regelmäßig den Ort wechselten und erfolgreiche Motive weite Verbreitung fanden, ist die Zuschreibung zu einer Manufaktur häufig umstritten. So auch bei diesem Stück, das lange Zeit als Delfter Fayence galt.

XS

Lit.: Bauer 1988; Schmidberger/Richter 2001, S. 260f.; Brattig/Hesse 2013.

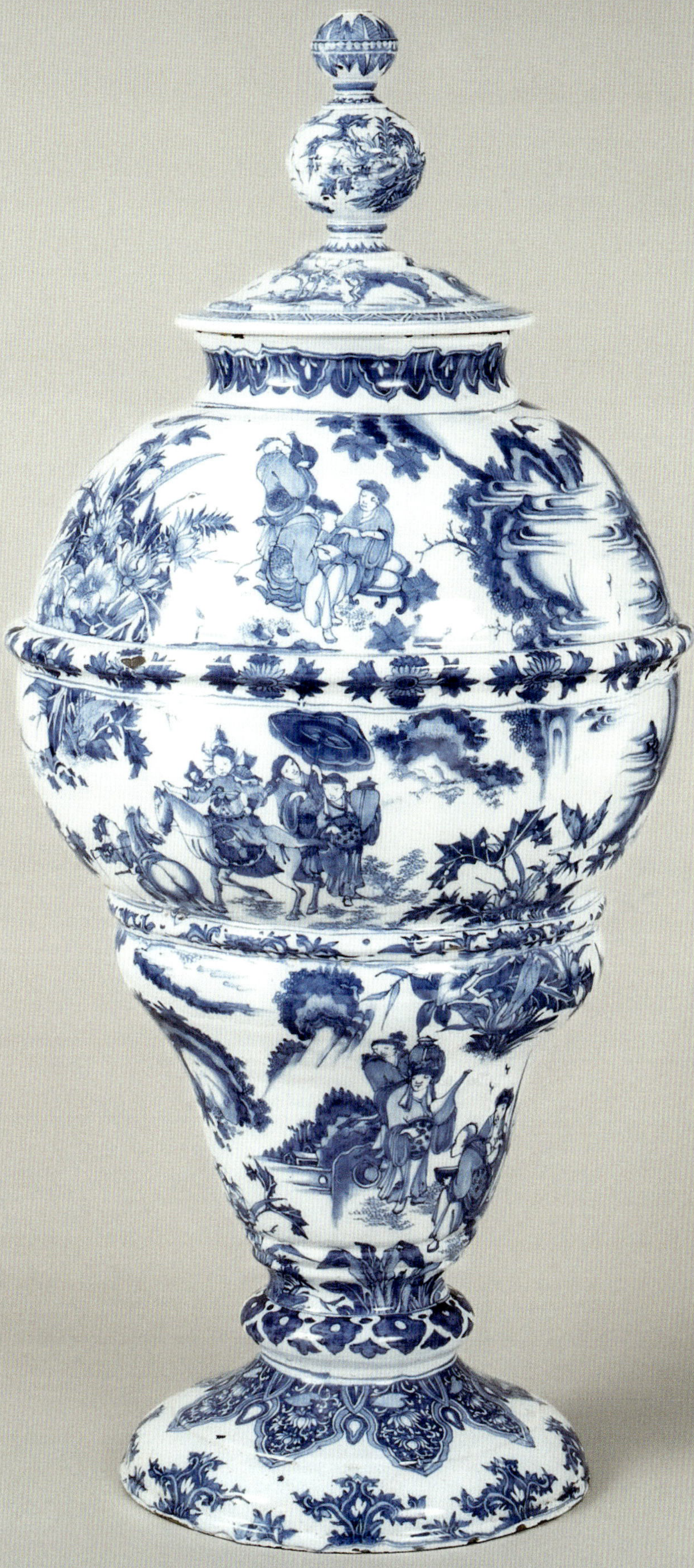

Luxus made in Kassel

(34)

Vase

Fayencemanufaktur Kassel
Johann Caspar Ripp (1681–1726), Maler, vermutlich
Kassel, Deutschland, um 1725
Fayence, glasiert, bemalt (Inglasur)
Marke: „HL“ (ligiert), „R“
H.: 31,4 cm, D.: 20 cm
Inv. Nr.: KP 1956/173

Bereits 1680 wurde in Kassel mit Unterstützung des Landgrafen Carl von Hessen-Kassel (1654–1730) eine Fayencefabrik gegründet, die vierte in Deutschland, die bis 1788 von wechselnden Pächtern betrieben wurde. Die Fayencetechnik wurde in Deutschland aus den Niederlanden eingeführt und erfreute sich als günstigere Alternative zu Porzellan insbesondere Ende des 17. Jahrhunderts großer Beliebtheit (vgl. Kat. Nr. 33).

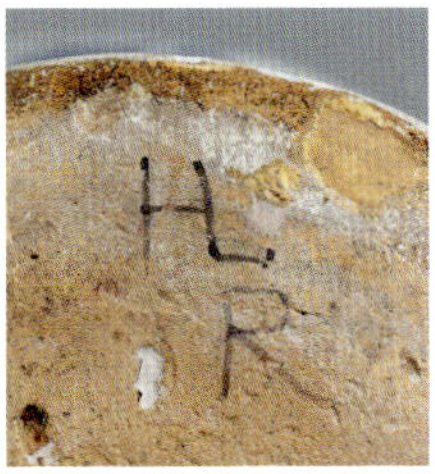

Bei Fayence handelt es sich um naturfarbene Irdenware, die nach einem ersten sogenannten Schrühbrand bei 800 °C in eine dickflüssige opake mattweiße Zinnglasur getauchtwird (vgl. Kat. Nr. 30). Nach dem Trocknen wird das Objekt mit Scharffeuerfarben in Kobaltblau, Kupfergrün, Antimongeld oder Manganviolett bzw. -braun meist nach Kupferstichvorlagen bemalt. Bei einem zweiten, viertägigen Brand („Scharffeuerbrand“) bei 900–1050 °C verschmelzen diese mit der Glasur, die die porösen Gefäße wasserundurchlässig macht. Im Gegensatz zu Porzellan verschmilzt die Glasur jedoch nicht mit dem Scherben.

Bis ins 19. Jahrhundert war die Farbpalette äußerst klein, andere Farben konnten nur in Aufglasur verwendet werden, da sie sonst durch die hohen Brenntemperaturen geschmolzen wären. Das Auftragen der Scharffeuerfarben erforderte eine ruhige Hand und geübte Fachkräfte, da eine Korrektur ohne auch die Glasur zu beschädigen, kaum möglich war. So war etwa Johann Caspar Ripp (1681–1726), dem die Bemalung dieser Deckelvase mit chinoisen Dekoren in Blaumalerei zugeschrieben wird, in den Niederlanden ausgebildet worden und betätigte sich in verschiedenen deutschen Fayence- und Porzellanmanufakturen als Wandermaler und Fabrikant.

Während die Verbreitung der Chinamode im 17. Jahrhundert insbesondere mit dem Import von ostasiatischen Porzellanen zusammenhängt, spielen auch die europäischen Nachahmungen in Fayence eine Rolle. So wurden Motive von chinesischen Vorlagen der späten Ming- und frühen Qing-Dynastie oder deren niederländischen Nachahmungen kopiert. Zusammen mit den übrigen Importen wie Lackwaren, Tee und Textilien bewirkten sie eine langanhaltende Begeisterung für Fernost an den europäischen Adelshöfen.

XS

Lit.: Schmidberger 1990, S. 186ff.; Miedtank 2014; Scherner/Cossalter-Dallmann 2016, S. 106f.; Rudi 2017.

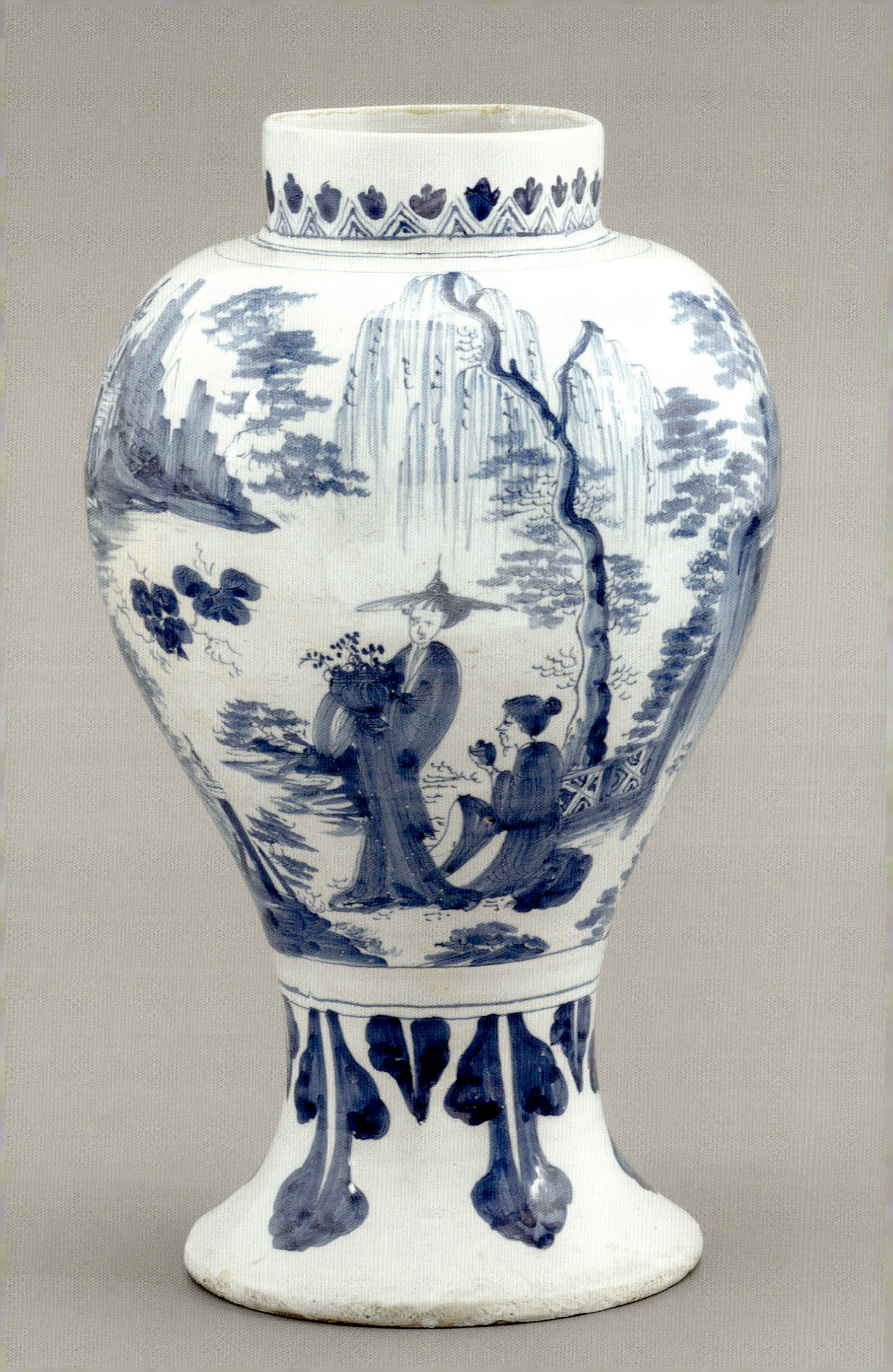

Farbenfrohes aus dem Muffelofen

(35)

Vasengarnitur

Fürstbischhöfliche Fayencemanufaktur Fulda
Adam Friedrich von Löwenfinck (1714–1754)
Fulda, Deutschland, 1741–1745
Fayence, glasiert, polychrom bemalt (Aufglasur)
Doppelkürbisvasen: H.: 27,5 cm, D.: 14,7 cm, Deckelvase: H.: 40,9 cm, D.: 18 cm
Inv. Nr.: KP 1910/724 a–c

Neben dem ersten Schrühbrand und dem zweiten Scharffeuerbrand wurden teilweise auch weitere Farben auf das fertige Fayenceobjekt aufgetragen und bei vergleichsweise niedrigen Temperaturen von 550–750 °C in einem sogenannten Muffelbrand gefeuert. Hierfür wurden gefärbte Glaspulver mit Terpentin oder Leinsamenöl als Bindemittel vermischt, aufgemalt und gebrannt, wobei die Binder verdampften und die Farben sich oberflächlich mit der Glasur verbanden. Da mehr Farbpigmente bei diesen Temperaturen stabil bleiben, konnte man mit einer erweiterten Farbpalette arbeiten, durch den zusätzlichen Arbeitsschritt waren solche Gefäße jedoch in der Regel teurer.

Um die Ware zu schützen und eine gleichmäßige Verteilung der Wärme zu gewährleisten, stellte man sie für den Brand in Tonformen, die sogenannten Muffeln, die oft von innen glasiert und abgedichtet waren. Die erweiterte Farbpalette begünstigte auch eine Erweiterung des Dekorrepertoires. Während man sich zunächst stark an den blau-weißen Porzellanen der Ming-Dynastie orientiert hatte, wurde die Gestaltung nun farbenfroher.

Als einer der führenden Maler auf diesem Gebiet gilt der in Meissen unter Höroldt als Buntmaler ausgebildete Adam Friedrich von Löwenfinck (1714–1754), der bei seiner Flucht aus Sachsen 1736 auch die Technik der Aufglasurmalerei in Porzellan mitnahm und im Folgenden auf die Fayence übertrug. Seine Anstellung an der 1741 von Fürststabt Amand von Buseck (1685–1756) gegründeten Fayencemanufaktur Fulda von 1741–1745 gilt als Höhepunkt seines künstlerischen Schaffens sowie der deutschen Fayencekunst. Typisch für den farbenfrohen, zur Zweidimensionalität neigenden Stil Löwenfincks ist diese Vasengarnitur mit einem üppigen Fond aus indianischen Blumen und Reserven, in denen Falter und Vögel fliegen.

XS

Lit.: Pietsch 2014, S. 245f.; Stasch 2015.

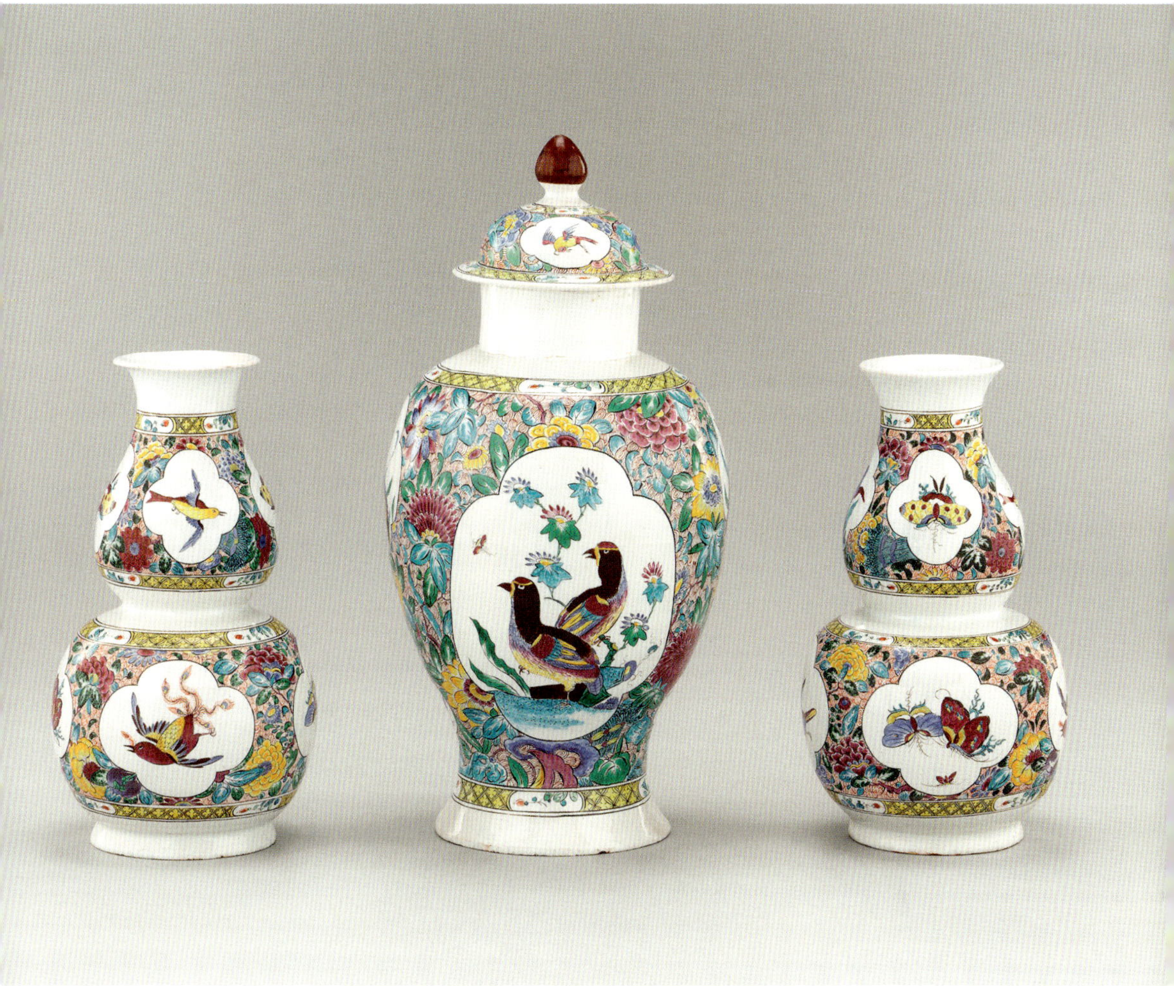

Statt Gold – das „rothe porcelain"

(36)

Böttgersteinzeug

Meißen, Deutschland, 1710–1715
Böttgersteinzeug, poliert, geschnitten, vergoldete Messingmontierung
H.: 18,7 cm, T.: 9,7 cm, B.: 12,8 cm
Inv. Nr.: KP B VI/IV.103

Während seiner Apothekerlehre in Berlin begann Johann Friedrich Böttger (1682–1719) sich für Alchemie zu interessieren und behauptete bald Gold herstellen zu können. Bevor es dem preußischem König Friedrich I. gelang, ihn für seine Zwecke in Gewahrsam nehmen zu können, ergriff Böttger 1701 die Flucht in das benachbarte Sachsen, wo er jedoch sobald von August dem Starken (1670–1733), sächsischer Kurfürst und König Polens, festgesetzt wurde. In der Hoffnung der finanziell angespannten Lage des Hofes beizukommen, ließ August für Böttger ein Laboratorium einrichten, um Gold herzustellen. Zur Seite gestellt wurden ihm hierbei der Mineraloge und Hüttenfachmann Gottfried Pabst von Ohain (1656–1729), der Gelehrte Ehrenfried Walther von Tschirnhaus (1651–1708), Entwickler hochkarätiger Brennspiegel, der Böttgers Interesse auf die Beschäftigung mit keramischen Massen lenkte, und Fachkräfte aus dem Hüttenbau. Durch ihr Zusammenwirken gelang es 1706, ein feines und dichtes Steinzeug herzustellen, das wegen der kaum reproduzierbaren Brennergebnisse der Öfen über eine breite Farbpalette verfügte. Angelehnt an den häufigsten sächsischen Landedelstein, den Jaspis, taufte Böttger seine Erfindung auf den Namen „Jaspisporzellan".

Von Anfang an war Böttger bestrebt, neben der Nachahmung ostasiatischer Porzellane auch die Formen und Dekortechniken anderer Luxusgüter wie dem Silbergeschirr anzuwenden. In diesem Sinne warb man 1710 etwa den Dresdner Hofgoldschmied Johann Jacob Irminger (1633–1724) als Gestalter an. In der Tradition des Barocks wurde das Böttgersteinzeug geschliffen oder poliert, in Gold- und Silbermonturen eingefasst, lackiert und emailliert sowie mit kostbaren Steinen besetzt. Aus der Glasveredelung übernahm man die Schnitttechnologie, die sich als Ornament auch an der Wandung dieses polierten „Tisch-Krugs" oder Bierhumpens findet. Um 1715 begann sich Böttgers andere Erfindung, das europäische Hartporzellan, jedoch immer mehr durchzusetzen (vgl. Kat. Nr. 37), sodass die Produktion des „rothen porcelain" bis 1735 eingestellt wurde.

XS

Lit.: Staatliche Kunstsammlungen Dresden 1982; Sonnemann/Wächtler 1982; Eberle 2011; Nelson/Roberts 2013.

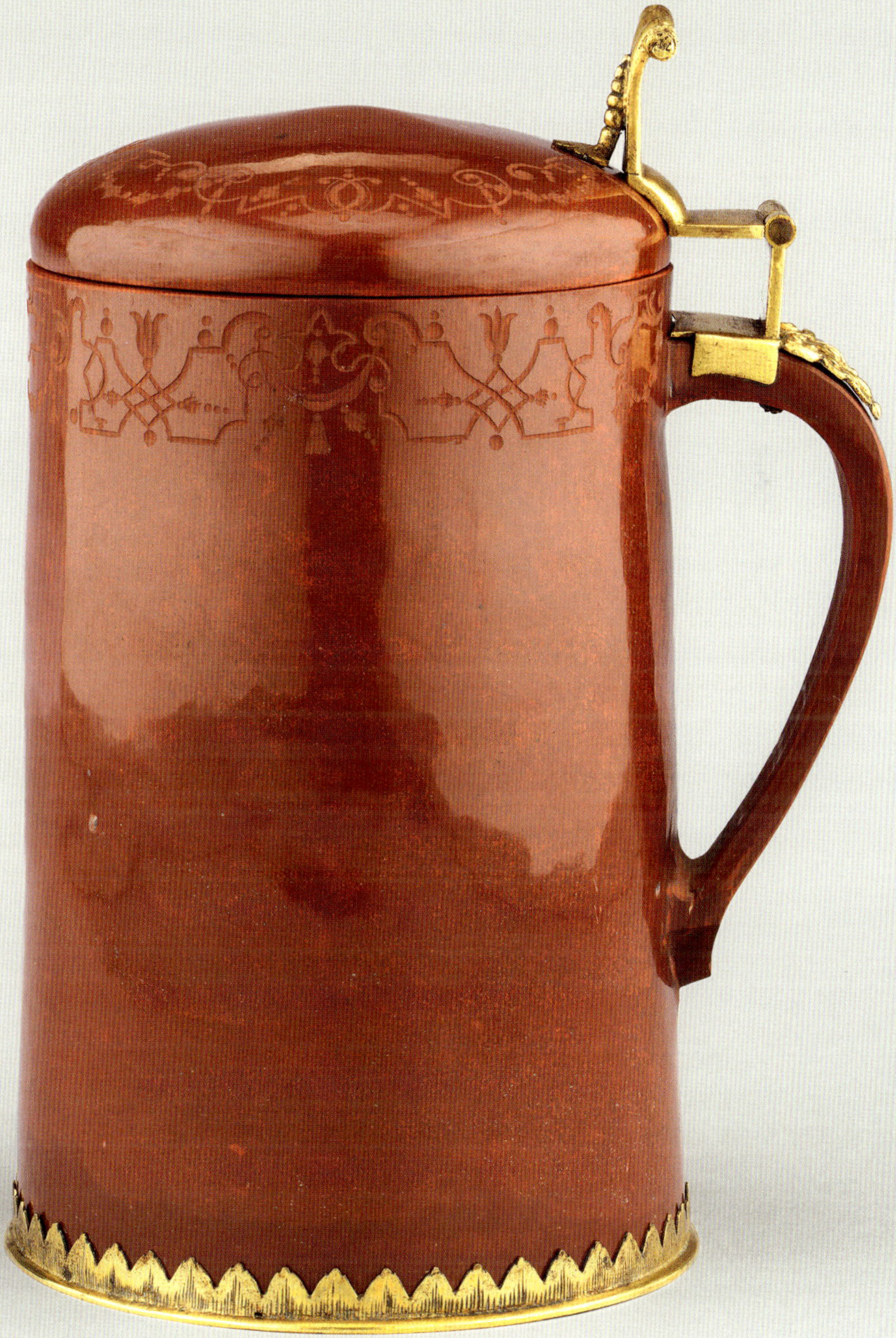

Europa holt auf

(37)

Böttgerporzellan

Königliche Porzellan-Manufaktur Meissen
Meißen, Deutschland, 1713–1720
Böttgerporzellan, Auflagedekor
H.: 19,1 cm, D.: 9,1 cm
Inv. Nr.: KP B XIII/III.12c

Nach Jahren des Experimentierens gelang in der Dresdener Jungfernbastei am 15. Januar 1708 eine Sensation, die nur durch eine Arbeitsnotiz überliefert ist – das erfolgreiche Brennen eines weißen und durchscheinenden keramischen Scherbens. Obwohl der Alchemist Johann Friedrich Böttger (1682–1719) noch im März desselben Jahres in einem Memorial an August den Starken (1670–1733) angab, ein „guthe(s) weisse(s) Porcellain sambt der aller feinsten Glasur und allem zubehörigen Mahlwerck welches dem Ost-Indianischen, wo nicht vor, doch wenigstens gleich kommen“ herstellen zu können, wurden dem Publikum auf der Leipziger Ostermesse noch 1710 lediglich unverkäufliche Schaustücke präsentiert. Dennoch hatte August der Starke bereits im Januar per Dekret die erste europäische Porzellanmanufaktur in der Albrechtsburg in Meißen gründen lassen. 1713 waren auf der Ostermesse die Porzellane dann erstmals zu erwerben.

Bei der weißen Keramik handelt es sich um das Böttgerporzellan, eine Vorstufe zur Erfindung des europäischen Hartporzellans, dem anstelle des Feldspats Kalk beigemischt wurde. Erst nach dem Tod Böttgers 1719 begann man „echtes“ Porzellan mit dem Mischungsverhältnis 50 % Kaolin, 25 % Feldspat und 25 % Quarz, das bei ca. 1400 °C und damit bei höheren Temperaturen als das weichere chinesische Vorbild gebrannt wird, herzustellen.

Vasen wie diese nach dem Vorbild japanischer Sakeflaschen, die ursprünglich genutzt wurden, um den warm oder kalt servierten Reisschnaps aufzubewahren, waren ein fester Bestandteil des Modellrepertoirs der Meissener Manufaktur. Sie wurden nicht nur in Böttgerporzellan hergestellt, sondern auch in Böttgersteinzeug (Kat. Nr. 36) und später mit Kakiemondekoren (vgl. Kat. Nr. 22) und farbigen Fonds versehen.

Wie bereits beim Böttgersteinzeug war der Hofgoldschmied Johann Jacob Irminger (1633–1724) in Meissen auch für die künstlerische Gestaltung der ersten Porzellane zuständig. Typisch ist ein sparsam aufgelegter Reliefschmuck auf der glatten Oberfläche, die Irmingers Vorliebe für die Silberarbeiten der englischen Hugenotten verrät.

XS

Lit.: Staatliche Kunstsammlungen Dresden 1982; Sonnemann/Wächtler 1982; Nelson/Roberts 2013.

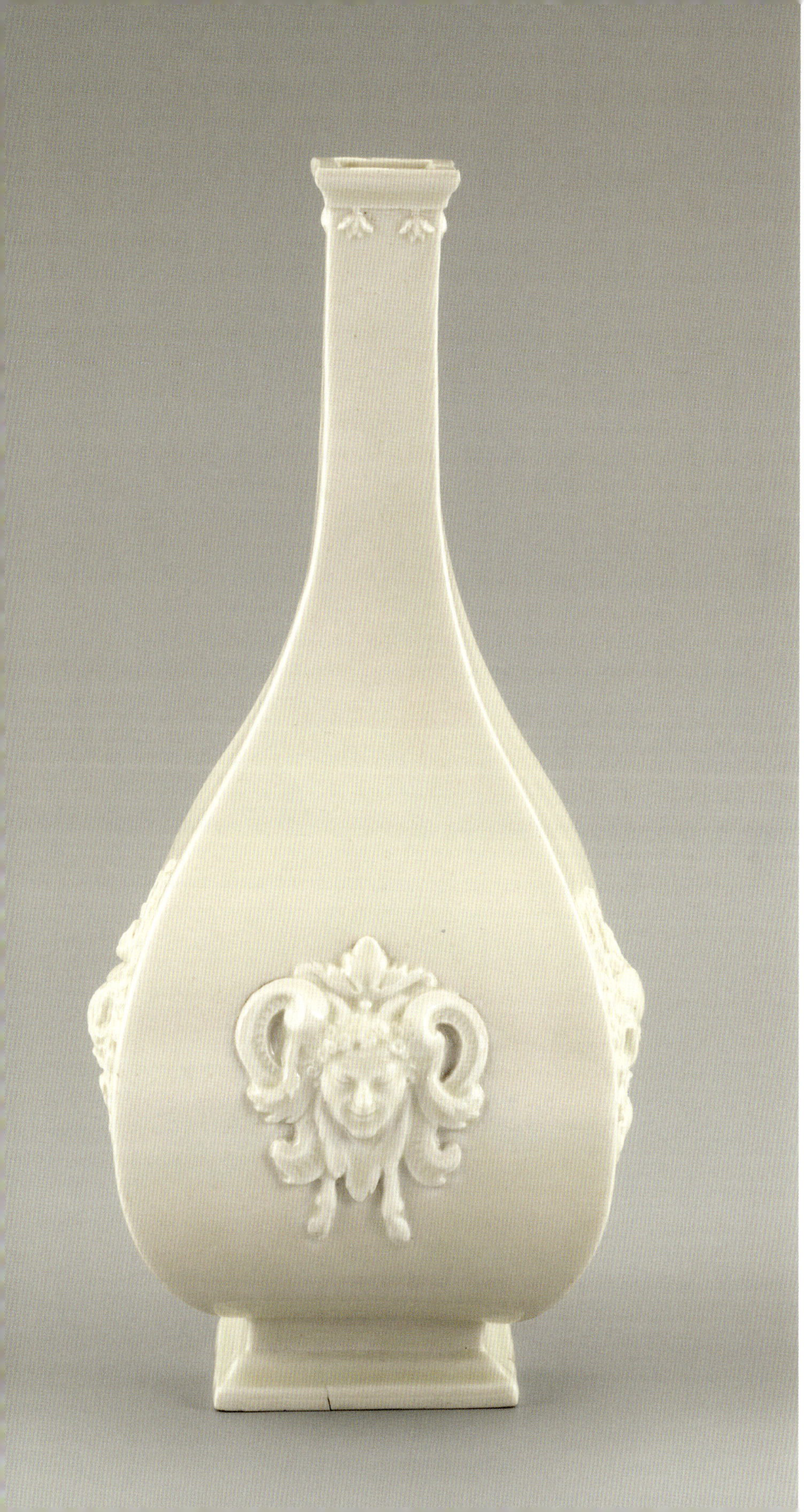

Höroldt – Meister der Farbe

(38)

Cremetöpfchen

Königliche Porzellan-Manufaktur Meissen
Johann Gregorius Höroldt (1696–1775), Werkstatt
Meißen, Deutschland, 1723–1735
Porzellan, glasiert, polychrom bemalt (Aufglasur), goldstaffiert
Marke: „1." (Goldmarke)
H.: 9,9 cm, B.: 12,2 cm, T.: 10,1 cm
Inv. Nr.: SM 4.1.1072

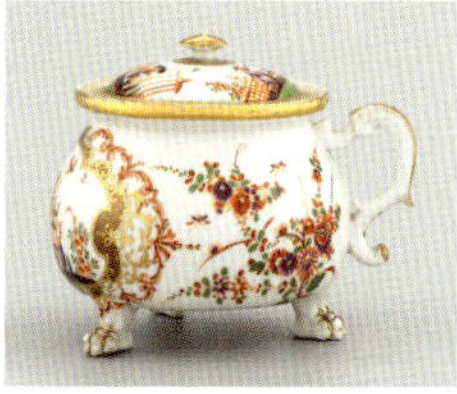

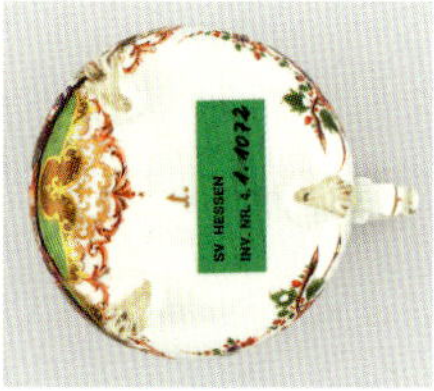

1720 wechselte Johann Gregorius Höroldt (1696–1775) im Gefolge des reumütigen entflohenen Arkanisten Samuel Stölzels von der Wiener Porzellanmanufaktur Du Pacquier an die Königliche Porzellan-Manufaktur Meissen. Bis 1731 entwickelte er dort 16 Fond- und Schmelzfarben, die der Manufaktur, die bis dahin mit stumpfen, spröden und leicht abplatzenden Farben zu kämpfen hatte, die Entwicklung der europäischen Porzellanmalerei erst ermöglichten. Bereits im Mai 1720 wurde Höroldt mit der Betreuung einer Malereiabteilung beauftragt, die allerdings von der Manufaktur unabhängig agierte und nach Stück bezahlt wurde. Höroldt leistete einen wesentlichen Beitrag zur technischen Systematisierung und Organisation der Malerei in Meissen und zielte dabei auf eine stilistische Einheitlichkeit ab, die er durch die Einstellung junger, unerfahrener Maler, die er bis 1731 auch einmal wöchentlich im Zeichnen unterrichtete, erreichen wollte.

Bezeichnend sind die nach ihm benannten Höroldt-Chinoiserien, die sich durch ein aufwendiges goldenes Kartuschendekor mit Laubwerkdekor in Eisenrot und ab 1725 auch Purpur auszeichnen. Bevölkert werden die Objekte, meist Service aber auch Vasen und Walzkrüge, von einer Menagerie vor allem chinesischer Personen, die einer Vielzahl von fantastischen Alltagsgeschäften nachgehen. Inspiration fand Höroldt nicht nur in der zeitgenössischen Chinamode, in der Lackmalerei oder den Kupferstichillustrationen der zeitgenössischen Reiseliteratur, sondern auch in den Unterlagen der Königlichen Bibliothek sowie Stücken ostasiatischen Porzellans aus der Sammlung August des Starken (1670–1733), die zur Kopie nach Meissen gegeben worden waren. Hierauf basierend entwickelte er zwischen 1722 und 1726 eine Sammlung von Musterblättern, den sogenannten Schulz-Codex, der den ca. 40 Mitarbeitern der Malerwerkstatt als Vorlage diente. So finden sich auch bei diesem aus einem Tee- und Kaffeeservice stammenden Cremetöpfchen sämtliche Vorlagen der Figurengruppen auf Blatt 7 und 8 des Lehrwerks.

XS

Lit.: Schärer 1996; Pietsch 1996; Lübke 2001; Lübke 2005; Brattig 2010; Pietsch/Witting 2010; Rudi 2010; Andres-Avecedo/Bodinek/Reyes 2020. Bildnachweis: Musterzeichung aus dem Schulz-Codex (Blatt 7, Details) (c) GRASSI, Museum für Angewandte Kunst, Leipzig

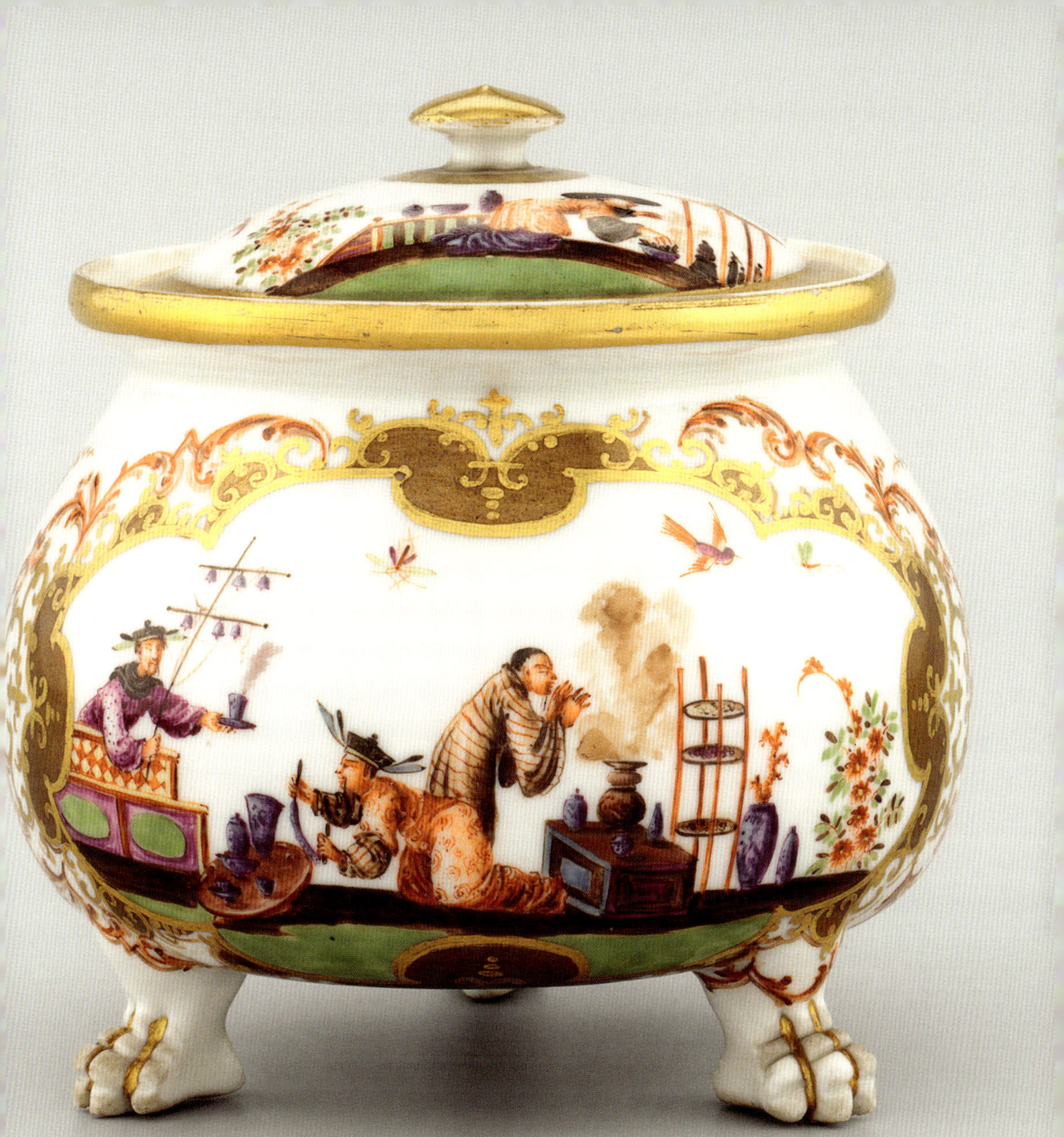

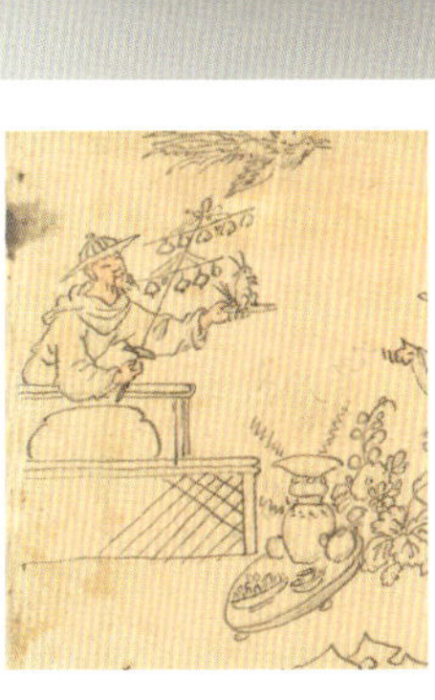

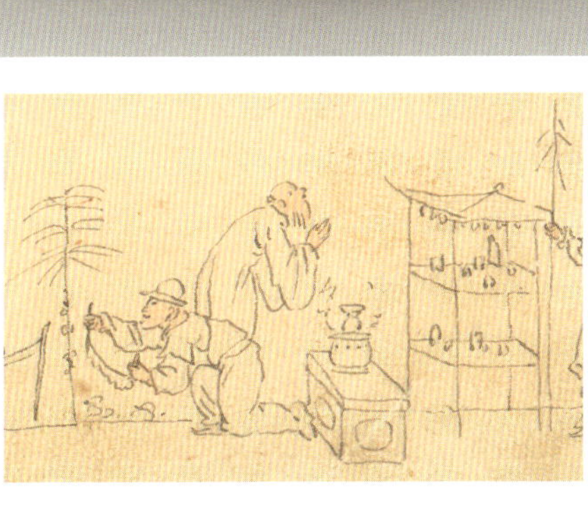

Auf den Hund gekommen – Kändlers Tierfiguren

(39)

Möpsin mit Jungem

Königliche Porzellan-Manufaktur Meissen
Entwurf: Johann Joachim Kändler (1706–1775)
Meißen, Deutschland, 1749
Porzellan, glasiert, polychrom bemalt (Aufglasur)
Marke: Schwertermarke (Unterglasurblau)
H.: 21,7 cm, B.: 22,9 cm, T.: 15 cm
Inv. Nr.: KP 1961/29

Im 18. Jahrhundert erfreuten sich Möpse, eine von holländischen Kaufleuten aus China eingeführte Hunderasse, an den europäischen Höfen großer Beliebtheit. Den Tieren wurde Treue, Zuverlässigkeit und Standhaftigkeit zugeschrieben, vielleicht auch deshalb wurden sie zu Namensgebern des Mopsordens, einem Geheimverbund, der sich als Reaktion auf das Verbot der Freimaurerorden 1738 durch Papst Clemens XII. gründete. Seine weiblichen und männlichen Mitglieder bezeichneten sich gegenseitig als Möpse und neben dem Kratzen an der Türe und der Imitation von Hundebellen wurde von Novizen als Teil des Aufnahmeritus auch verlangt, einen Mops aus Wachs, Stoff oder ähnlichen Materialien unterhalb des Schwanzes zu küssen.

Der junge Chefmodelleur der Meissener Porzellanmanufaktur Johann Joachim Kändler (1706–1775) fertigte mehrere Mopsmodelle, so auch diese Hündin mit Jungem, die in der Taxa, der Liste Kändlers Feierabendarbeiten, im Frühjahr 1741 unter Nummer 7 als „1. Mopß Hund in Lebens Größe mit einem jungen, wie er an dem alten sauget, 7 Thlr." vermerkt ist. Nach seiner Ausbildung zum Bildhauer bei Benjamin Thomae war Kändler 1731 dem Ruf August des Starken (1670–1733) an die Manufaktur gefolgt, wo er mit seinem Kollegen Gottlieb Kirchner (1706–ca.1738) als Schöpfer der europäischen Porzellanplastik berühmt werden sollte. Insbesondere mit seinen naturgetreuen, großformatigen Tierfiguren machte er sich einen Namen, da diese nicht etwa nach Stichvorlagen gearbeitet waren, sondern häufig lebendige und ausgestopfte Tiere der Dresdener Menagerie als Vorbild hatten.

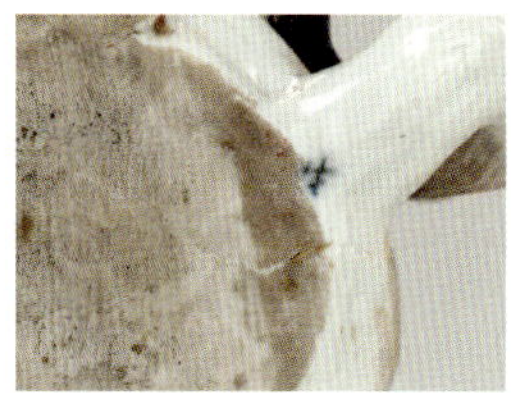

Um Porzellanplastiken zu erstellen, wurde zunächst ein Ton- oder Holzmodell erschaffen. Diese waren ca. 1/6 größer, um den Brandschwund der Porzellanmasse auszugleichen, und detailreicher gestaltet, da die Glasur Details überdecken würde. Das Modell wurde zunächst in einzelne Teile zerlegt, um dann durch ein Abgussverfahren Formen herzustellen, in die die Porzellanmasse gegossen oder gedrückt werden konnte. Beim sogenannten Bossieren wurden diese Einzelteile wieder zusammengesetzt und mit stark verdünnter Masse verputzt sowie Details erneut herausgearbeitet, bevor das Objekt ein erstes Mal gebrannt und danach bemalt und glasiert wurde.

XS

Lit.: Pérau 1745; Gröger 1956; Illgen 1973; Wittwer 2004; Braun 2006; Bursche 2007; Saal/Schwartz 2008; Röbbig 2006; Brattig 2010; Pietsch/Witting 2010; Krueger 2011; Andres-Avecedo/Bodinek/Reyes 2020; Andres-Acevedo 2020.

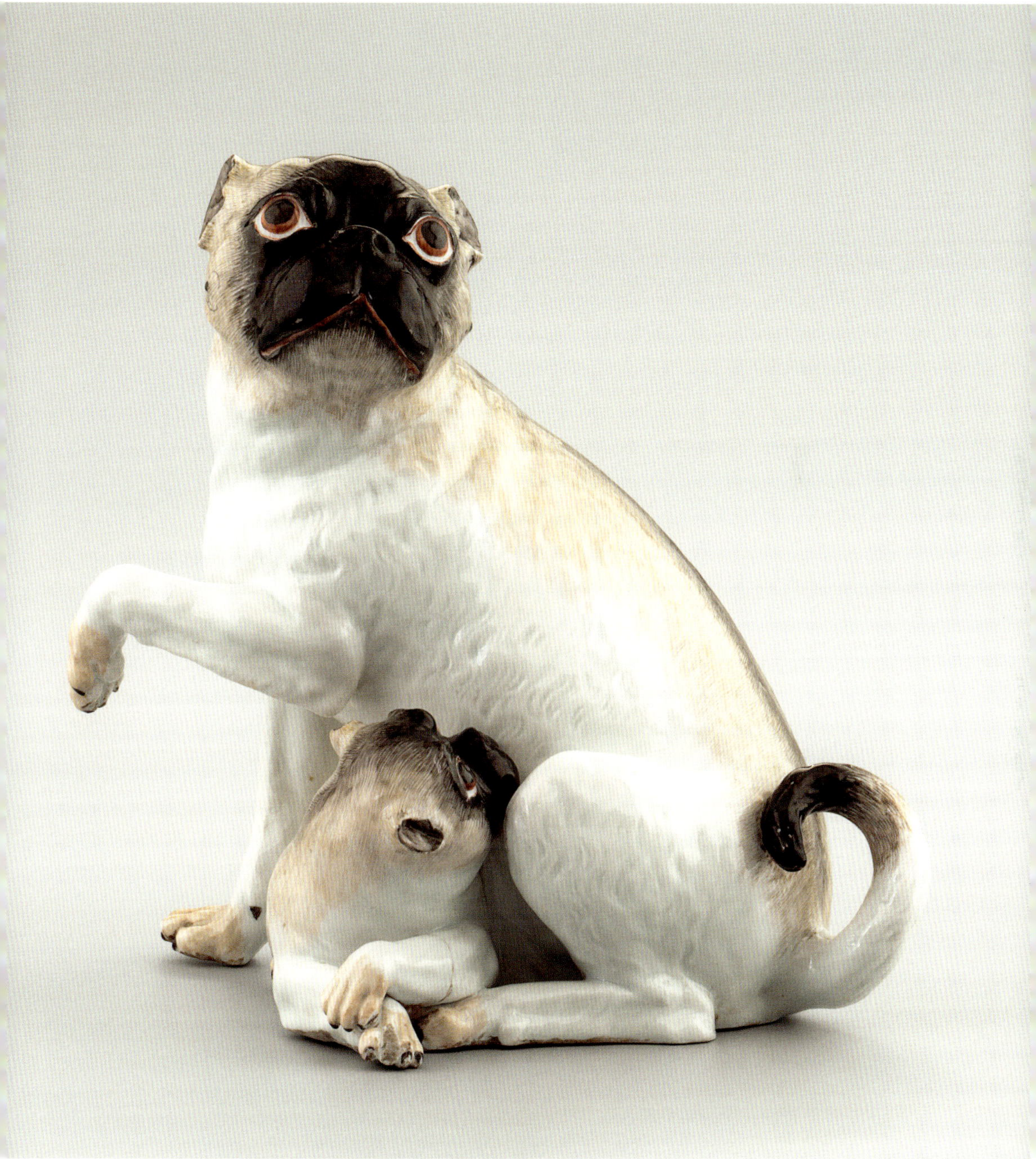

„Ziemlich gut“ – Blumenmalerei in Heimarbeit

(40)

Milch- und Kaffeekanne mit Blumenmalerei

Porzellanmanufaktur Kassel
Kassel, Deutschland, um 1770
Porzellan, glasiert, polychrom bemalt
Marke: Löwe (Unterglasurblau); „37“ (Ritzzeichen), „G.“ (Manganviolett)
H.: 11,5 cm, B.: 7,6 cm, T.: 13,3 cm
Inv. Nr.: KP St.C.Gl.65, KP St.C.Gl.84, KP St.C.Gl.67

„Bey diesem Porcelain ist zwar die Malerei ziemlich gut, die Modelle sind auch nicht zu verwerfen und die Gruppen von Figuren sind ganz artig; aber die Masse selbst ist nicht fein und das Porcelain daher nicht weiss genug, es ist also nicht an und vor sich selbst, sondern, weil es ein Landesprodukt ist, zu schätzen; auch hat es keinen grossen Abgang.“ Mit diesen Worten beschreibt der Reiseschriftsteller Friedrich Justus von Günderode (1747–1785) 1781 die Erzeugnisse der 1766 unter Landgraf Friedrich II. (1720–1785) in Kassel gegründeten Porzellanfabrik recht treffend. Obwohl die Direktoren Jakob-Sigismund Waitz Freiherr von Eschen (1698–1776) und Dietrich Georg Ludwig von Schönstadt (1737–1798) für die Gründung den Arkanisten Niclas Paul aus Fulda abgeworben hatten (vgl. Kat. Nr. 43) und im weiteren Verlauf immer wieder bedeutende Modelleure und Porzellanmaler von dort sowie aus den Manufakturen Fürstenberg, Nymphenburg und Höchst für Kassel gewinnen konnten, blieb die Qualität stets durchwachsen. Wiederholte strenge Sparmaßnahmen bei Personal und Materialien führten dazu, dass für die Zubereitung der Masse lokale Erden verwendet wurden, was einen gräulichen Scherben mit häufigen kleinen Einschlüssen zur Folge hatte. Bei der Bemalung konnte man jedoch Erfolge vermelden, insbesondere die Blumenmalerei einer 1768 in Dokumenten als Grassin benannten Frau erreichte eine an Aquarelle erinnernde Leichtigkeit. Nach heutigem Wissensstand war sie die einzige Frau unter rund 20 Arbeitern. Bereits seit der Anfangszeit der europäischen Porzellanfabriken waren dort auch Frauen angestellt, meist als Unterglasur- oder Blumenmalerinnen. Häufig arbeiteten sie nicht in den Räumlichkeiten der Manufaktur, sondern nahmen die Ware mit nach Hause und wurden nach Stückzahl bezahlt.

Als Mittel der merkantilistischen Wirtschaftsförderung sowie als prestigereiches Attribut gründeten viele Landesherren Porzellanmanufakturen. Auch als diplomatisches Geschenk war das „weiße Gold“ äußerst beliebt. Trotz der 1763 gegründeten Kasseler Messe sowie Werbung, Rabattaktionen und Porzellanlotterien blieb der Absatz schleppend. Der Nachfolger Friedrichs, Landgraf Wilhelm IX., löste die Manufaktur 1788 endgültig auf.

XS

Lit.: Ducret 1960; Wienert 1980; Stasch 2005; Schmidberger/Richter 2001, S. 343; Scherner/Cossalter-Dallmann 2016, S. 164f.

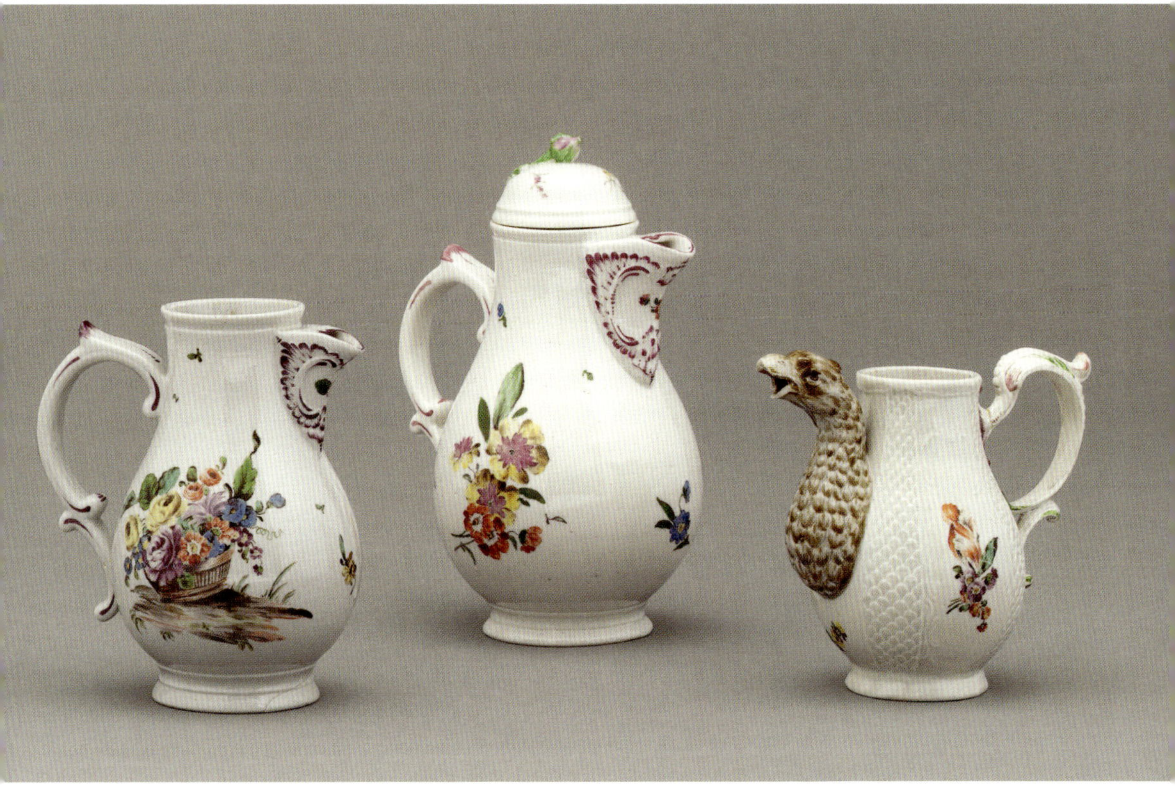

Schönes Blau und Honiggold

(41)

Garnitur aus drei Vasen

Manufacture royale de porcelaine de Sèvres
Sèvres, Frankreich, 1772
Frittenporzellan, glasiert, bemalt, Matt- und Glanzgold, teilweise radiertes Reliefgold
Marke: Doppeltes „L“ (Unterglasurblau), „T“ (Jahresbuchstabe 1772), „gR“ (Malerzeichen), „...70“ (Eisenrot). (SM 4.1.2891)
Ohne Marke. „PT.“ (Malerzeichen Nicolas-Pierre Pithou oder Pierre-Nicolas Pithou), „R“ (Prägemarke Roger père (?)), „Nro: 70.“ (Eisenrot). (SM 4.1.2890, SM 4.1.2889)
H.: 46,5 cm
Inv. Nr.: SM 4.1.2891 (Mitte)
H.: 39,2 cm
Inv. Nr.: SM 4.1.2890, SM 4.1.2889 (Links, Rechts)

Neben ihren Biskuitfiguren war die französische Manufacture royale de porcelain de Sèvres vor allem für ihre Vasen sowie den Glanz und die Intensivität ihrer Farben bekannt. So ist diese Garnitur mit einem Fond in dem 1763 erfundenen Farbton „beau bleu“ in Aufglasur bemalt. Hierfür brachte man zunächst die feingeriebenen Pigmente mit einem Pinsel auf einen Grund aus Bindemittel auf. Anschließend wurden die angetrockneten Stücke gebrannt und der gesamte Vorgang wiederholt, bis man den gewünschten Farbton erhielt.

In den Reserven sind in Grisaille-Malerei auf den Vorderseiten je zwei an François Boucher (1703–1770) angelehnte Putten und auf den Rückseiten Stillleben mit Helmen, Schildern und Schwertern dargestellt. Der Übergang zum Fond wird durch Goldrahmen verdeckt, für die man eine dicke Mischung aus gemahlenem Gold, Honig, Knoblauch und Essig auftrug und bei ca. 500 °C einbrannte, um sie anschließend teilweise zu radieren und mithilfe einfacher Schuhnägel Muster einzugravieren. Der satte, mattglänzende Farbton war eine Besonderheit der Manufaktur, da diese Art der Honigvergoldung nur hier verwendet wurde.

Zu der Garnitur gehören zwei Vasentypen. Die mittlere Vase wird wegen ihrer Perlstabgirlanden „vase à perles“ oder, wegen der typischen Reserven, auch „vase à panneaux“ genannt. Für diesen ab Mitte der 1760er-Jahre hergestellten Typ, von dem mehrere Fassungen bekannt sind, findet sich eine Vorlagezeichnung sowie ein Gipsmodell in den Archiven der Manufaktur, die heute im Musée de Sèvres verwahrt werden. Das Modell wurde in drei Größen hergestellt, von denen diese die erste und größte ist.

Bei dem Vasenpaar handelt es sich um eine „vase Fontaineu cylindre“, benannt nach ihrem Erfinder Pierre-Elisabeth de Fontanieu (ca. 1730–1784). Neben seiner Tätigkeit als Leiter des königlichen Möbeldepots gab er 1770 die „Collection de Vases“ heraus, ein an Porzellandreher, -gießer und -ziselierer adressiertes Vorlagenwerk mit 48 Designs, in dem sich auch dieses Modell findet.

XS

Lit.: Fontanieu 1770; Savage 1960; Nieda 1986; Savill 1988; Préaud/D'Albis 1991; Sassoon 1991; D'Albis 1994; Carpentier 1994; Dobler/Miller 1999; D'Albis 2005; Arnold 2016; Peters 2019 a+b.

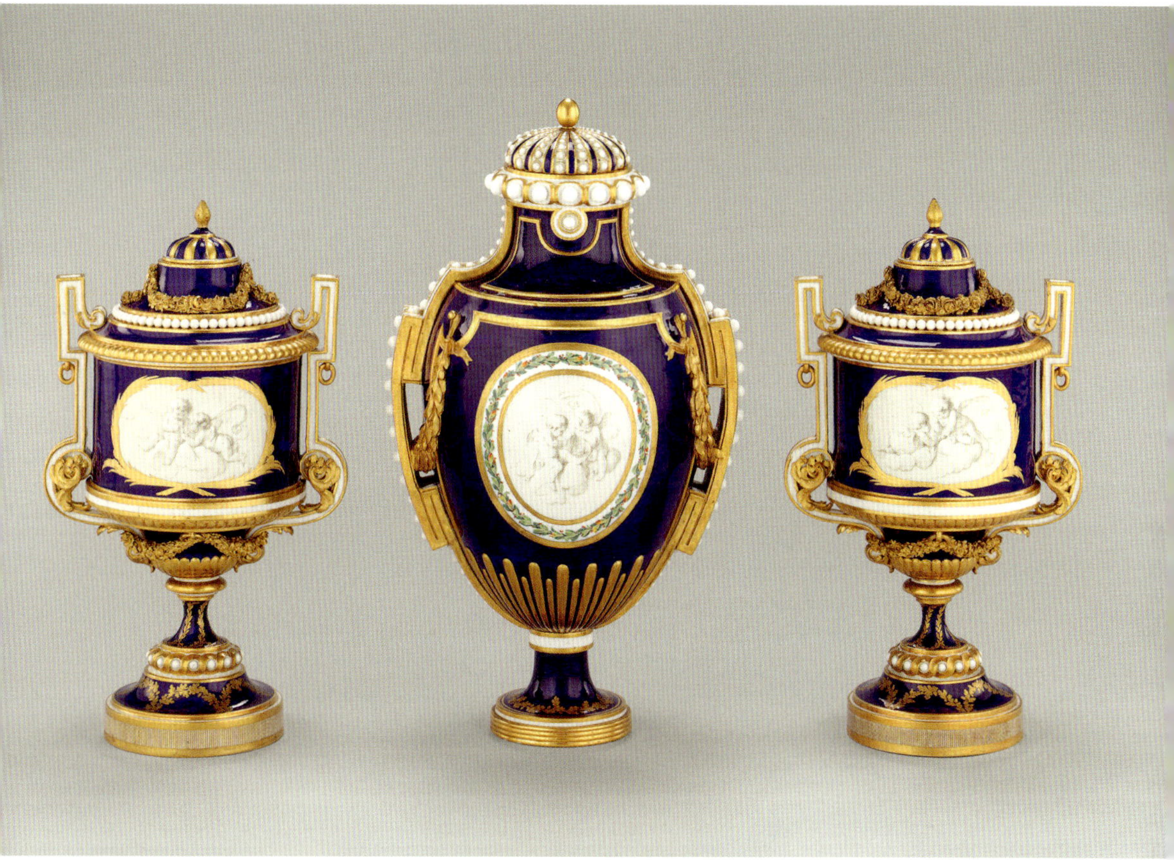

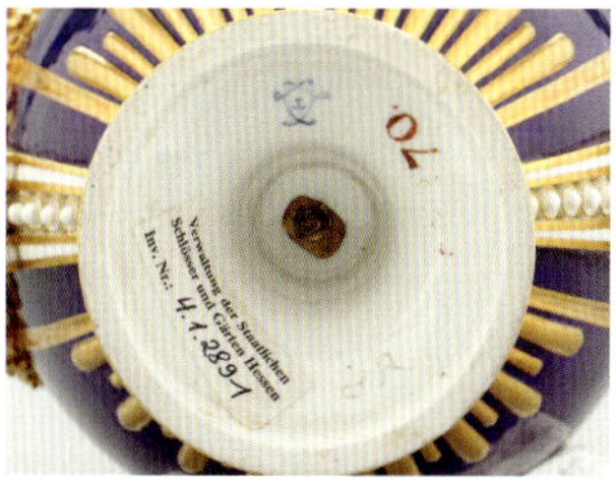
70
Verwaltung der Staatlichen
Schlösser und Gärten Hessen
Inv. Nr. 4.1.2891

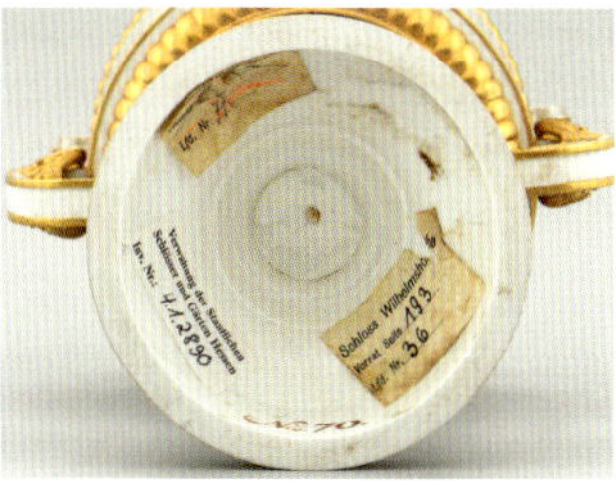
Inv. Nr. 4.1.2890

Nicht aus Zucker, nicht aus Marmor

(42)

Standfigur „Die Badende“

Manufacture royale de porcelaine de Sèvres
Entwurf: Etienne-Maurice Falconet (1716–1791)
Sèvres, Frankreich, 1766–1772
Biskuitporzellan, gegossen, montiert
Marke: Ohne Marke. „Nro: 269.“ (Eisenrot)
H.: 66,6 cm, B.: 24 cm, T.: 26 cm
Inv. Nr.: SM 3.2.135

Während sie sich mit der linken Hand auf einen Baumstamm abstützt, rafft die Nymphe mit antikisierender Frisur mit der rechten Hand ihr Tuch hinauf, um mit dem Fuß vorsichtig das Wasser zu testen. Vorbild für diese in unglasiertem sogenannten Biskuitporzellan gestaltete Skulptur war eine Marmorskulptur gleichen Sujets „Nymphe qui descend au bain“ oder „La Baigneuse“, die der Bildhauer Etienne-Maurice Falconet (1716–1791) 1757 mit großem Erfolg im Kunstsalon des Louvre ausstellte. Falconet, der im darauffolgenden Jahr zum Leiter des Skulpturenateliers der französischen Porzellanmanufaktur Sèvres ernannt wurde, entwarf vor allem Vorlagen aus Terrakotta. Dabei orientierte er sich an Zeichnungen François Bouchers, fertigte Verkleinerungen eigener Skulpturen wie der „Badenden“ an und kreierte neue Modelle speziell für die Verarbeitung in Porzellan. Auch die Biskuitversion der „Badenden“ wurde ein durchschlagender Erfolg und wurde nicht nur in verschiedenen Versionen in Sèvres angeboten, sondern auch bis weit ins 19. Jahrhundert von anderen Manufakturen kopiert.

Da in Frankreich erst 1769 die für die Herstellung von Hartporzellan notwendigen Kaolinvorkommen entdeckt wurden, fertigte man Skulpturen bis 1772 ausschließlich in weicherem Frittenporzellan, das während des Brennvorgangs häufig zusammenfiel, sodass bis zu 50 % eines Brandes unbrauchbar wurden. Durch die Zugabe von Aluminiumoxid gelang die Herstellung einer extrem weißen Oberfläche, die zusätzlich poliert wurde.

Das in beiden Porzellanarten hergestellte Biskuitporzellan war eine Spezialität der Vincennes- bzw. ab 1756 Sèvres-Manufaktur, die solche Skulpturen seit 1752 herstellte und sich dadurch geschickt von den glasierten Skulpturen der Meissener Manufaktur (Kat. Nr. 39) abzusetzen verstand. So berichtete der Kunstkritiker Jean-Bernard Abbé Le Blanc (1707–1781) 1753, dass Meissener Porzellan auf gedeckten Desserttafeln die bis dahin übliche Dekoration aus Zuckerskulpturen fast vollständig ersetzt habe, dass die Vincenner Skulpturen aber beliebter seien, da sie Zucker ähnlicher sähen. Im Zuge des aufkommenden Frühklassizismus war sicherlich auch die Ähnlichkeit des Materials zum Marmor antiker Statuen für die Popularität von großer Bedeutung.

XS

Lit.: Savage 1960; Pinot de Villechenon 2001; Sassoon 1991; Sonntag 2001; Cassidy-Geiger 2007; Préaud/Scherf 2015; Bückling 2016; Caticha 2020; Jones 2020.

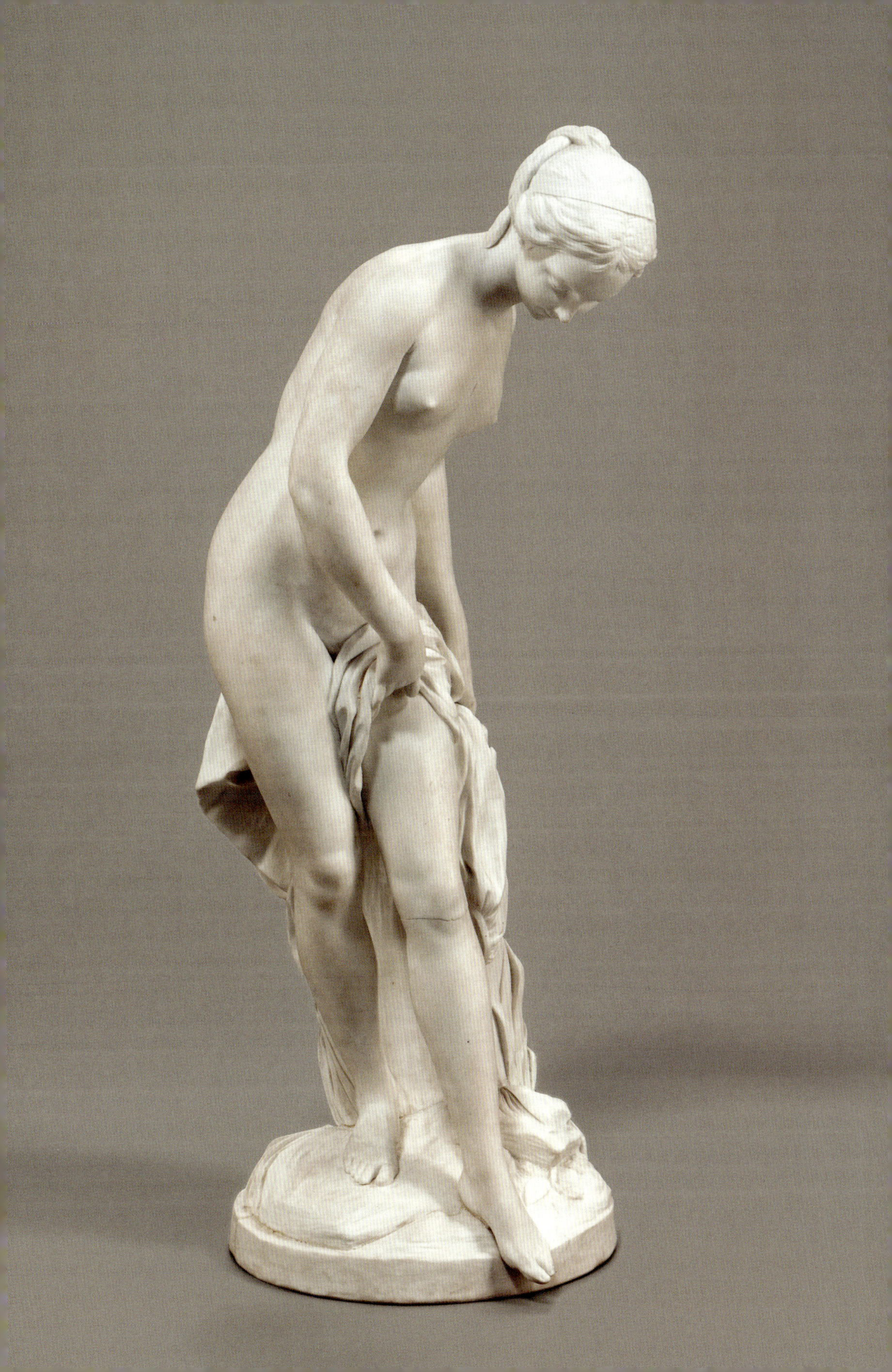

„Antik-Facon“ aus Fulda

(43)

Déjeuner „Antik-Facon“

Hochfürstliche Fuldische Porzellanmanufaktur
Fulda, Deutschland, 1781–1787
Porzellan, polychrom bemalt (Aufglasur), goldstaffiert
Marke: Heinrichsmarke, „1“, „K“ (Ritzmarken)
Inv. Nr.: KP 1956/122a–f

Als Déjeuner „Antik-Facon“ wird dieses Tête-à-tête Frühstücksservice für zwei Personen erstmals 1786 in einem Preisverzeichnis der Porzellanmanufaktur Fulda erwähnt und entspricht damit der damaligen Mode. Mit seinen klaren, eckigen Formen, den kannelierten Säulen und steilen Rändern folgte es der sich an der Antike orientierenden klassizistischen Formensprache, die sich 1752 von Sèvres ausgehend in allen europäischen Porzellanmanufakturen verbreitet hatte. Dekore wie die Girlande aus feinen Blättern und Blümchen mit Schleifen, die reduzierte Farbgestaltung in Weiß und Gold und die ovalen Porträtmedaillons in Grisailletechnik verweisen außerdem auf den Geschmack des Louis-Seize-Stils.

Die hochfürstliche Porzellanmanufaktur in Fulda wurde durch Fürstbischof Heinrich von Bibra (1759–1788) ins Leben gerufen. Sie entwickelte sich aus der bestehenden Fayencefabrik, wo bereits mit der Herstellung von Porzellan experimentiert worden war. Mit dem Eintreffen des Arkanisten Niclas Paul aus der Manufaktur Höchst wurde 1764 mit der Herstellung von Porzellan auf dem Gelände der geschlossenen Fayencefabrik begonnen. Wie viele der als herrschaftliche Prestigeprojekte gegründeten Manufakturen der Zeit war auch die Fuldaer Manufaktur nie wirtschaftlich erfolgreich. Sie wurde Zeit ihres Bestehens durch Subventionen aus der Kammerkasse ihres Gründers am Leben gehalten, dessen Nachfolger sie 1789 schließen ließ. In den 1780er-Jahren erlebte die Fabrik eine letzte Blütephase, in der die klassizistische Formensprache, häufig Modelle der Frankenthaler oder Höchster Porzellanmanufaktur kopierend, in Fulda eingeführt wurde.

Die Ritzmarken „1“ und „K“ deuten auf den Dreher Georg Anton Knittel hin, der bereits seit den Anfängen der Fabrik dort tätig war. Niclas Paul hatte aus der Höchster Porzellanmanufaktur auch deren Wiener Brennöfen eingeführt, die in drei verschiedenen Abschnitten unterschiedliche Hitzegrade erreichten. Damit der für den Brand zuständige Arbeiter wusste, wohin er die Porzellane setzen musste, wurden die Zahlen 1, 2 oder 3 in die Objekte eingeritzt, wobei besonders aufwendige Stücke meist mit „2“ markiert sind.

XS

Lit.: Fritsche/Stasch 1994, S. 178ff.; Schmidberger/Richter 2001, S. 370f.; Stasch 2005; Scherner/Cossalter-Dallmann 2016, S. 167f.

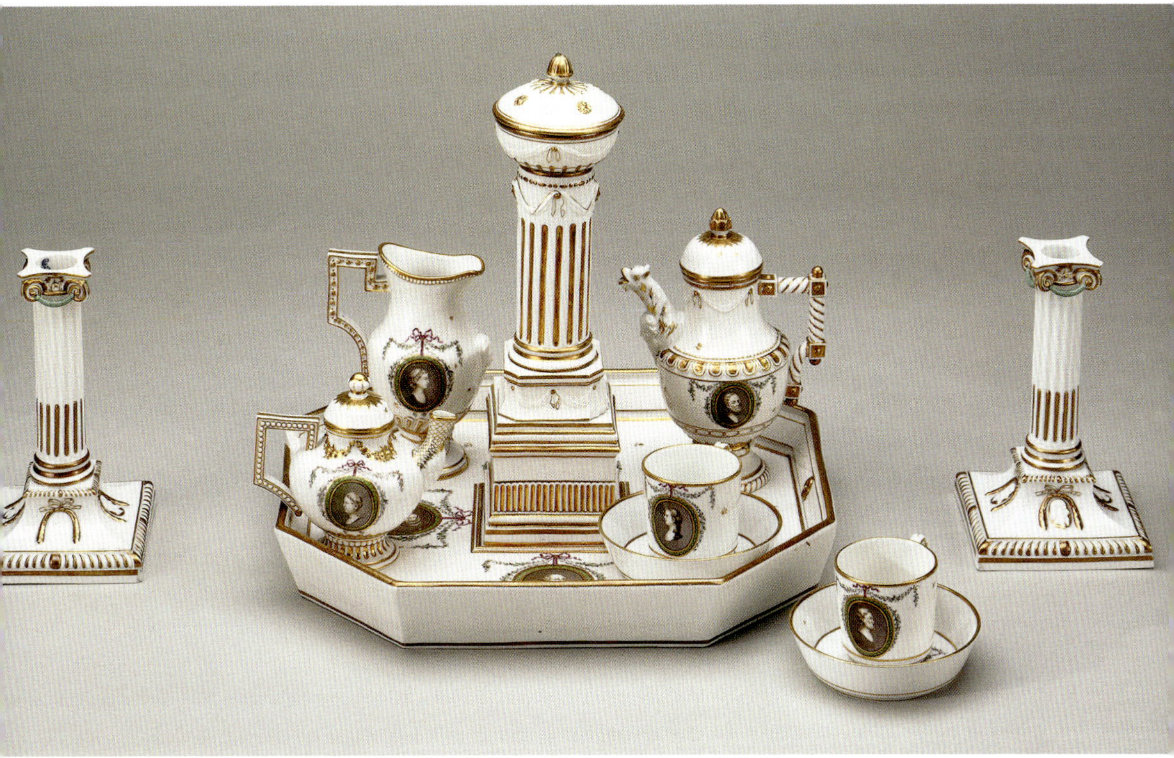

Verkaufsschlager in blau-weiß

(44)

Vasen mit Schlangenhenkeln

Wedgwood
Staffordshire, England, 1781–1795
Steinzeug, blau durchgefärbt, aufgelegter Reliefdekor
Marke: „WEDGWOOD", Quadrat (Prägemarken)
H.: 41,3 cm
Inv. Nr.: SM 4.1.2693, SM 4.1.2692

Der einer englischen Töpferfamilie entstammende Josiah Wedgwood (1730–1795) gilt als einer der erfolgreichsten Keramikhersteller des 18. Jahrhunderts. Dem Geist der Aufklärung verpflichtet, entwickelte er durch fortlaufende Experimente ein breites Sortiment eleganter Steingut- und Steinzeugwaren. Neben Queen's Ware, Basalt Ware, Agate oder Porphyr Ware konnte man in der 1769 gegründeten Manufaktur Etruria auch Wedgwoods eigene Erfindung, die bis heute äußerst beliebte Jasper Ware erstehen. Bei dem Resultat Tausender von Experimenten handelt es sich um ein weißes, sehr feines, unglasiertes Steinzeug, das bei Temperaturen von ca. 1200 °C gebrannt wird, wobei der Scherben versintert und wasserundurchlässig wird. „Jasper" verweist auf die Härte des namensgebenden Edelsteins Jaspis sowie auf seine Vielfarbigkeit, beides Eigenschaften, mit denen Wedgwood sein Erzeugnis bewarb.

Während die Masse zunächst mit Metalloxiden in Blau, Violett, Salbeigrün, Schwarz und Gelb gemischt wurde („solid"), tauchte man sie später aus Kostengründen lediglich in ein Farbbad („dip"). Als Verkaufsschlager erwies sich der Farbton Hellblau. Durch die Verwendung neuer Techniken wie dem Schlickerguss oder der Nutzung von Pressmulden, um weiße Reliefverzierungen in der Art antiker Kameen herzustellen, wurde der Produktionsprozess vereinfacht und war im Vergleich zu Porzellan weniger von der Expertise teurer Fachkräfte abhängig.

Als findige Geschäftsmänner richteten Wedgwood und sein Partner Thomas Bentley (1731–1780) ihre Produktion immer wieder auf die neuesten klassizistischen Trends aus, kooperierten mit renommierten Künstlern wie John Flaxman und bewarben ihre prominente Kundschaft, darunter auch die Landgrafen von Hessen-Kassel, zielgerichtet durch Nennung in ihren Musterkatalogen. Durch ein komplexes Vertriebssystem, das Produktproben, reisende Vertreter, ein Rückgaberecht von im Transport zerbrochenen Teilen, Reparaturen und kostenlose Lieferungen vorsah, gelang es der Firma, ihre Produkte über Europa hinaus bis nach China, Indien und Amerika zu verkaufen.

XS

Lit.: Mankowitz 1953; Qilitzsch/Weiss 1995; Young 1995; Zaleskiej 2002; Zick 2007.

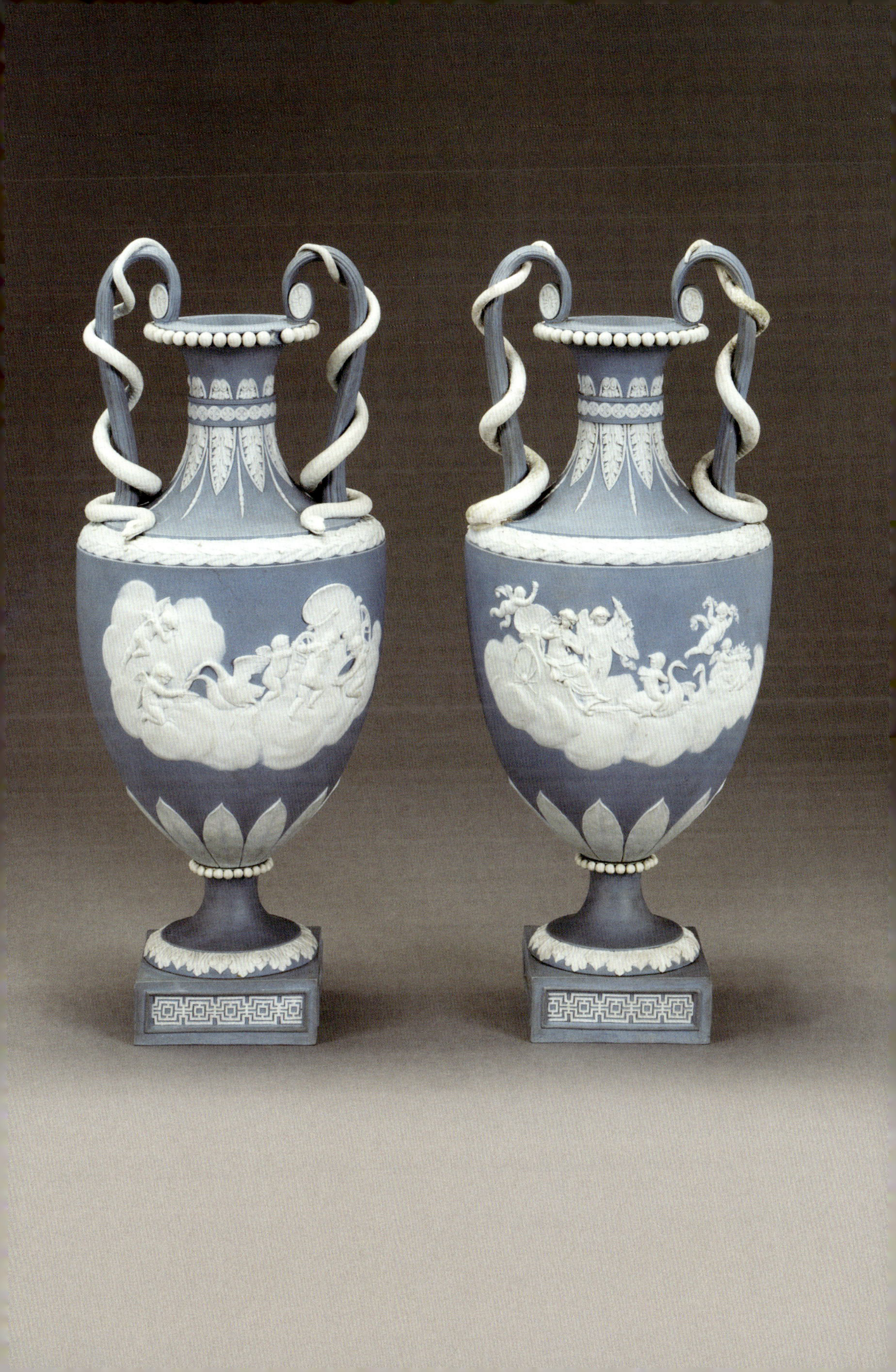

Vorreiter Kassel

(45)

Prunkvasen mit Steinbockgriff nach Wedgwood-Vorbild

Steitz'sche Steingutfabrik
Kassel, Deutschland, nach 1778
Steingut, marmorierende Engobe, glasiert, vergoldet; Messing
H.: 67,5 cm, D.: 36,3 cm, Sockel: 40 x 40 cm
Inv. Nr.: KP 1938/340, KP 1938/341

Im Sinne einer merkantilistischen Wirtschaftspolitik förderte der hessische Landgraf Friedrich II. (1720–1785) das Manufakturwesen, insbesondere die Produktion von Luxuswaren wie Porzellan und feinen Tuchen. So eröffnete am 27.09.1771 die erste deutsche Steingutfabrik in Kassel, die eine Keramikart produzierte, die erst Mitte des Jahrhunderts in England erfunden worden war und aufgrund der niedrigen Brenntemperaturen über ein breites Farbspektrum verfügte (vgl. Kat. Nr. 52). Gegründet worden war die Fabrik von Simon Heinrich Steitz (1740–1813). Steitz, der von seinen Zeitgenossen als „flüchtig und zu Erfindungen aufgelegt" porträtiert wurde, hatte bereits ab 1769 mit Steingutmassen und deren Brand experimentiert. Als Hofkonditor und zumindest zeitweilig in der Porzellanmanufaktur Kassel tätiger Modelleur brachte er sowohl Kenntnisse in der Bearbeitung keramischer Massen als auch im Umgang mit Öfen mit. Obwohl diese erste Gründung bereits nach fünf Jahren Bankrott anmeldete, erfolgte 1776 eine zweite Gründung als Steitz'sche Steingut- und Vasenmanufaktur, die bis in die zweite Hälfte des 19. Jahrhunderts bestand.

Der marmorierte Effekt der Vasenkörper wurde entweder durch eine Mischung verschiedenfarbiger Steingutmassen erzeugt oder nachträglich aufgemalt. Ziel war hierbei die Imitation von Edel- und Halbedelsteinen wie Achat, Porphyr und Serpentin. Stilistisch orientierte man sich am Frühklassizismus des Louis-Seize mit seinen klaren, geometrischen Formen und den antikisierenden Schmuckelementen. Typisch ist auch die sehr dünne Kaltvergoldung, insbesondere der Vasen, die deswegen heute häufig abgerieben erscheint.

Direktes stilistisches Vorbild war dabei die englische Firma Wedgwood (Kat. Nr. 44), die ein breites Sortiment Steingut und Steinzeugs in verschiedenen Ausführungen u. a. sogenannter Creamware, Jasperware und Basaltware führte. So orientiert sich auch dieses Vasenpaar an einem Modell Wedgwoods aus den 1760er-Jahren, den „Bedfordian Goat's Head Vases" in Agate Ware. Diese Waren erfreuten sich auch in Hessen-Kassel großer Beliebtheit, wo man sie auf der zweimal im Jahr stattfindenden Messe erstehen konnte. Steitz gelang es, eine Marktlücke zu füllen, indem er günstigere Waren, insbesondere Vasen, im Stil der englischen Manufaktur anbot, die preislich und qualitativ jedoch über Gipsimitationen lagen. Käufer fanden sich in der eleganten Hofgesellschaft und dem gehobenen Bürgertum, die diese eher auf Weitwirkung angelegten Objekte auf Schrankgesimse, Konsolen, und Kaminmäntel stellten. Der Erfolg des Steitz'schen Steinguts lässt sich auch daran messen, dass Erbprinz Wilhelm die Stücke bei der Ausstattung seiner Hanauer Residenzen den englischen Vorbildern vorzog.

XS

Lit.: Qilitzsch/Weiss 1995, S. 139f.; Schmidberger/Richter 2001, S. 362f.

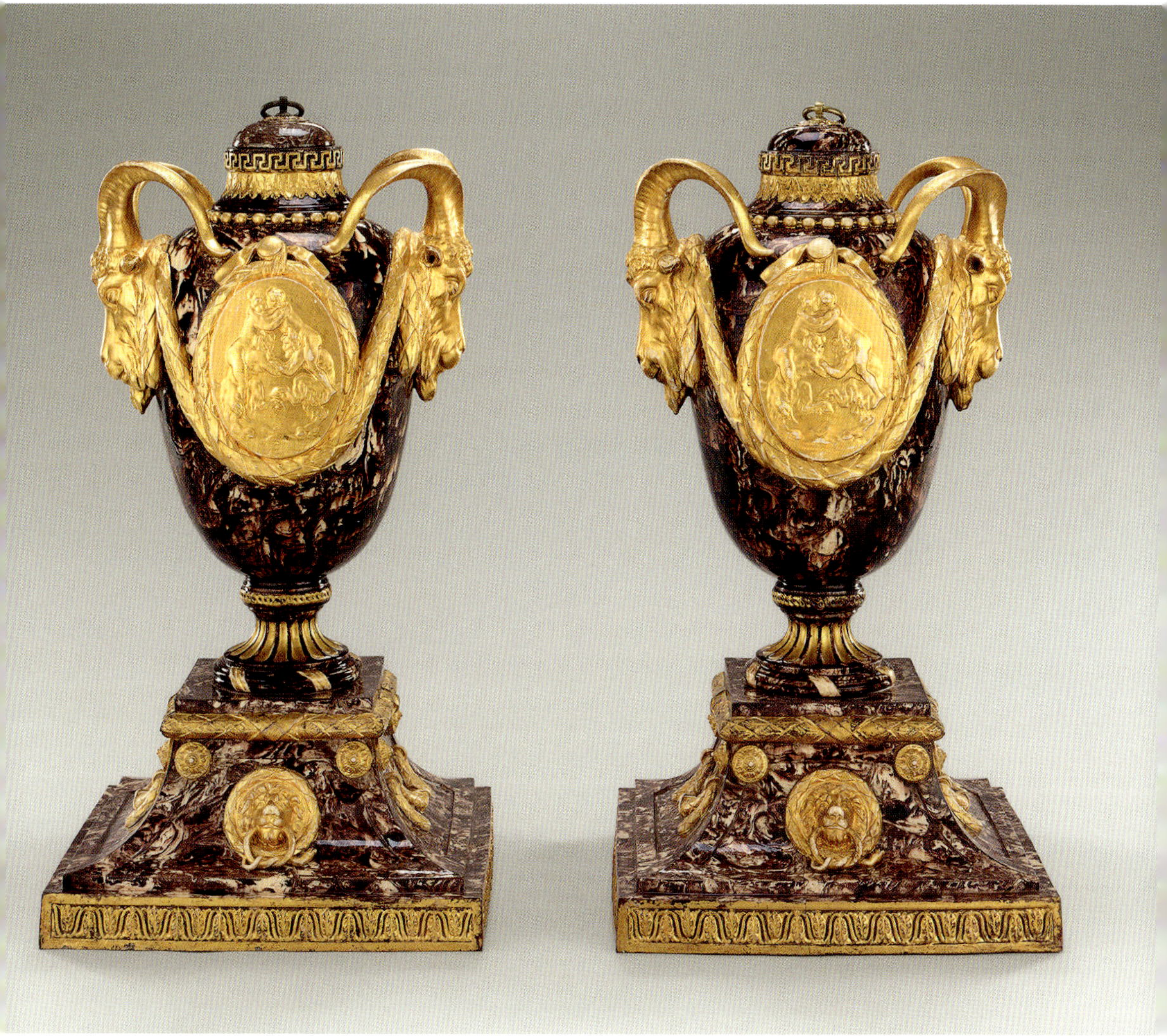

Zu Kaffeekränzchen aufgelegt

(46)

Kanne

Marburg, Deutschland, 1834

Ton, gedreht, Engobe, Auflagedekor, polychrom bemalt, Bleiglasur

H.: 31 cm, B.: 13,2 cm, T.: 18,3 cm

Inv. Nr.: 8 D 336 a–b

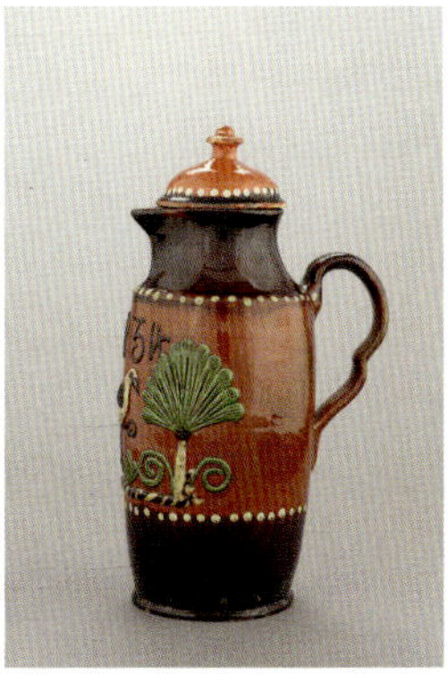

Die reichen Tonvorkommen kamen in Hessen während des 19. Jahrhunderts erneut zum Tragen. Zu einem der Zentren wurde Marburg, wo Geschirre hergestellt wurden, die überregionale Bedeutung erlangten. Dabei handelt es sich um Hafnerware, also aus nicht gesintertem Ton hergestellte, glasierte Arbeiten. Kennzeichnend für Marburger Produkte waren frei geformte, aufgelegte Dekore, die farbig abgesetzt wurden. Die handwerklich solide Fertigung und der modische Dekor, der sich mit seinen einfachen Applizierungen an der modernen Formensprache des Klassizismus orientiert, erwies sich während des gesamten 19. Jahrhunderts als sehr erfolgreich und konnte auch mit anderen Materialien wie Fayencen und Steingut in Konkurrenz treten. Vor allem war die farbige Irdenware aus Marburg deutlich günstiger als die oft importierten Fayence- und Steingutwaren.

Der Erfolg lässt sich aber auch durch neue Trinkgewohnheiten erklären: Anfang des 18. Jahrhunderts war Kaffee ein Luxusgetränk, das beim Adel schnell an Beliebtheit gewann. Im Laufe des 18. Jahrhunderts setzte sich das Kaffeetrinken auch in bürgerlichen Kreisen durch. Schließlich erreichte der Kaffeegenuss im 19. Jahrhundert dann bäuerliche Schichten und die entstehende Arbeiterschaft – wenngleich anstatt der teuren importierten Kaffeebohnen aus der südlichen Hemisphäre oft ein einheimisches Surrogat etwa aus Eicheln verwendet wurde. Hierfür mussten nun in der Geschirrproduktion günstigere Alternativen zum Porzellan gefunden werden, die man unter anderem in der Produktion von Hafnerwaren fand.

ME

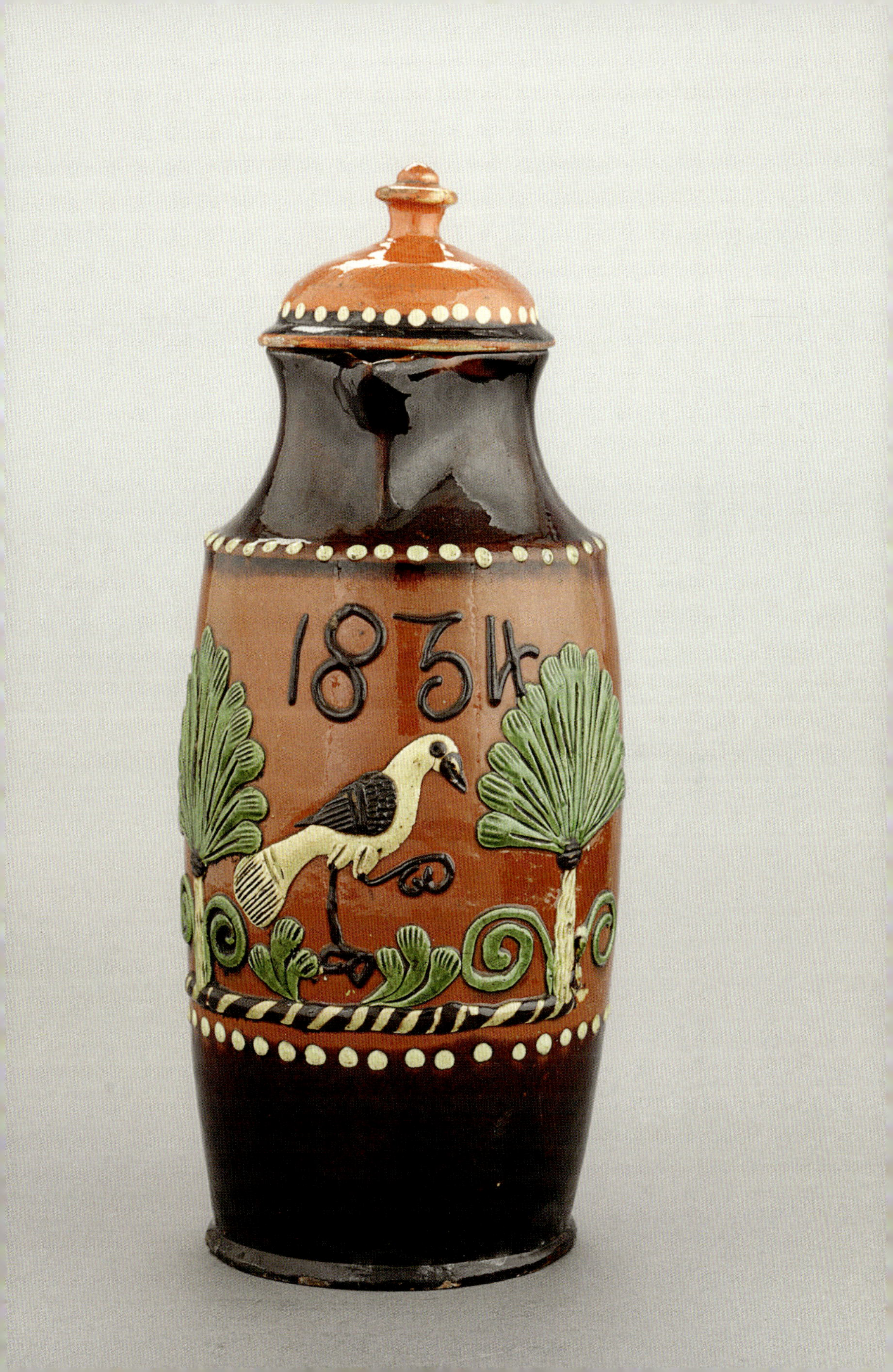
1834

Es grünt so grün

(47)

Terrine mit montiertem Terrinenfuß

Königlich-Sächsische Porzellan-Manufaktur Meissen
Meißen, Deutschland, 1850–1900
Porzellan, Unterglasurmalerei in Chromoxidgrün, Schwarz
Marke: Schwertermarke (Unterglasurblau), „No 62“ (Ritzmarke)
H.: 28 cm
Inv. Nr.: SM 4.1.2506

Lange Zeit war in Europa nur das aus Kobaltoxiden gewonnene Blau als Unterglasurfarbe bekannt, da andere Pigmente den hohen Brenntemperaturen nicht standhielten. Dies änderte sich erst 1817, als in Meissen der neuernannte technische Betriebsinspektor Heinrich Gottlob Kühn (1788–1870) zum ersten Mal Dekore mit einer grünen Unterglasur vorstellte. Der Farbton wurde durch Chromoxid gewonnen, das sich im Gegensatz zu Kobalt nicht in der Glasur auflöst, sondern als Pigment zwischen Scherben und Glasur liegt. Chromoxidgrün lässt sich nur unschattiert und flächig auftragen, sodass die Dekormöglichkeiten hierdurch relativ begrenzt sind.

Als immer noch beliebter Klassiker erwies sich das Weinlaub-Borderdekor „Voller Grüner Weinkranz“, das 1827 von Johann Samuel Arnhold (1766–1828) zusammen mit anderen Rankendekors entworfen wurde. Hierfür wird die grüne Farbe mit Wasser und Zuckersirup recht flüssig angerührt. Mithilfe von Schablonen werden die Laubblätter mit einem Borstenpinsel auf das verglühte Porzellan aufgemalt. Die Farbe muss zweimal in schneller Reihenfolge aufgetragen werden, um genügend Deckkraft zu erhalten und wird im Anschluss glasiert und gebrannt. Bei dem hier gezeigten Fries aus gotisierenden Spitzbögen und abhängenden Weinblättern handelt es sich jedoch um ein späteres Dekor.

XS

Lit.: Lauschke/Mields 1965.

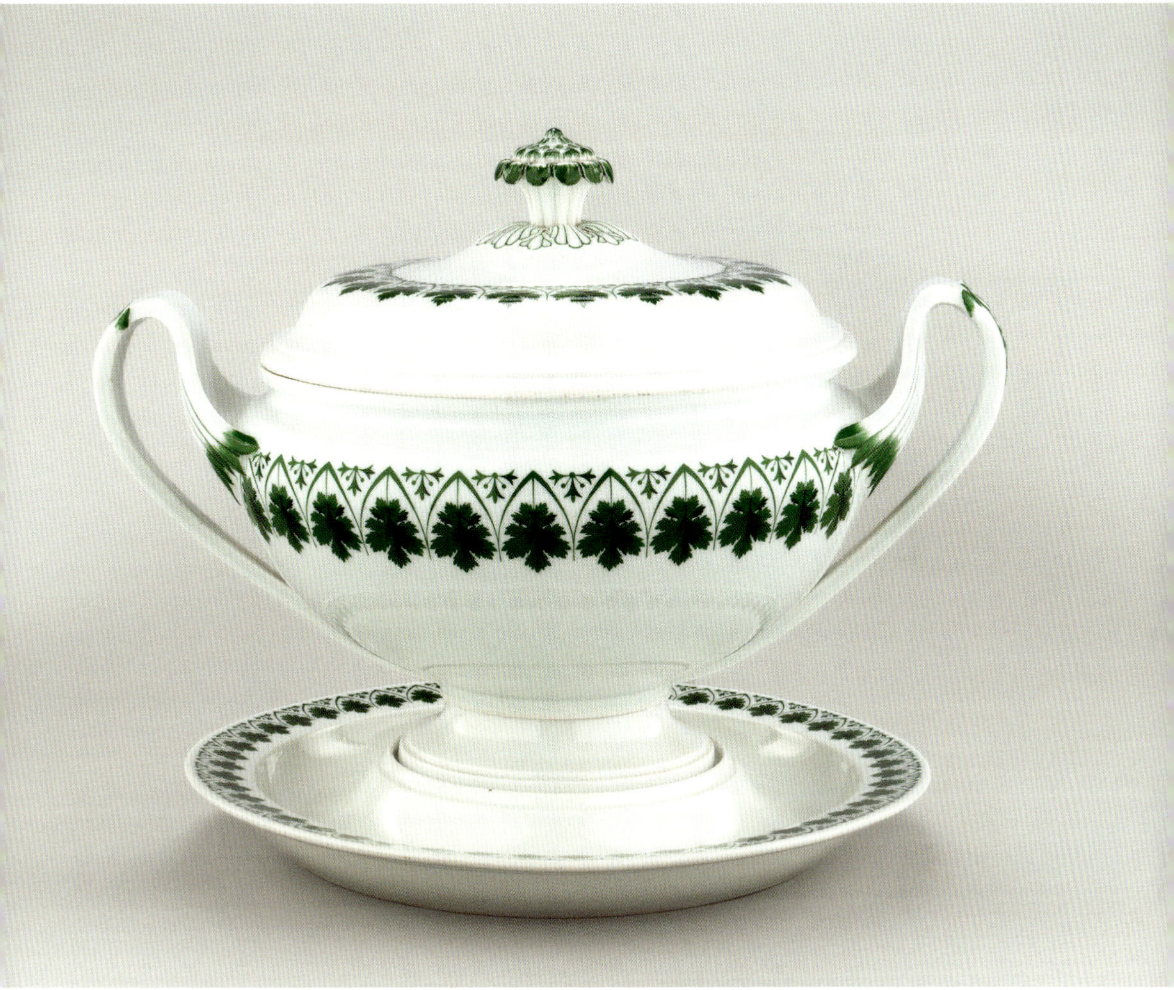

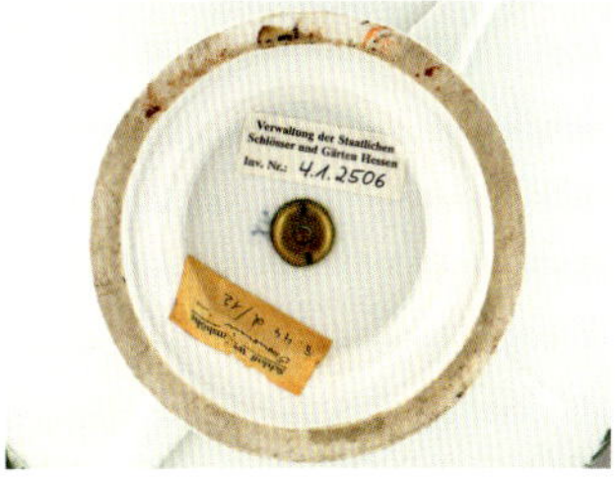
Verwaltung der Staatlichen
Schlösser und Gärten Hessen
Inv. Nr.: 4.1.2506

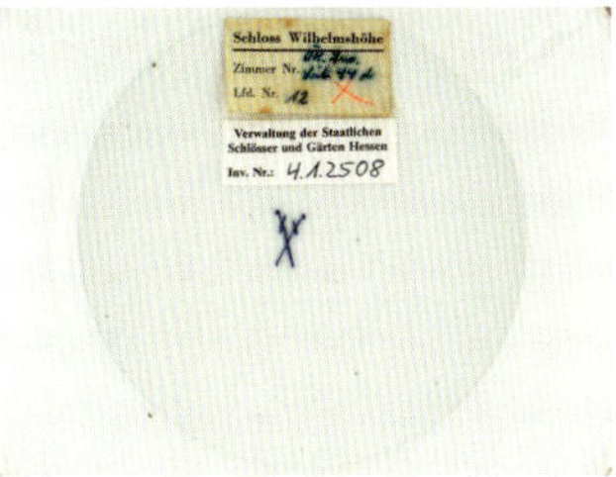
Schloss Wilhelmshöhe
Zimmer Nr.
Lfd. Nr. 12
Verwaltung der Staatlichen
Schlösser und Gärten Hessen
Inv. Nr.: 4.1.2508

Aufradiert und aufpoliert

(48)

Kratervase, mit Widmung für den Kurfürst Wilhelm II.

Königlich-Sächsische Porzellan-Manufaktur Meissen
C. L. Randow (Lebensdaten unbekannt), Maler
Meißen, Deutschland, 1821
Porzellan, farbig bemalt, glasiert, Matt- und Glanzgold, radierte Goldmalerei
Marke: Schwertermarke, „II" (Unterglasurblau), „2" (Prägeziffer), „C.L. Randow pinx: in Neu Ruppin 1821."
H.: 24,2 cm
Inv. Nr.: SM 4.1.2785, SM 4.1.2786

In den ersten Jahrzehnten des 19. Jahrhunderts setzte sich unter dem Einfluss des an der römischen Antike orientierten französischen Empirestils neue Formen und Dekore durch. Hatte man sich zuvor jahrhundertelang für das transparente Weiß der Porzellanmasse begeistert, verschwand dies nun zunehmend unter Goldglasuren, Gemäldekopien und naturgetreuen Pflanzendarstellungen.

Um Objekte zu vergolden, wurden reines Gold mit Wismutoxid, Ruß, gelbes Quecksilberoxid und Spiritus gemahlen, getrocknet und als Pulver mit Terpentinölen vermischt, um dann in zwei Schichten auf das bereits gebrannte Gefäß aufgetragen zu werden. Durch einen Brand bei niedriger Temperatur wurde das Gold aufgeschmolzen, im Gegensatz zur Glasur verschmolz es jedoch nicht, sondern blieb ein dünner Film. Das vergoldete Gefäß kam matt aus dem Brennofen und musste mit Achat oder Blutstein poliert werden, um zu glänzen. Um einen matteren Glanz zu erzielen, verwendete man auch feine Sande. Zum Einzeichnen von Mustern verwendete man spitzere Poliersteine. Prinzipiell ließ man entweder den matten Fond stehen, von dem sich die glänzenden Muster dunkel abhoben, oder man ging, wie bei diesen Vasen, gegenteilig vor und polierte den Rest der Oberfläche. Da Mattgold sich als sehr anfällig für nichtreparable Kratzer erwies, ersann man in einigen Manufakturen spezielle Drehbänke, in die die Gefäße eingespannt wurden, um eine möglichst gleichmäßige Politur zu erreichen.

Als dieses Vasenpaar 1821 von Meissen gefertigt wurde, war Kurfürst Wilhelm II. von Hessen-Kassel (1777–1843) seinem Vater soeben auf den Thron gefolgt. Die huldigenden Verse lassen vermuten, dass es sich um ein Geschenk zu diesem Anlass handelt, der Schenkende ist heute jedoch unbekannt. Nicht nur die Golddekorationen, auch die Form der Vasen war ganz auf der Höhe der Zeit. Hatte man sich im Rokoko und Frühklassizismus noch für Applikationen begeistert, wurden die Formen nun strenger und gerader. Besonders beliebt waren die an die Antike angelehnten Kratervasen, die in vielen europäischen Manufakturen bald zum Repertoire gehörten.

Erst 1827/1830 erfand der Meissener technische Inspektor Heinrich Gottlob Kühn (1788–1870) das Glanzgold, das, wenn auf glatte Oberflächen aufgetragen, bereits glänzend aus dem Ofen kam und für dessen Herstellung weniger Gold benötigt wurde.

XS

Lit.: Lauschke/Mields 1965, S. 129-137; Faÿ-Hallé/Mundt 1983, S. 73-77; Wittwer/Cohen 2007; Luckhardt/Mining 2017.

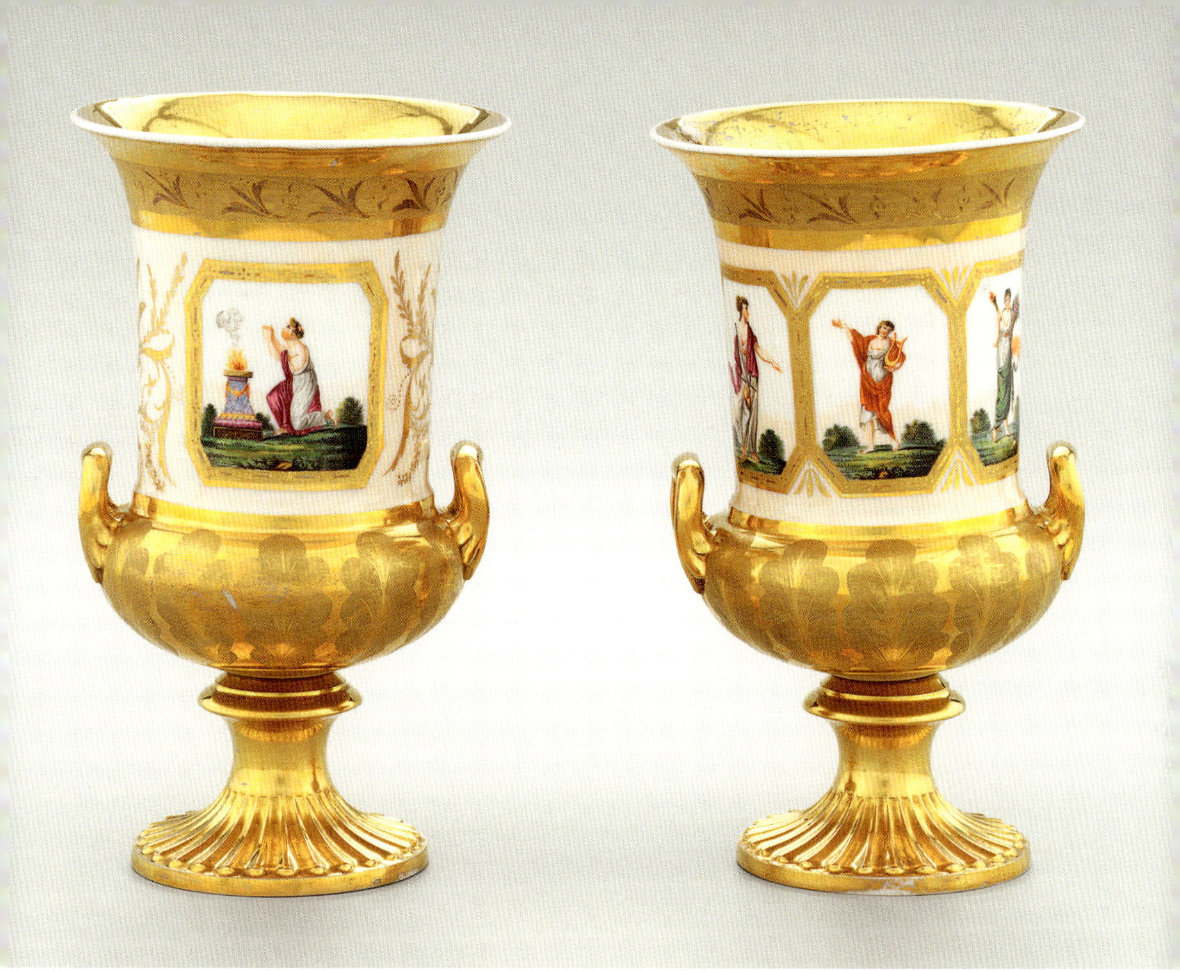

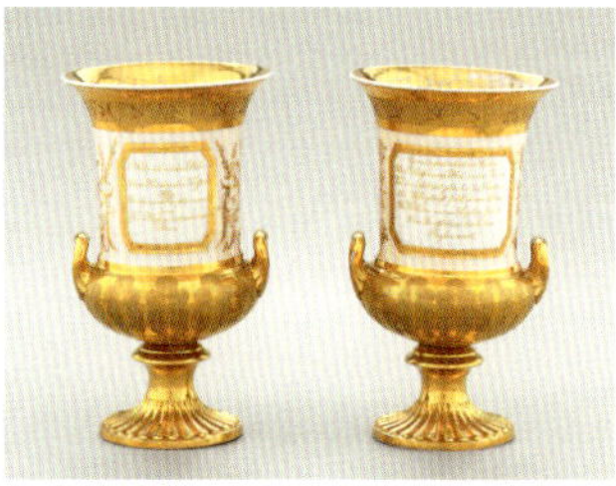

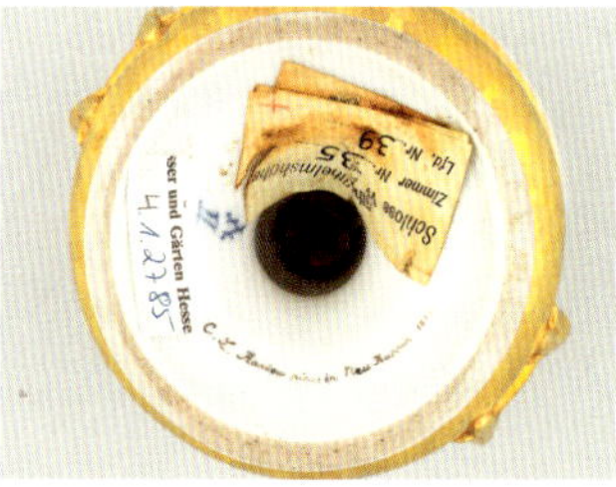

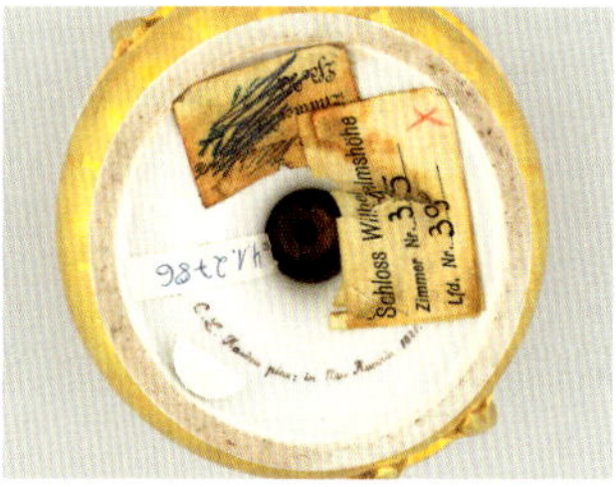
Zimmer Nr. 35
Lfd. Nr. 39

(49)

Schale mit gotischem Maß- und Rankenwerk

Königlich-Sächsische Porzellan-Manufaktur Meissen
Meißen, Deutschland, um 1850
Porzellan, weiß glasiert
Marke: Schwertermarke, „62“, „55“, „Y“ (Prägemarke)
H.: 5,2 cm, D.: 28 cm
Inv. Nr.: KP 1988/39

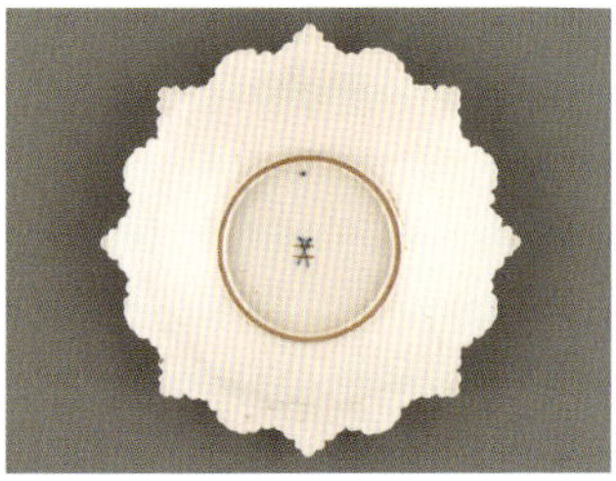

Mit ihrem Dekor aus Maß- und mit Blättchen besetztem Rankenwerk orientiert sich diese Schale am Stil der deutschen Spätgotik, insbesondere an Objekten aus Pressglas. Während solche Materialübersetzungen in der Keramik typisch sind, tut sich der Historismus des 19. Jahrhunderts durch die Referenz und Kombination verschiedener historischer Stile als Neuheit hervor. Relativ am Anfang der Bewegung stand dabei die neugotische Welle, die um 1820 das Kunsthandwerk erfasste. Die Schale geht auf einen Entwurf von Ernst August Leuteritz (1818–1893), einen der produktivsten Gestalter der Porzellanmanufaktur Meissen im 19. Jahrhundert, zurück, der sich später dem 18. Jahrhundert als Vorlage zuwandte.

Dass man auch 1851 den neogotischen Stil in der Manufaktur Meissen noch als relevant erachtete, zeigt sich in der Wahl dieses Schalenmodells als Beitrag der Fabrik zur Londoner Weltausstellung im Crystal Palace. Im großzügig bebilderten Ausstellungskatalog findet sich auch ein Stich dieser Schale als Teil eines neugotischen Ensembles bestehend aus zwei Schalen, zwei Vasen und einem Kerzenhalter. Während die übrigen Produkte des „Dresden china“ sich stilistisch an Rokoko und Antike orientieren und von den Autoren als nicht mit dem Fortschritt mithaltend charakterisiert werden, finden die neugotischen Formen als „objects of very great elegance and beauty“ Lob.

Die Präsentation auf der Weltausstellung, bei der Kunsthandwerk aus aller Welt dem zahlenden Publikum präsentiert wurde, verdeutlicht auch, wie Porzellan im Laufe des 19. Jahrhunderts immer weiteren Bevölkerungsschichten zugänglich wurde.

XS

Lit.: Virtue 1851; Schmidberger 1987–1997, Bd. 2, S. 52.

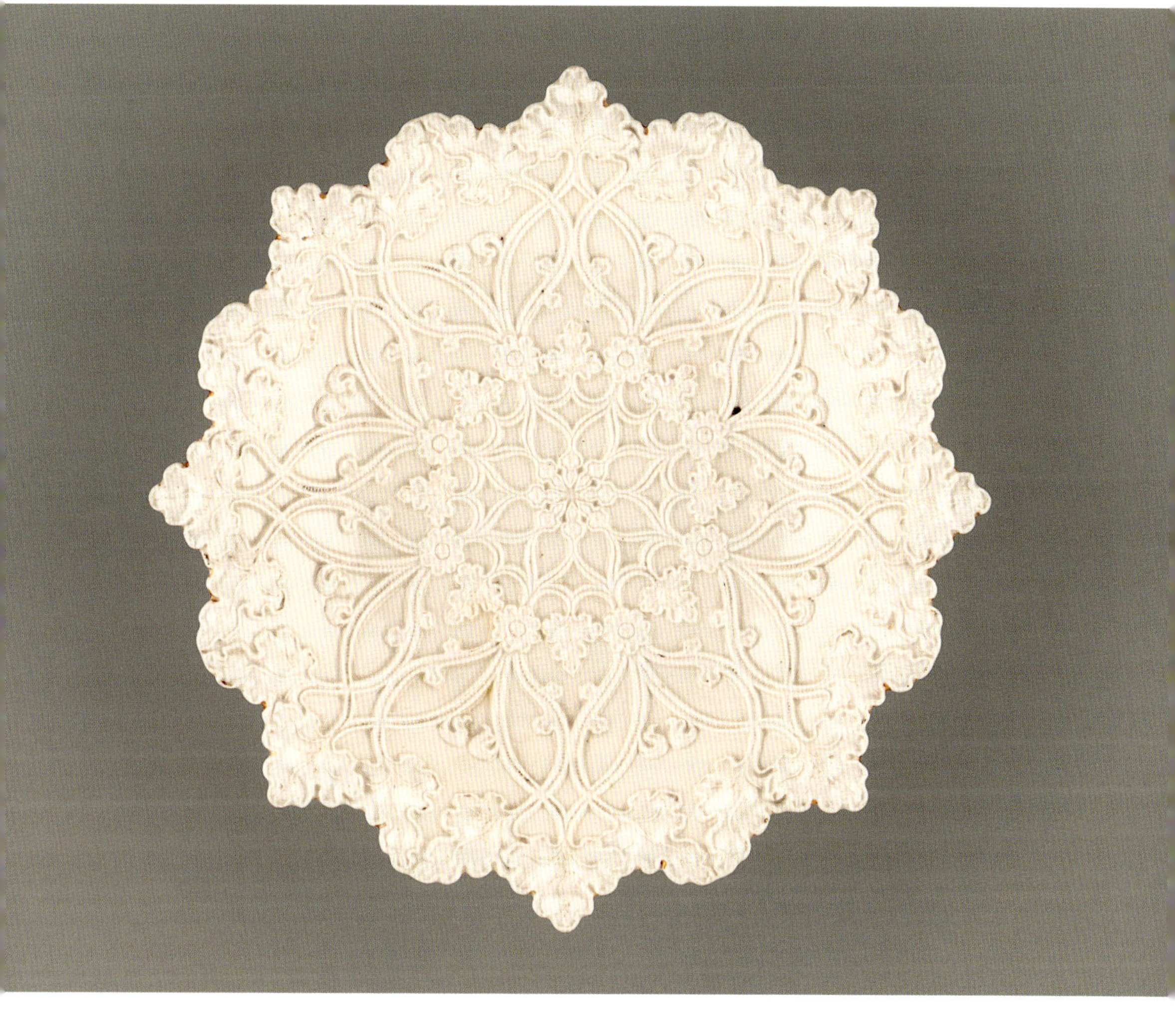

Umgedruckt und nicht gemalt

(50)

Teller

William Ridgway & Co.
Shelton/Hanley, England, um 1847
Steingut, blaues Umdruckdekor, weiß glasiert
Marke: Blüten um ovalen Ring, „GERANIUM J. Ridgeway", „17.03.1847" (blaue Registriermarke Dekor), „4.12.1845" (eingeprägte Registriermarke Form)
D.: 26,4 cm
Inv. Nr.: KP 1988/93

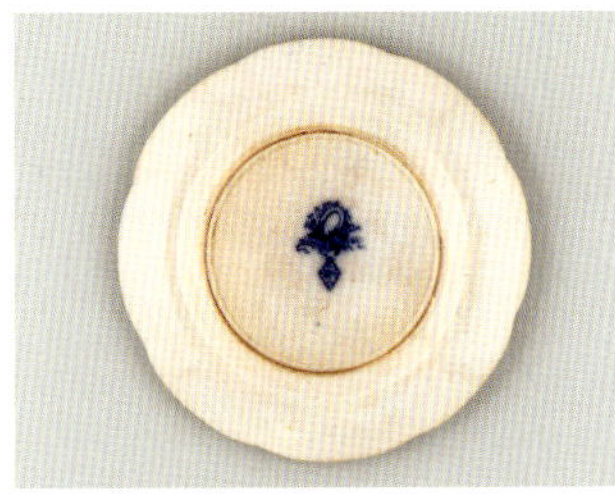

Bereits Mitte des 18. Jahrhunderts wurden in England in den Keramikmanufakturen um Staffordshire die ersten Umdruckdekore entwickelt, die es ermöglichten, einfarbige Dekore kostengünstig zu vervielfältigen und so neue Käuferschichten zu erschließen. Dabei wurde eine Stahlplatte mit einer Lösung von Asphalt in Terpentinöl, dem sogenannten Ätzgrund, gleichmäßig bestrichten und erhärtet. Mit einer Radiernadel ritzte man dann die gewünschte Zeichnung spiegelverkehrt in die Platte und ätzte sie durch Einlegen in Salpetersäure ein, bevor man sie mit Wasser und warmen Terpentinöl abwusch. In einem nächsten Schritt wurde die Porzellanfarbe nun in die Ritzen der erwärmten Platte hineingedrückt und diese mit einem Papier belegt, auf welches das Dekor gedruckt wurde. Dieses Papier legte man auf die Keramik und übertrug das Motiv durch leichten gleichmäßigen Druck mit einer Gummi- oder Filzwalze. Eine andere Möglichkeit war es, anstelle der Farbe Öl zu verwenden und das abgezogene Papier mit Farbpigmenten zu bestreuen, bevor man es auf die Keramik aufbrachte. Die Technik wurde sowohl unter als auch über der Glasur verwendet.

Englische Keramikmanufakturen waren meist Familienunternehmen, von denen die Familie Ridgway zu einer der erfolgreichsten zählte. Bis 1830 führten die Brüder John und William das von ihrem Vater Job geerbte Unternehmen gemeinsam, bevor William den Betrieb des Onkels George übernahm und John den väterlichen Betrieb weiterführte, auf 500 Mitarbeiter ausbaute und 1839 den offiziellen Titel des „Potter to Her Majesty Queen Victoria" verliehen bekam. Die Firmen waren auf Umdruckwaren spezialisiert, die besonders auf dem amerikanischen Markt äußerst beliebt waren. Mit der naturalistischen Geraniendarstellung und dem Dekor aus Rocaillen auf der Fahne im Stil des zweiten Rokoko kombinierte man im Sinne des Historismus Mitte des 19. Jahrhunderts historische Versatzstücke.

XS

Lit.: Schmidberger 1987–1997, Bd. 2, S. 238.

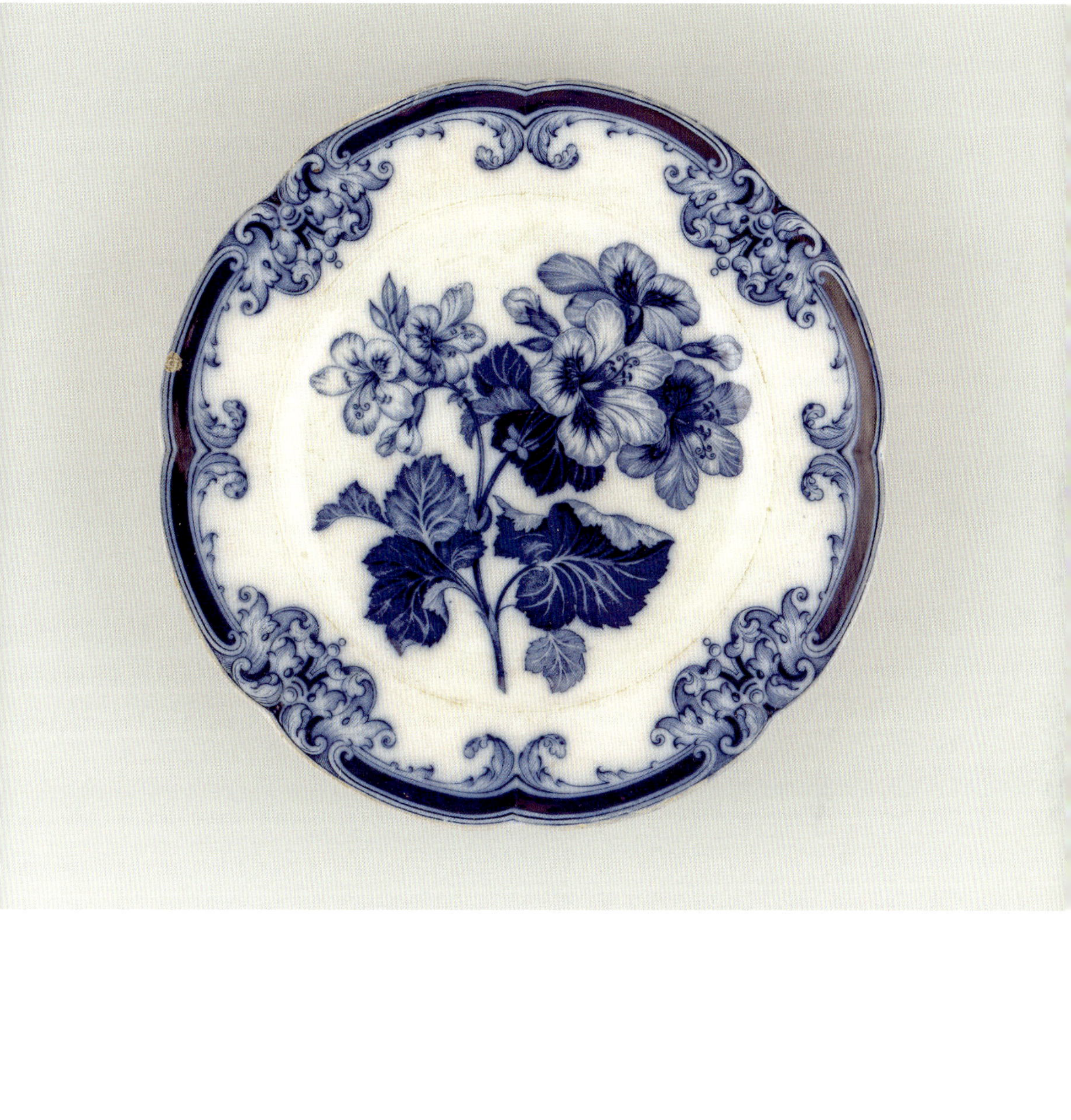

(51)

Schale im Genre Palissy

Frankreich, 1850–1875
Fayence, frei geformt, glasiert, bemalt
L.: 37,5 cm, B.: 29 cm
Inv. Nr.: 1988/65

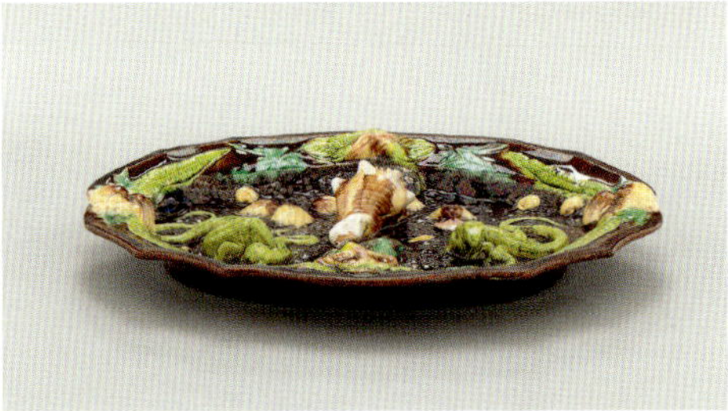

Der Historismus griff historische Formen wieder auf – dies aber nicht in der Absicht, sie zu kopieren oder gar zu fälschen, sondern um sie zu perfektionieren. Dieser Vervollkommnung historischer Vorbilder dienten eine genaue Schulung im Handwerk, neue technologische Errungenschaften wie etwa in der Chemie, die in der Keramik eine neue Farbpalette aufbrachte und vor allem auch die neu geschaffene Disziplin der Kunstgeschichte. In Kunstgewerbemuseen wurden historische Vorbilder gezeigt, die zur Hebung des heimischen Handwerks von Handwerkern und Produzenten nachgeahmt werden sollten.

Vorbild für die hier gezeigte Schale waren Arbeiten des Keramikers Bernard Palissy (1510–1590), die schon früh hochgeschätzt waren und bereits im 16. und 17. Jahrhundert kopiert wurden. Mit ihrem naturalistisch geformten Dekor entsprachen sie ganz dem Geschmack der Renaissance und des Manierismus, einer Zeit, in der auch in Bronze Naturabgüsse von Schlangen, Eidechsen und Kröten angefertigt wurden. Abweichend davon formte Palissy auf seinen Schauplatten in freier Ausformung in Keramik dieses Getier nach. Besonders geschätzt war aber auch die leuchtende Farbigkeit der Fayencen von Palissy.

Eine solche Arbeit war auch Vorbild für die hier gezeigte Platte, die ein unbekannter Künstler schuf. Vor dem tiefblauen Fond des Spiegels heben sich die plastisch geformten Muscheln, Echsen und Kröten in ihrer leuchtend grünen Farbigkeit ab, die scheinbar willkürlich angeordnet sind. Auf der Fahne hingegen sind die Muscheln und das Blattwerk symmetrisch arrangiert.

Dass es sich um eine Arbeit des 19. Jahrhunderts handelt, zeigt sich vor allem an der Fahne: Deren symmetrischen Schwünge erinnern an Geschirrformen des Barocks, nicht an die der Renaissance. Bewusst mischte hier der Künstler die Stilformen der Renaissance und des Barocks, um die Gestaltung der Platte zu perfektionieren.

ME

Lit.: Krutisch 1995; Amico 1996; Schmidberger 1987–1997, Bd. 2, S. 77.

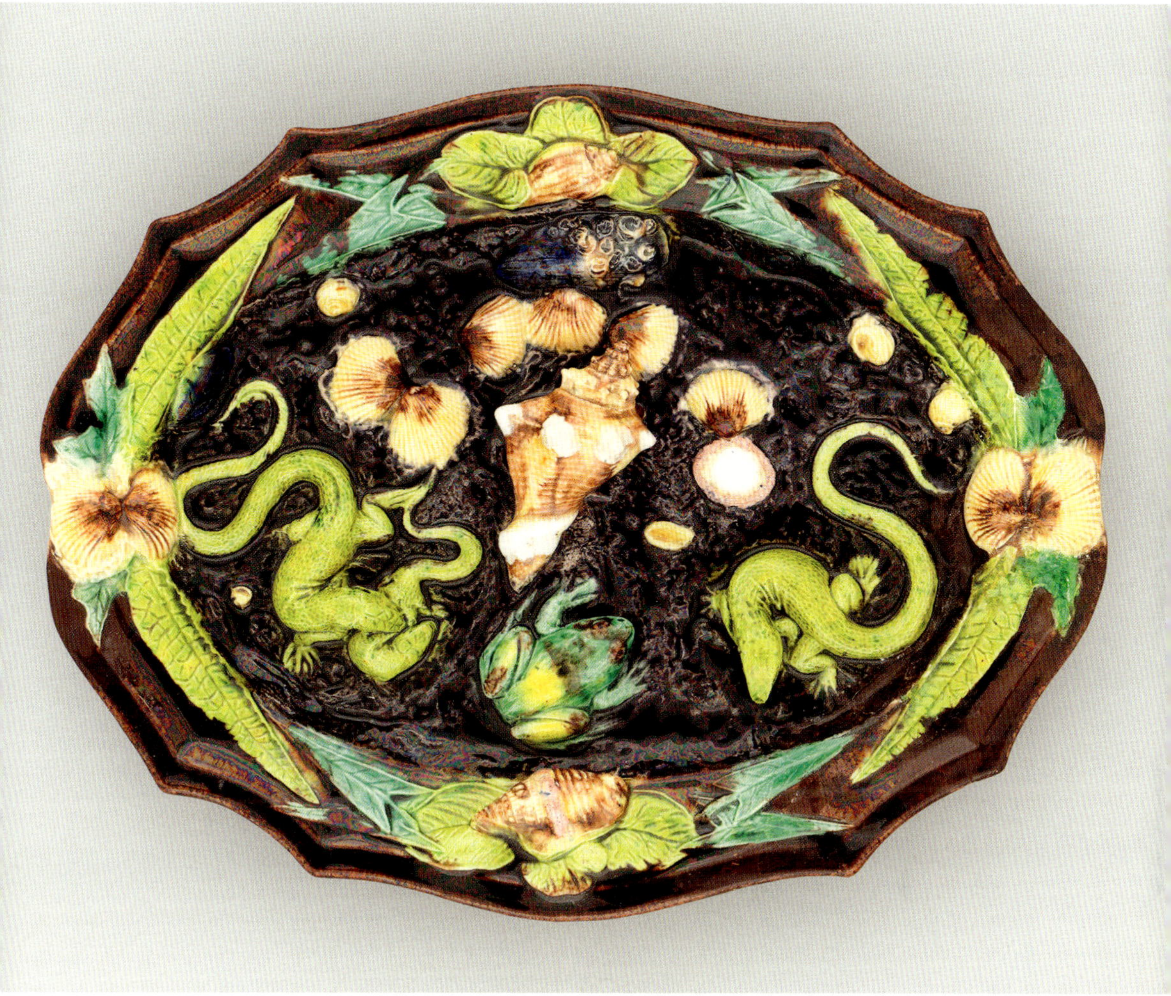

(52)

Pokal

Sächsische Ofen- und Chamottewarenfabrik, vormals Ernst Teichert GmbH
Cölln, Deutschland, 1880–1900
Steingut, polychrom glasiert
Marke: Griechisches Kreuz, dessen vier Arme in Pfeilspitzen enden; „S“, „SO“ „Cölln-Meissen“, „37“ (gestempelt)
H.: 28,5 cm, B.: 17,5 cm
Inv. Nr.: 1988/216

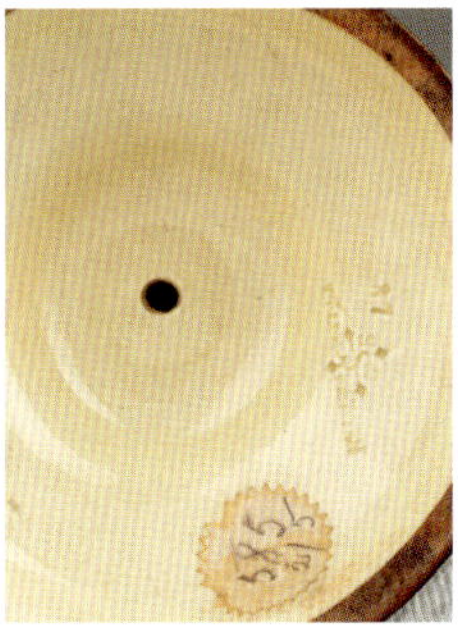

Bei dem Gefäß handelt es sich um die genaue Kopie eines Nautiluspokals von Johann Melchior Dinglinger (1664–1731), der sich heute im Grünen Gewölbe in Dresden befindet und der um 1707 ausgeführt wurde. Dabei wurde eine natürliche Nautilusmuschel in vergoldetem Silber gefasst. Auf dem Fuß, der mit Wein belegt ist, sitzt ein bocksbeiniger Satyr, der die Muschel trägt. Die Muschel bekrönt ein liegender Panther. Satyr und Panther gehören zum Gefolge des Dionysos, Gott des Weins, was auf die Verwendung des Pokals deutet.

Die keramische Kopie entspricht in den Maßen etwa denen des Originals, sodass sich vermuten lässt, dass es sich um eine Abformung handelt, da auch die Details exakt wiedergegeben wurden. Dies war zuvor auch bereits in Porzellan an der Meissener Manufaktur erfolgt. Die künstlerische Herausforderung bestand nun darin, das Original in einem anderen Material umzusetzen, Steingut. Das Perlmutt der originalen Muschel wurde in der Bemalung durch eine feine Marmorierung ersetzt. Das vergoldete Silber ersetzte man bei der Steingutausformung durch eine „natürliche“ Bemalung. Keineswegs sollte hier eine Kopie in Fälschungsabsicht entstehen, sondern man stellte sich neuen technischen und künstlerischen Herausforderungen, um einen Ziergegenstand zu schaffen.

Steingut wurde Mitte des 18. Jahrhunderts in England erfunden (vgl. Kat. Nr. 45). Grundprodukte sind dabei Ton, Quarz und Feldspat, die üblicherweise im Gießverfahren geformt werden. Bei niedriger Brenntemperatur von 970–1320 °C entsteht ein poröser, leichter Scherben, der nicht vollständig versintert. Damit ist Steingut – im Gegensatz zum Steinzeug – nicht wasserdicht und es bedarf einer Glasur, die bei 100 °C aufgeschmolzen wird. Durch die niedrigen Temperaturen kann Steingut – im Gegensatz zu Porzellan – günstig produziert werden und eroberte schon bald als Tafelgeschirr die bürgerlichen Haushalte.

ME

Lit.: Schmidberger 1987–1997, Bd. 2, S. 138.

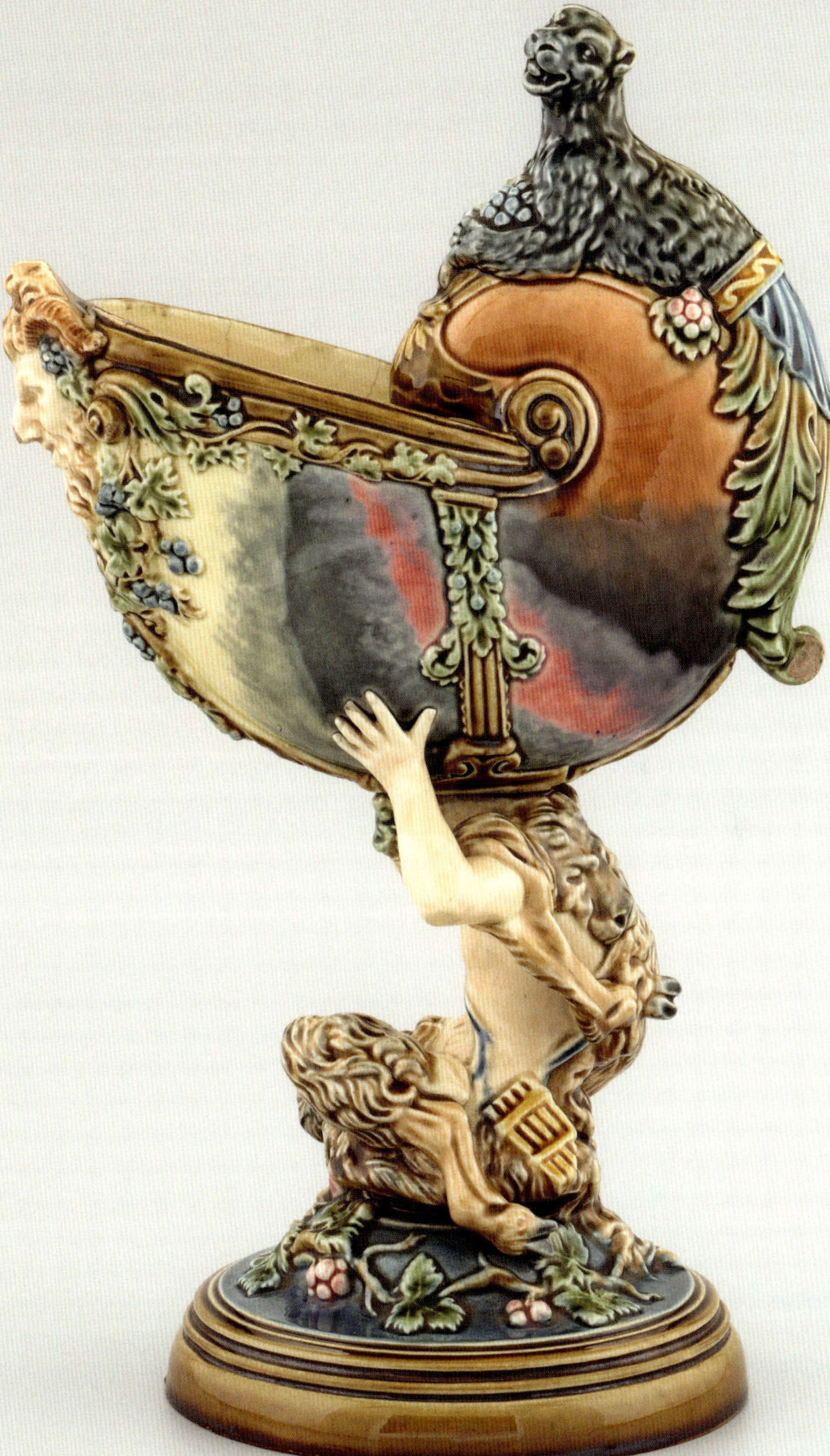

Schimmernde Wiedergeburt

(53)

Prunkkanne

Manufaktur des Ulisse Cantagalli (1839–1901)
Florenz, Italien, um 1880/90
Majolika, rote Lüsterglasur, goldgehöht, vergoldet
Marke: Hahn, unkenntliche Zeichen (5 od. 3?) (Kobaltblau)
H.: 71,5 cm
Inv. Nr.: 1988/179

Die große Prunkkanne ist üppig mit dichtem Groteskenornament überzogen, bestehend aus Rankenwerk, menschlichen und tierischen Fabelwesen, Früchten und Blumen. Der ovoide Korpus wird nach oben durch halbkreisförmige Bogen begrenzt, die auf Kapitellen ruhen, während nach unten hin ein Band mit Akanthusblättern abschließt. Die Wandung selbst aber ziert in bunter Malerei die Kopie des Gemäldes „Zug der Heiligen Drei Könige" von Benozzo Gozzoli (1420–1497), das sich über drei Seiten der Hauskapelle der Familie Medici im Palazzo Ricccardi in Florenz zieht und das im 19. Jahrhundert sehr bewundert wurde.

Gerade diese Prunkkanne zeigt, wie man im Historismus die historischen Vorbilder der italienischen Majolika zu übertreffen suchte: Die manierierte Form der Kanne ist aus brenntechnischer Sicht eine Herausforderung. Statt der in der Renaissance gebräuchlichen vier Farben in der Majolikamalerei (vgl. Kat. Nr. 30, 31), stand hier – dank neuer chemischer Erfindungen – dem Maler eine ganze Farbpalette zur Verfügung, die es ermöglichte, ein Hauptwerk der italienischen Malerei im Kunsthandwerk zu kopieren, womit eben auch die tiefgreifenden kunstgeschichtlichen Kenntnisse unter Beweis gestellt wurden. Zusätzlich wurde die Malerei

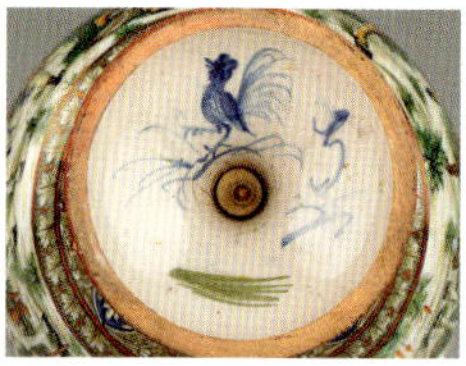

in Gold gehöht und man bediente sich der Lüsterglasur, wie sie – in Anlehnung an islamische und maurisch-spanische Vorbilder – bereits in Deruta während des 16. Jahrhunderts verwendet wurde.

In der Keramik bezeichnet man mit Lüsterglasur den metallisch schimmernden Überzug von Fayencen, seltener auch Porzellan. Dabei werden Emulsionen von Metallsulfaten oder -oxiden in saurer Lösung auf die Glasur aufgebracht und nach dem Glasurbrand im Aufglasurbrand bei mäßiger Temperatur aufgeschmolzen. Bereits im 9. Jahrhundert lassen sich Lüsterglasuren auf islamischen Majoliken nachweisen. Die Technik kopierte man um 1500 zunächst im italienischen Töpferort Deruta, wo eine goldgelbe Lüsterware entstand, während später dann in Gubbio eher eine kupferrote Farbigkeit hergestellt wurde.

ME

Lit.: Schmidberger 1987–1997, Bd. 2, S. 92f.

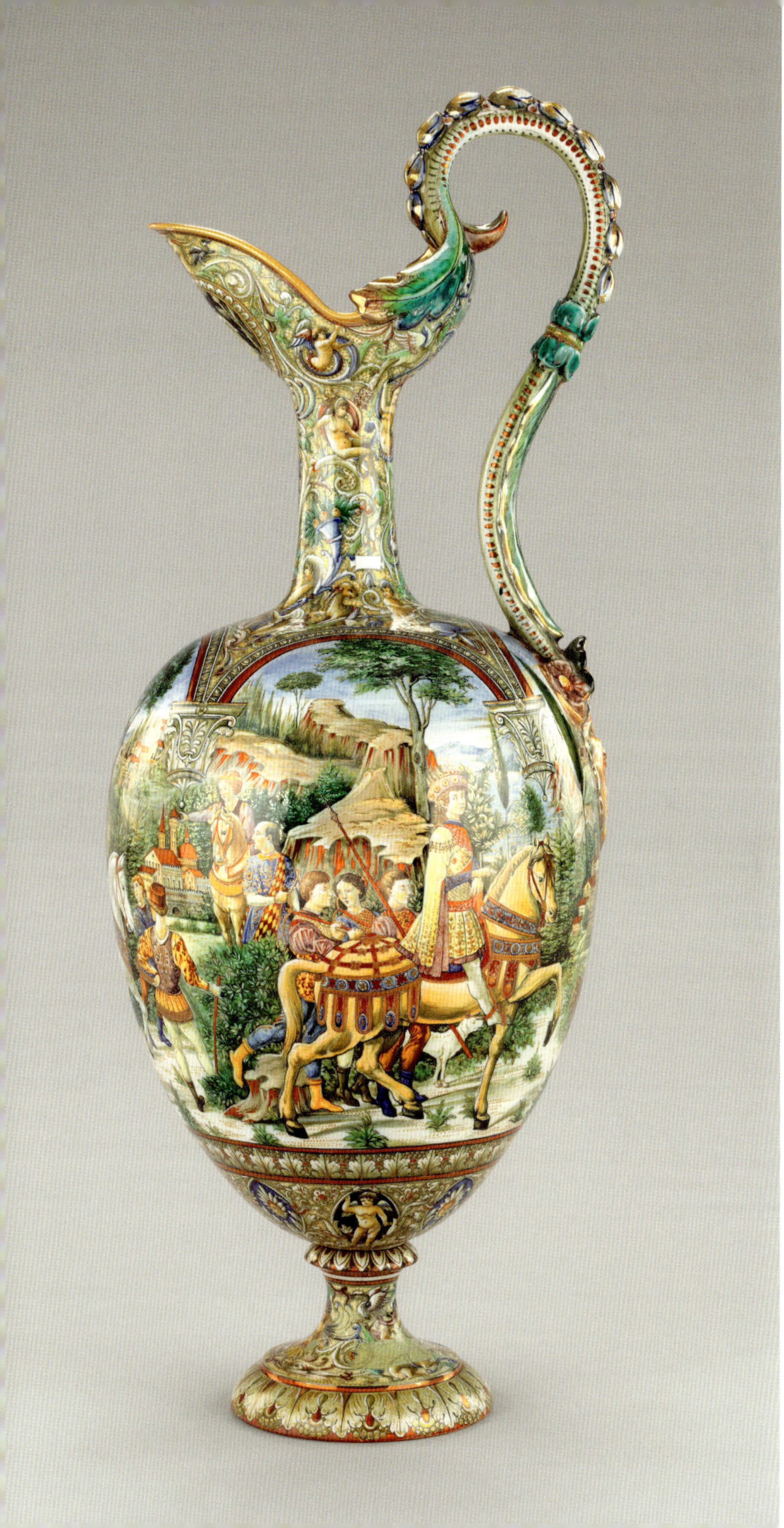

Wirtschaftsförderung à la Preußen

(54)

Doppelhenkelvase

Manufaktur Simon Peter Gerz I
Höhr, Westerwald, um 1886/1888
Steinzeug, gedreht, Henkel angesetzt, Kobaltglasur, salzglasiert
Marke: gestempelt „753b" (Modellnummer), Stern (Dreherzeichen)
H.: 36,6 cm
Inv. Nr.: 1988/79

Neben Raeren und Siegburg entwickelte sich während der frühen Neuzeit die im Westerwald gelegenen Orte Höhr, Grenzhausen und Grenzau im „Kannenbäckerland" im Großraum Aachen und Köln zu einer weiteren wichtigen Produktionsstätte von Steinzeugwaren, dem Westerwälder Steinzeug. Es zeichnet sich durch seinen grauen Scherben aus, der zumeist mit einer blauen Kobaltglasur dekoriert ist. Um 1590 erfolgte der wirtschaftliche Aufstieg des Produktionszentrums durch den Zuzug von Töpfern aus Raeren und Siegburg, die unter anderem den Reliefdekor einführten (vgl. Kat. Nr. 25, 26). Ab dem 17. Jahrhundert wurde das Westerwälder Steinzeug zu einer der dominierenden Warenarten deutscher Keramik, was bis weit in das 18. Jahrhundert anhielt. Durch andere Produkte - wie etwa das günstigere Steingut - ging während des 19. Jahrhunderts der Absatz erheblich zurück. In der zweiten Hälfte des 19. Jahrhunderts griff man dann erfolgreich die prunkvollen Formen der Renaissance und des Barocks wieder auf. Preußen, zu dem dieses Gebiet gehörte, förderte die Industrialisierung im Westerwald unter anderem auch durch den Bau einer Eisenbahnlinie, womit der Absatz gesichert war.

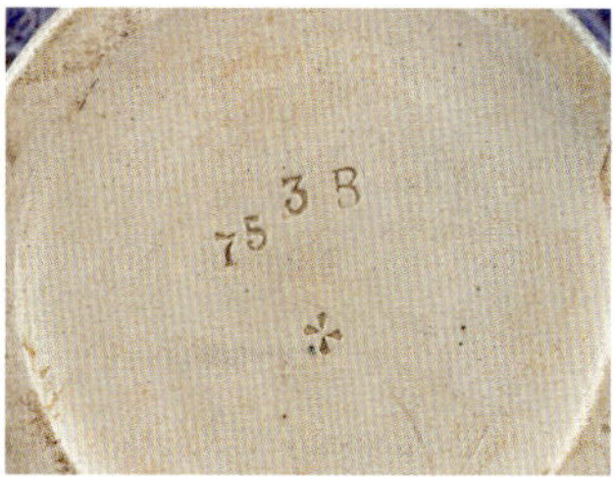

Ausdrücklich wird im Firmenkatalog bei der hier gezeigten Vase von einem „modernen" Entwurf gesprochen. Zwar entspricht der Aufbau der Vase historischen Vorbildern, doch handelt es sich gerade beim Reliefdekor mit Ranken-, Blatt- und Blütenwerk, der sich von der blauen Glasur abhebt, um eine ganz eigene, historisierende Formensprache. Vasenformen waren im 17. Jahrhundert beim Westerwälder Steinzeug unbekannt. Der Vase lag ein Entwurf für einen einhenkeligen Krug zugrunde (Firmenkatalog: Nr. 735 a), dem für die Vase ein zweiter Henkel entgegengestellt wurde, der allerdings auf dem Reliefdekor platziert werden musste. Ein solch sorgloser Umgang bei Abänderungen ist dabei typisch für Westerwälder Steinzeugwaren aus den 1880er-Jahren.

ME

Lit.: Schmidberger 1987–1997, Bd. 2, S. 102.

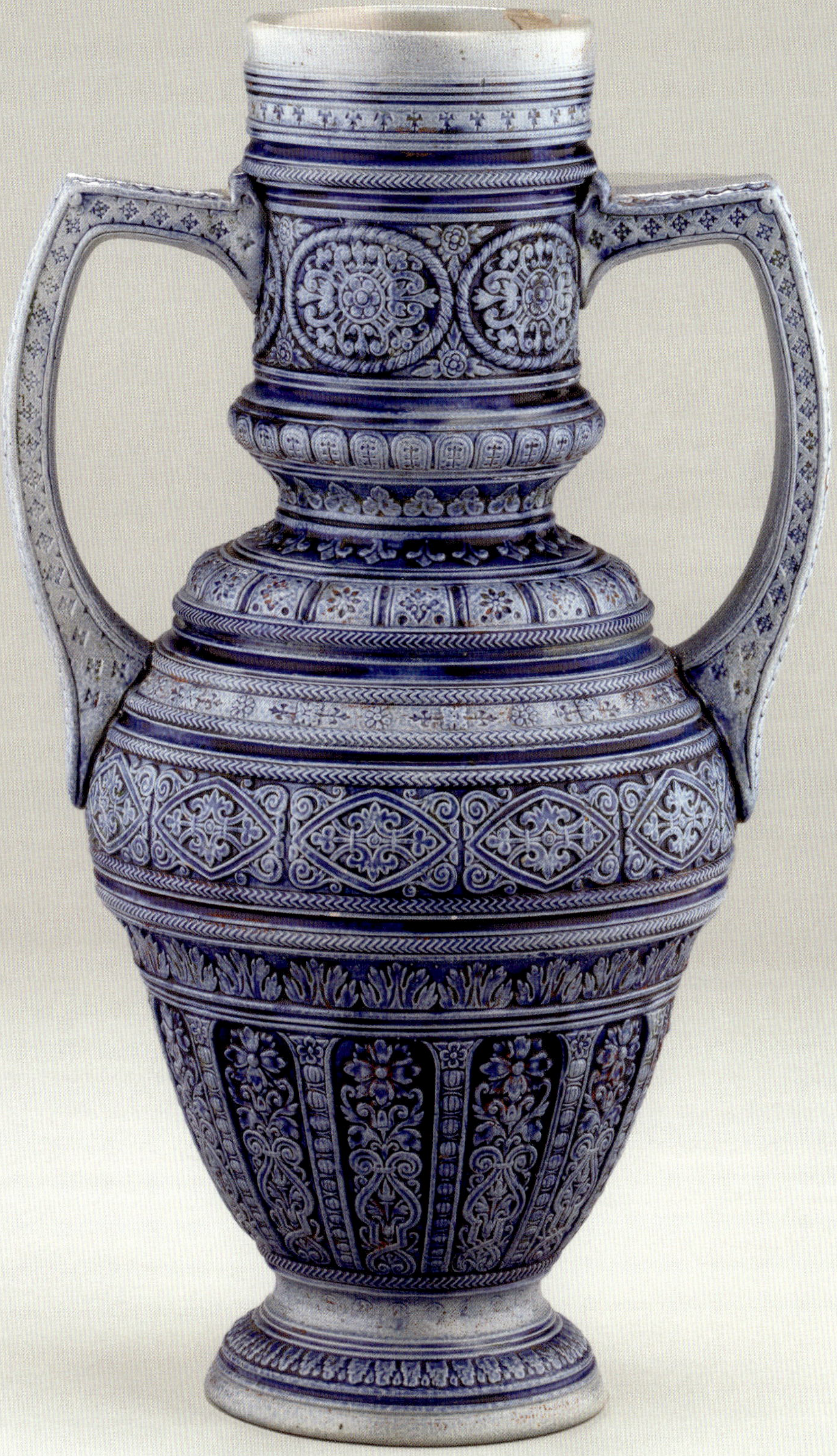

Schicht für Schicht

(55)

Pâte-sur-pâte-Platte mit bockspringenden Kindern

Manufacture nationale de Sèvres
Taxile Doat (1851–1939)
Sèvres, Frankreich, 1880
Porzellan, Seladonfond, weißes Porzellanrelief (Pâte-sur-pâte), glasiert
Beschriftungen: „TD" (Vorderseite, Monogramm unten rechts), „Taxile Doat, 1880" (Rückseite, geritzt)
H.: 7,3 cm, B.: 22,6 cm
Inv. Nr.: KP 1991/119

Bei der Pâte-sur-Pâte Technik, wörtlich Masse-auf-Masse, wird ein farbiger Massenuntergrund Schicht für Schicht mit einem Motiv bemalt und modelliert, sodass ein transparentes, kameenähnliches Relief entsteht. Im Gegensatz zu den meisten anderen Dekorationstechniken auf Keramik arbeitet man mit einem getrockneten oder in selteneren Fällen bereits bei niedrigen Temperaturen gebrannten Objekt. Um ein vollständiges Austrocknen während des Arbeitsprozesses zu verhindern, werden die Massen des Körpers sowie des Schlickers mit Glyzerin versetzt. Mit einem Pinsel trägt man die einzelnen weißen Schlickerschichten dünn auf und lässt sie antrocknen. Überstände werden nach jedem Arbeitsschritt mit einem Schaber abgetragen, um eine gerade Fläche zu erhalten. In einem letzten Schritt werden beim Modellieren mit einer abgerundeten Spitze wieder Lagen abgetragen, sodass der farbige Untergrund unter dem Weiß scheint und ein Helldunkel-Effekt entsteht. Anschließend werden die Objekte glasiert und gebrannt. Da der Prozess sehr arbeitsintensiv ist und große handwerkliche Fähigkeiten voraussetzt, sind Keramiken mit einer solchen Dekoration sehr kostspielig. Pâte-sur-pâte Dekore findet man häufig auf Vasen oder auch auf Plaketten, die man gerahmt an die Wand hängte.

Die Technik wurde Mitte des 19. Jahrhunderts in der französischen Manufaktur Sèvres erfunden. Mit ihr ist vor allem der Name Marc Louis Emmanuel Solon (1835–1913) verbunden, der sie erst in Frankreich und danach, durch die Folgen des preußisch-französischen Krieges 1870 zur Emigration veranlasst, bei der englischen Manufaktur Minton perfektionierte. Diese Plakette mit bockspringenden Kindern fertigte jedoch sein Schüler Taxile Doat (1851–1939) an, der sich ebenfalls auf die Technik spezialisierte und bei Kritikern und Sammlern sehr beliebt war. Neben seiner Tätigkeit in Sèvres fertigte er in seinem privaten Pariser Atelier auch experimentellere Stücke und gilt als einer der ersten Studiokeramiker.

XS

Lit.: Lauschke/Mields 1965; Dippold 2009.

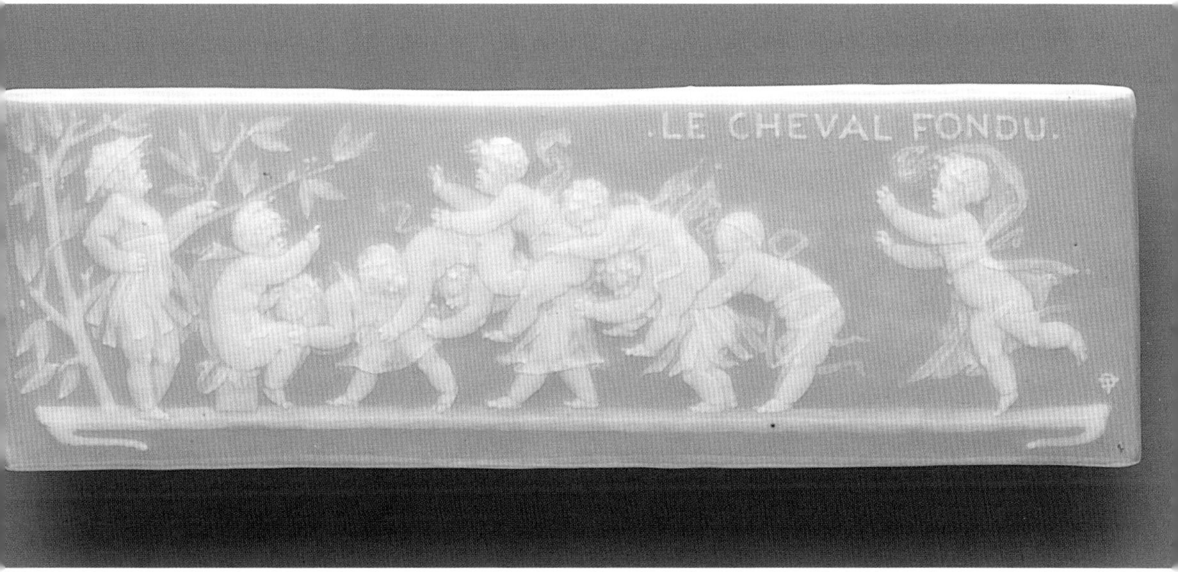
.LE CHEVAL FONDU.

1880

(56)

Vase mit Sang-de-Boeuf-Glasur

Königliche Porzellan-Manufaktur Berlin
Werksentwurf
Berlin, Deutschland, um 1900
Segerporzellan, formgefertigt, Kupferoxidulglasur
Marke: Zeptermarke, „Sgr.P“ (Unterglasurblau), „P O“ (Prägemarke)
H.: 15,9 cm, D.: 7,4 cm
Inv. Nr.: KP 1967/61

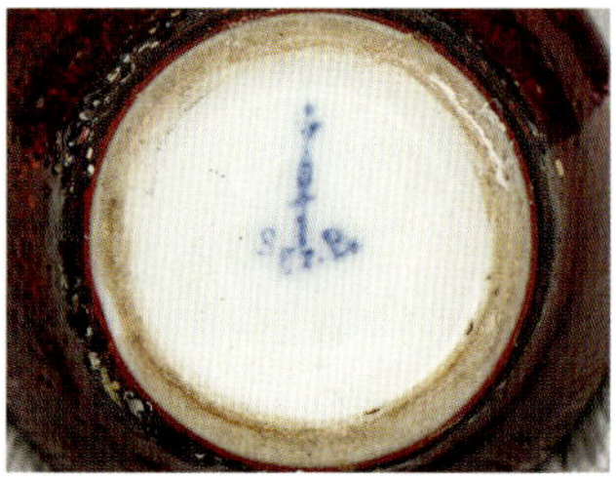

Der Chemiker Hermann August Seger (1839–1893) wurde 1878 zum Vorsteher der neu eingerichteten Chemisch-Technischen Versuchsanstalt der Königlichen Porzellan-Manufaktur Berlin berufen. Auf Grundlage der Untersuchungen von japanischem Porzellan entwickelte er eine neuartige Porzellanmasse. Dieses als „Segerporzellan“ bezeichnete Weichporzellan bietet den Vorteil, dass es bei geringeren Temperaturen gebrannt werden kann und dadurch eine größere Palette von Farben für die Unterglasurdekoration zur Verfügung steht. Bis dahin konnten diese nur bei Steingut (Fayence, Majolika) genutzt werden; bei Porzellan war man auf Kobaltblau und Chromoxidgrün beschränkt. Alle anderen Dekore mussten auf die Glasur aufgebracht und eingebrannt werden und waren dadurch weniger haltbar.

Bestand das europäische Hartporzellan aus 50 Teilen Kaolin, 25 Teilen Quarz und 25 Teilen Feldspat, waren es bei der neuen Weichporzellanart 25 Teile Steinzeugton, 45 Teile Quarz und 30 Teile Feldspat. Das tonsubstanzarme und flussmittelreiche Segerporzellan lässt sich bei 1250–1300 °C gutbrennen, gegenüber etwa 1500 °C beim Hartporzellan.

Ebenfalls durch Einflüsse ostasiatischen Porzellans kam es erstmals zu rein farbigen Dekorationsformen wie Überlaufglasuren und es wurde auf sonst übliche ornamentale Muster verzichtet. Besonderer Beliebtheit erfreute sich die als „sang de boeuf“ oder „Chinesisch Rot“ bezeichnete Kupferoxidulglasur. Zwar gab es bereits ab Mitte des 19. Jahrhunderts erste Erprobungen dieser Glasuren in verschiedenen europäischen Manufakturen. Aber erst durch den Einsatz des Segerporzellans konnte sie durch die KPM ab 1884 in Serie produziert werden.

FL

Lit.: Kerl 1907; Treskow 1971; Ouvrier-Böttcher 1984; Brückner 1987; Wex 1987; Mundt 1991, S. 32f.; Schmidberger 1987–1997, Bd. 2, S. 200f.

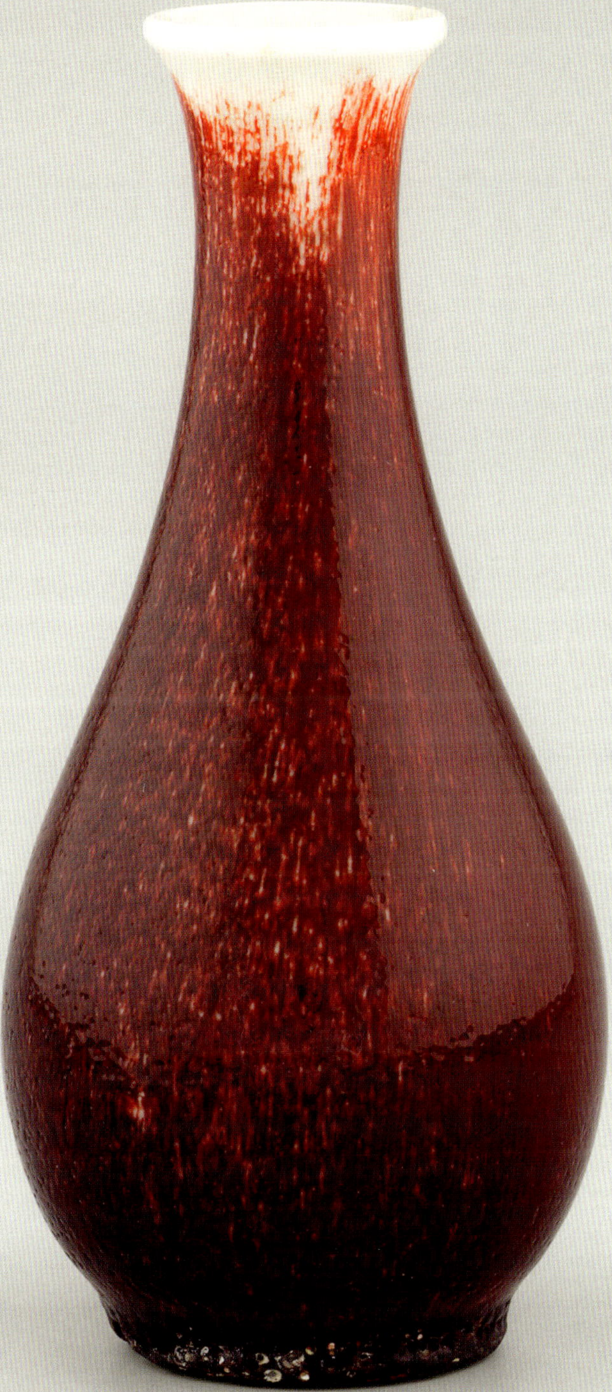

Handarbeit in Serie

(57)

Majolika-Vase „Weidenkätzchen“

Tonwerke Kandern AG
Entwurf: Max Laeuger (1864–1952)
Kandern, Baden-Württemberg, 1897
Irdenware, Schlickermalerei, glasiert
Marke: „MLK“, „MUSTER GESETZL. GESCHTZT“; „4.“, „110“
H.: 38,2 cm, D.: 13,4 cm
Inv. Nr.: KP 1964/32

Im August 1889 besuchte Max Laeuger (1864–1952) - seit 1888 „Lehrer für Flächenmalerei und kunstgewerbliches Zeichnen“ an der Großherzoglichen Kunstgewerbeschule in Karlsruhe - die Pariser Weltausstellung, wo der ausgestellten Keramik sein besonderes Interesse galt. Der Autodidakt Laeuger erlernte Grundlagen des Töpferhandwerks in den Werkstätten in Kandern und übernahm im September 1897 die künstlerische Leitung der Kunsttöpferei der Tonwerke Kandern AG, wo seine Entwürfe von 1897–1914 unter der Bezeichnung „Professor Läuger'sche Kunsttöpferei“ gefertigt wurden.

Vor allem seine frühen Entwürfe, die heute zu seinen bekanntesten Werken zählen, zeichnen sich durch den Naturalismus der Pflanzendarstellungen aus. Die Vase mit dem Motiv „Weidenkätzchen“ (Modellnummer 110) wurde von 1897–1898 gefertigt. Der hohe gedrehte Vasenköper aus braunem Scherben erhielt einen dunklen engobierten Fond, der als Malgrund für die pastos mit der Gießbüchse aufgebrachte Schlickermalerei diente, die schließlich mit einer transparenten Bleiglasur überzogen wurde. Wie alle Entwürfe Laeugers für die Tonwerke Kandern wurde die Vase zwar seriell, aber in reiner Handarbeit gefertigt und in diesem Fall auch in verschiedenen Farbvarianten angeboten.

Die aus dem Gras emporwachsenden Zweige folgen der aufstrebenden Form der Vase und zeigen die für den frühen Jugendstil typische dynamische Pflanzenform.

FL

Lit.: Kessler-Slotta 1985, S. 14, 171; Figiel 2009; Schumann 2009; Thümmler 2017, S. 38f.

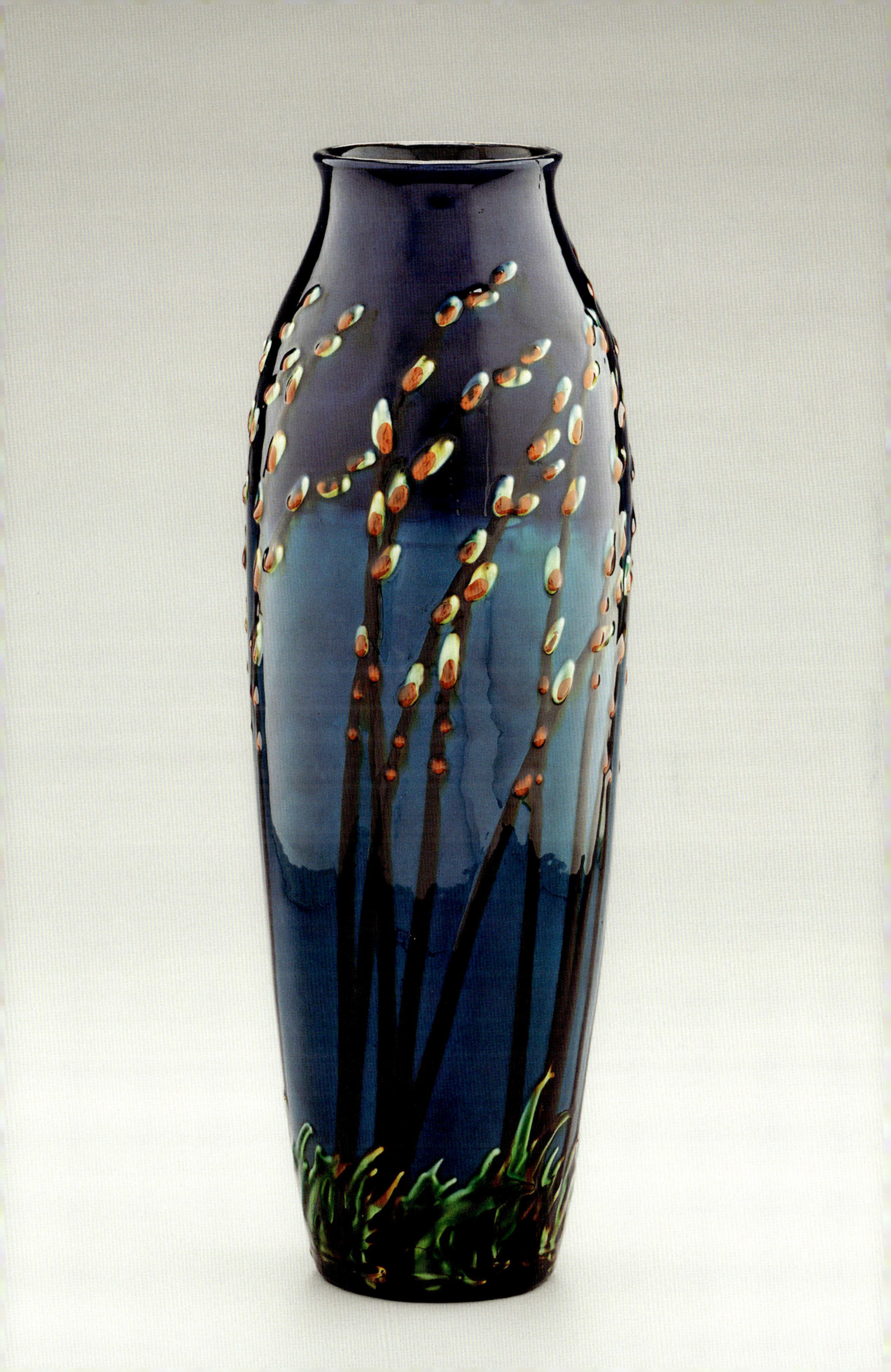

Von blühenden Kristallen

(58)

Steinzeugvase

Adolphe Dalpayrat (1871–1934) nach Pierre-Adrien Dalpayrat (1844–1910)
Bagneux, Frankreich, 1918–1934
Steinzeug, Kristallglasur in Blau, Grün, Gelb, Grau und Braun
Marke: „64", „Made in France" (Prägemarke), Dalypayrat (Signatur)
H.: 25,6 cm, D.: 21,3 cm
Inv. Nr.: KP 1968/28

Adrien Dalpayrat (1844–1910) gehörte zu einer Gruppe von französischen Kunstkeramikern des Art Nouveau, die angeregt durch japanische und chinesische Keramik mit monochromen Glasuren oder Glasureffekten experimentierten.

Nachdem er für verschiedene französische Manufakturen als Fayence- und Porzellanmaler tätig war, ließ er sich mit seiner Familie 1889 in Bourg-la-Reine nieder, wo er zum ersten Mal unter den Bezeichnungen Keramiker oder Kunstkeramiker in Erscheinung trat. Er gründete mehrere Gesellschaften mit wechselnden Partnern und auch seine Söhne Albert (1869–1911), Adolphe (1871–1934), Hippolyte (1873–?) und Paul (1885–1924) waren an der Herstellung der „grès flammés" (franz.: „geflammtes Steinzeug") beteiligt. Nach 1900 nahm das Interesse an den Erzeugnissen der Manufaktur nach anfänglichen Erfolgen jedoch schnell ab und nachdem zunächst alle Beschäftigten entlassen werden mussten, wurde der Betrieb 1906 eingestellt; Adrien Dalpayrat kehrte in seine Geburtsstadt Limoges zurück, wo er am 10.08.1910 starb. Sein Werk wurde jedoch fortgeführt, unter anderem auch von seinem Sohn Adolphe, der 1909 eine eigene Werkstatt in Bagneux einrichtete, in der vermutlich auch sein Bruder Paul arbeitete. Die in der Folgezeit ausgeführten Arbeiten entstanden entweder nach den in Bourg-la-Reine entstandenen Originalformen oder wandelten diese ab. Es traten aber auch neue Formen und

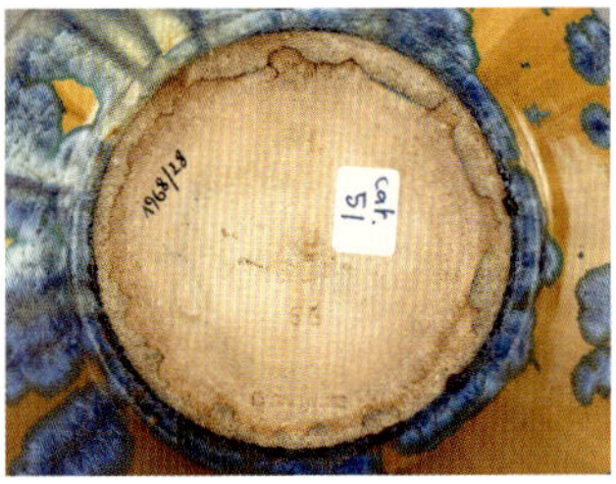

vor allem Glasuren hinzu, wie die kristallin wirkenden Mattglasuren und besonders die Kristallglasuren selbst. Für diese wird auf eine bereits gebrannte Glasurschicht eine weitere aus Kieselsäure und Zinkoxyd aufgebracht und in Kapseln unter konstanter Luftzufuhr gebrannt; beim Erkalten entstehen Zinksilikate, die wie Eisblumen die Oberfläche überziehen.

Bei den Werken von Adrian Dalpayrat – und ebenso denen seines Sohnes Adolphe – handelte es sich zumeist nicht um Einzelstücke, sondern um mehrfach reproduzierte Formen, teilweise in Varianten, die jedoch durch die Glasur eine individuelle Erscheinung erhielten. Die hier abgebildete Vase, die aufgrund ihrer Stempelmarke auf den Fertigungszeitraum 1918–1934 datiert werden kann, ist eine Variante einer kleineren um 1905 in Bourg-la-Reine entstandenen Form, ebenfalls mit Kristallglasur.

FL

Lit.: Heuser 1972; Beeh 1986, S. 85; Markus 1998, S. 37f., 96f.; Damm 2006.

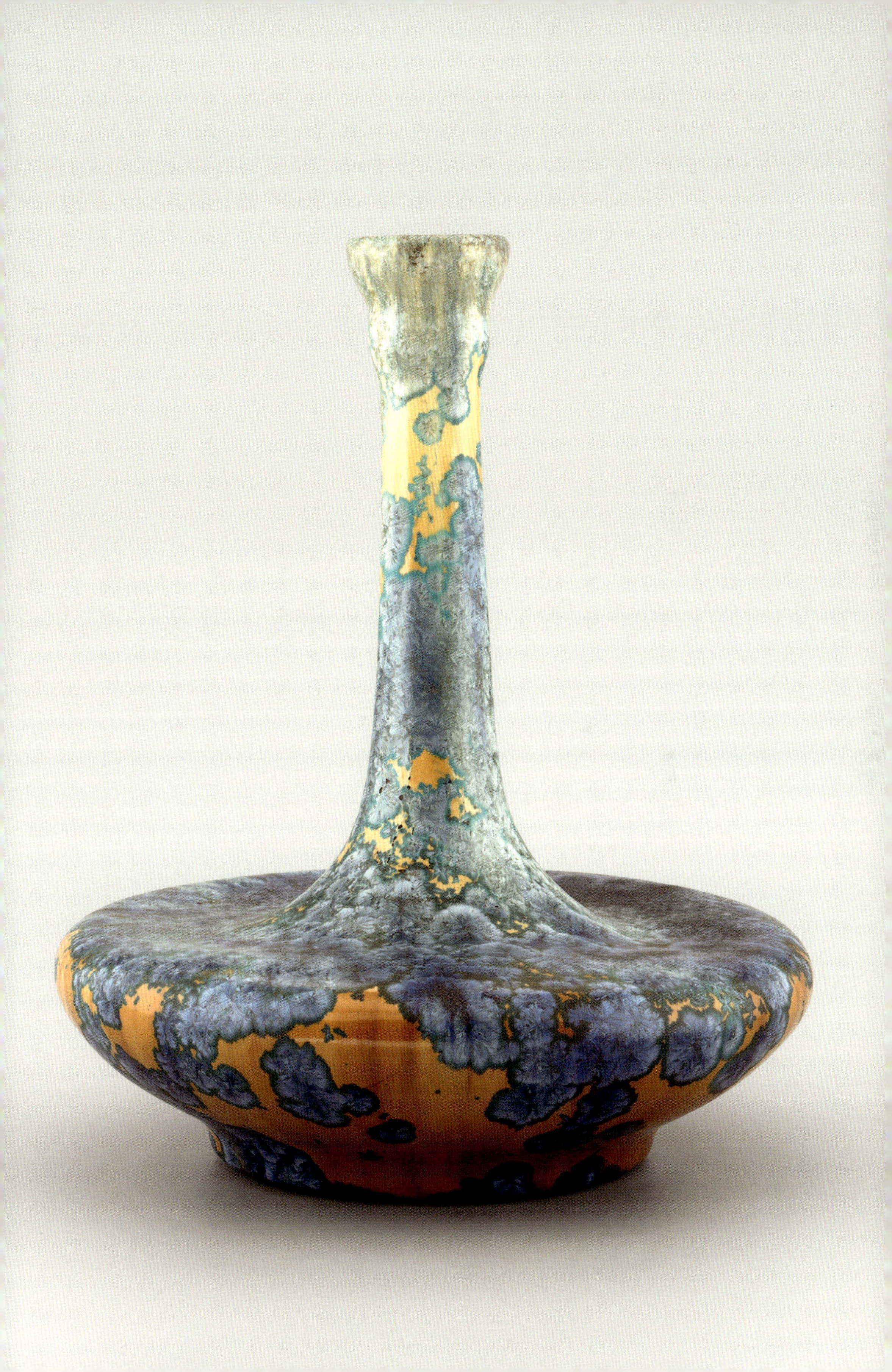

Cabaret abstrakt

(59)

Ovales Frühstückscabaret mit Deckeldose

Wächtersbacher Steingutfabrik
Schlierbach, Deutschland, um 1929
Steingut, glasiert, farbiges Spritzgussdekor mit Schablonen
Marke: Schildmarke, „7488“ (Pressstempel), „Dec. 3433“
L.: 38 cm, B.: 26,7 cm
Inv. Nr.: KP LK 532–200

Die ersten Versuche, Farbe mittels Luftdruck auf Keramik aufzubringen, fanden bereits im späten 19. Jahrhundert statt. Mit einer Spritzpistole, dem sogenannten Aerografen, wurden vor allem flächige Farbgrundierungen oder einfache Dekore mittels Schablonen hergestellt. Erst in den 1920er-Jahren erkannte man das volle gestalterische Potenzial der Technik.

Die heute unter dem Begriff Spritzdekor bekannten abstrakt-geometrischen Muster sind eine Erscheinung der späten 1920er- und 1930er-Jahre. Auch wenn die später von den Nationalsozialisten wegen des Dekors als „Kommunistisches Geschirr“ abqualifizierten Produkte nur eine kurze Zeiterscheinung waren, hatten sie doch großen Erfolg und wurden von zahlreichen Betrieben hergestellt.

Steingut eignet sich aufgrund der Saugfähigkeit des Scherbens besonders für diese Dekortechnik. Auch in der Wächtersbacher Steingutfabrik wurde das Spritzverfahren wohl schon vor 1910 eingesetzt. Ab 1928 konzentrierte sich das Unternehmen stärker auf Gebrauchs- statt Kunst- und Zierkeramik und setzte auf zeitgemäße schlichte Formen. Die einfach seriell aufzubringenden Spritzdekore boten sich für diese

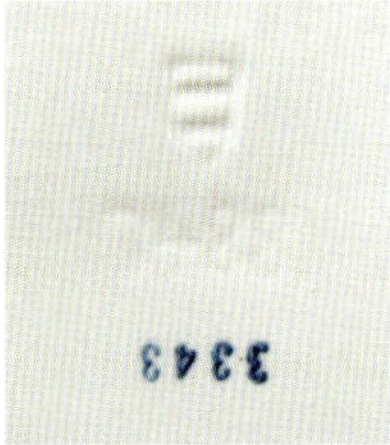

Produkte an. Vor allem Geschirrteile für den täglichen Gebrauch wurden häufig mit farbigen Bändern dekoriert, die der Gefäßform folgen; teilweise wurde auch mit Farbverläufen gearbeitet. Konstruktivistische Dekore, wie bei dem abgebildeten Frühstückscabaret, kamen eher auf repräsentativen Stücken zur Anwendung. Hierfür wurden einfache quadratische, rechteckige oder auch runde Schablonen verwendet.

Da die abstrakten Dekore von den Nationalsozialisten abgelehnt wurden, nahm ihre Popularität ab Mitte der 1930er-Jahre stark ab. Gefragt waren nun gediegenere, traditionellere Produkte, zum Beispiel mit Blumen- oder Punktdekoren. Trotzdem wurde Spritzdekorkeramik noch bis zum Beginn des Zweiten Weltkrieges hergestellt.

FL

Lit.: Buddensieg 1985; Ristow 2001, S. 81; Wurzel 2001; Dippold 2006, S. 79.

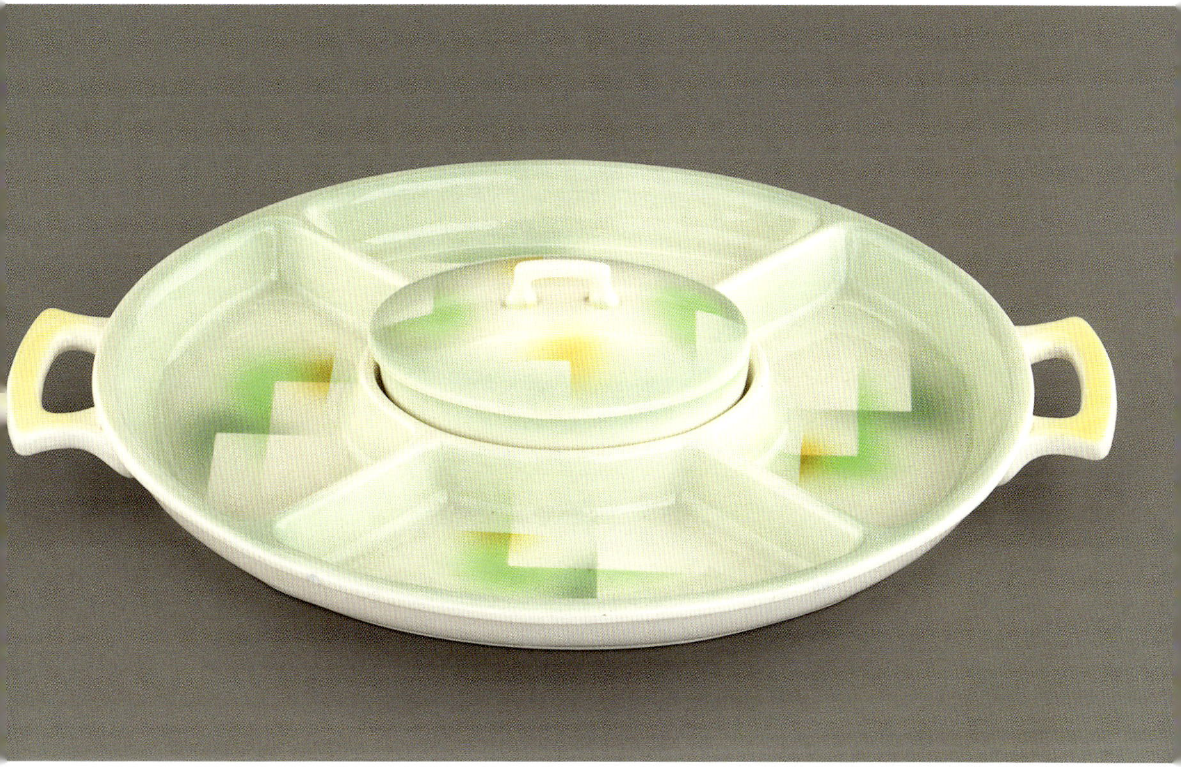

(60)

Teeservice „Hallesche Form“ (1930) mit Dekor „Goldringe“ (1931)

Staatliche Porzellan-Manufaktur Berlin (KPM)
(Nachdem die Manufaktur sich 1918 in „Staatliche Porzellan-Manufaktur“ umbenannt hatte, kehrte sie 1988 zu „Königliche Porzellan-Manufaktur“ zurück.)
Entwurf: Marguerite Friedlaender (1896–1985), Trude Petri (1906–1998)
Berlin, Deutschland, um 1931 (Entwurf)
Porzellan, glasiert, goldstaffiert
Marke: Zeptermarke (Unterglasurblau), Reichsapfel „K.PM“ (Aufglasurrot)
Inv. Nr.: KP 1992/27a–c

Marguerite Friedlaender (1896–1985) studierte ab 1919 am Staatlichen Bauhaus in Weimar und trat nach dem Vorkurs in die keramische Werkstatt in Dornburg/Saale ein. Seit 1922, mit dem Ende ihrer Lehre unter Formmeister Gerhard Marcks und Werkmeister Max Krehan, war sie bis zur Schließung der Werkstatt 1925 dort als Gesellin tätig. Danach folgte sie Marcks an die Kunstgewerbeschule in Halle, die in der Burg Giebichenstein untergebracht war, wo sie die Leitung der Keramikwerkstatt übernahm. Ab 1929 widmete sie sich dort dem Aufbau einer Porzellanwerkstatt.

Auch wenn Friedlaender sich schon zuvor mit den Möglichkeiten von Entwürfen für die industrielle Produktion beschäftigt hatte, ergab sich erst durch die Zusammenarbeit mit der Staatlichen Porzellanmanufaktur in Berlin eine Gelegenheit, dies umzusetzen. Günther von Pechmann (1882–1968), der 1929 die Leitung der Berliner Manufaktur übernahm, kannte die Erzeugnisse der Burg Giebichenstein bereits durch seine Tätigkeit am Bayerischen Nationalmuseum, wo er „Die Neue Sammlung“ aufbaute und leitete. Daher wandte er sich kurz nach seinem Amtsantritt mit einem Auftrag für den Entwurf eines modernen Gebrauchsservices an

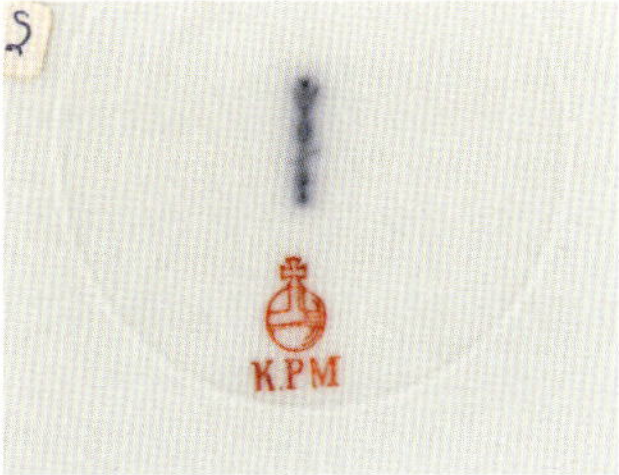

Friedlaender. Bereits im Februar 1930 wurde das erste Kaffee- und Mokkaservice nach ihren Entwürfen vorgestellt und als „Porzellan für die neue Wohnung“ vermarktet, später wurde die Form unter dem Namen „Halle“ vertrieben. Im Sommer 1930 entstand das Teeservice, das durch die Zusammensetzung aus geometrischen Grundformen und einen sehr dünnen Scherben besonders elegant wirkt.

Die Service der „Halleschen Form“ wurden zunächst nur ohne Dekor angeboten. Erste Dekore wurden von Trude Petri entworfen, die seit 1929 für die Porzellanmanufaktur tätig war. Das beliebteste war „Goldringe“, das sie 1931 schuf. Die von Hand aufgebrachte Vergoldung unterstreicht den edlen Charakter des Services.

FL

Lit.: Schneider 1989, S. 158f.; Mundt 1991, S. 76f.; Gronert 2020, Bd. 1, S. 308.

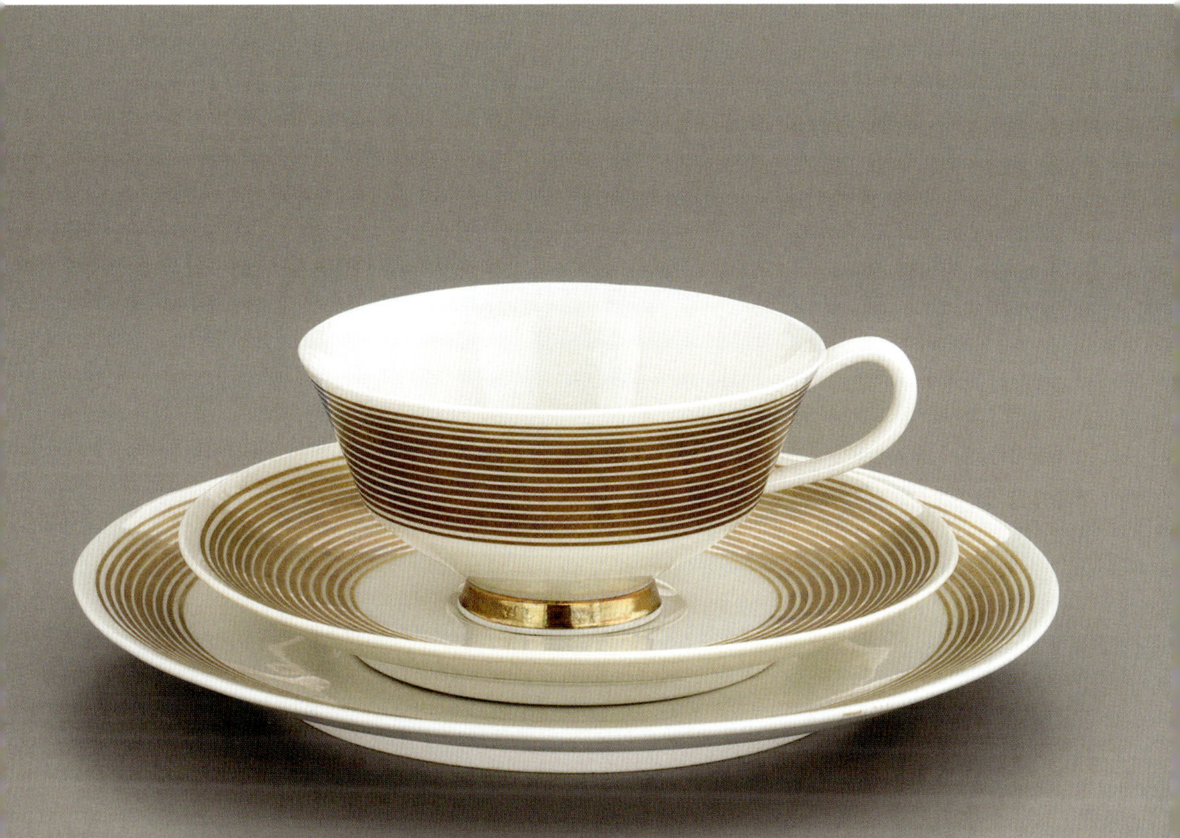

(61)

Kaffeekanne „Form 1382“ (1931) mit Dekor „Rotrand/Rotband“ (1931)

Porzellanfabrik Arzberg
Entwurf: Hermann Gretsch (1895–1950)
Arzberg, Oberfranken, um 1931 (Entwurf)
Porzellan, glasiert
Marke: „Arzberg Germany“ (Unterglasur)
Inv. Nr.: KP KK 22

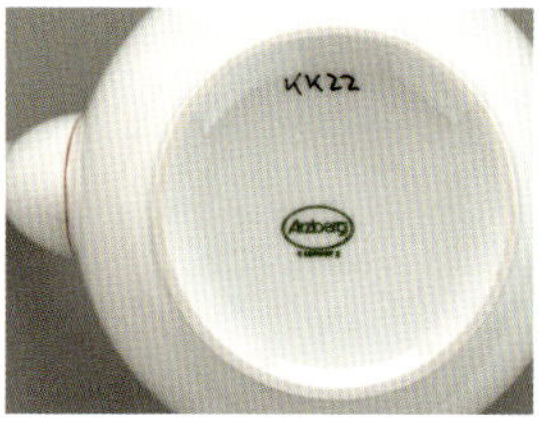

Um 1930 kam es zu einer Wende im Bereich der Produktion von Gebrauchsporzellan: Statt modischer Service, oft orientiert an historischen Stilen, wurden schlichte Geschirrformen mit reduzierten Dekoren gefertigt, die auf eine dauerhafte Benutzung angelegt waren. Während etwa die Service „Hallesche Form“ von Marguerite Friedlaender (Kat. Nr. 60) oder „Urbino“ von Trude Petri (Kat. Nr. 62) das hohe Preissegment bedienten, entstand bei Arzberg mit der „Form 1382“ von Hermann Gretsch (1895–1950) ein schlichtes, zeitloses Service für breitere Käuferschichten. Neben der sachlichen Form kam als sozialer Aspekt hinzu, dass es sich erstmals um ein Sammelservice handelte, dessen Teile einzeln gekauft und über einen langen Zeitraum verfügbar gehalten werden sollten. Tatsächlich wird die „Form 1382“ bis heute produziert.

Neben der undekorierten Variante entstanden über die Jahrzehnte mehr als 840 Dekore. Das als eines der ersten bereits 1931 aufgelegte Dekor Rotrand/Rotband (Nr. 4884) gehört bis heute zu den beliebtesten. Dieses Dekor entsprach auch Hermann Gretschs Vorstellungen, da es die Form lediglich unterstreicht, statt sie zu verunklären. Hermann Gretsch schuf für Arzberg nicht nur dieses wegweisende moderne Service, sondern beeinflusste die gesamte gestalterische Ausrichtung des Unternehmens. Dies betraf neben den Produkten auch die Gestaltung von Werbemitteln und Produktpräsentationen. Die „Form 1382“ wird häufig als Beispiel für modern gestaltete Produkte genannt, die auch während des Nationalsozialismus produziert wurden und demnach eine Kontinuität in Gestaltungsfragen bestimmter Bereiche belegen. Das Service findet sich in zahlreichen Publikationen guten Hausrates dieser Zeit wieder. Hermann Gretsch konnte seine Tätigkeit als Gestalter erfolgreich fortsetzen und wurde 1935 zum letzten Vorsitzenden des Deutschen Werkbundes, bevor dieser nach seiner Gleichschaltung und Eingliederung in die Reichskammer der bildenden Künste schließlich 1938 durch den Reichskammerpräsidenten als aufgelöst erklärt wurde. Das 1934 gegründete und unter der Leitung Albert Speers stehende „Amt Schönheit der Arbeit“, das unter anderem die Verschönerung der Arbeitsstätten zur Aufgabe hatte und auch eigene Entwürfe zum Beispiel für Kantinengeschirr in schlichten Formen schuf, machte sich die Forderungen des Werkbundes nach Qualitätsarbeit zu eigen. In diesem Zusammenhang wurden auch beispielhaft gestaltete Erzeugnisse wie die „Form 1382“ ausgezeichnet.

FL

Lit.: Weißler 1990; Mundt 1991, S. 92f.; Mundt 1993, S. 92, 194; Morris 2006, S. 18; Eisele 2014, S. 86f.

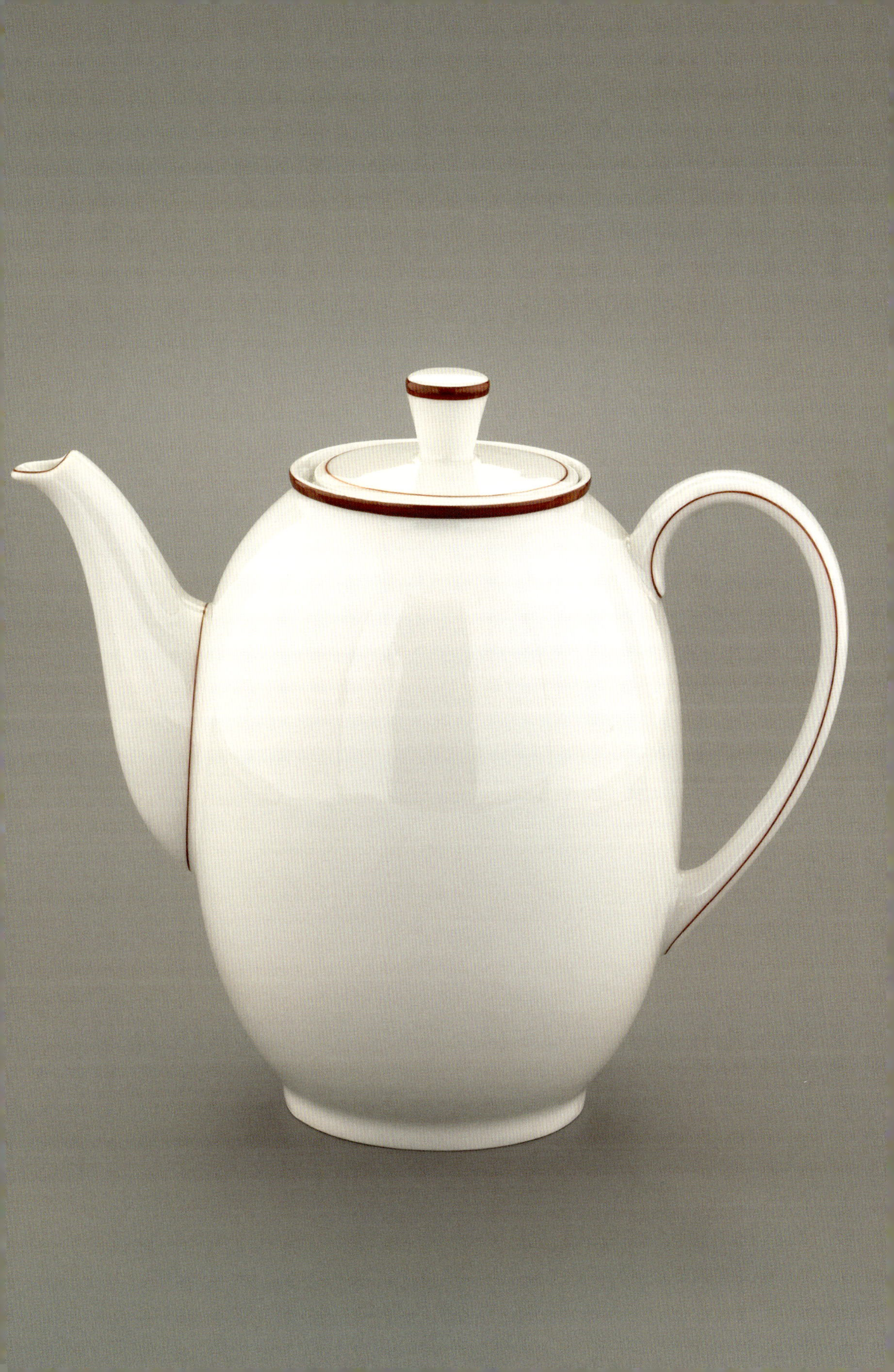

(62)

Teeservice „Urbino“ (1947); Kaffeekanne „Neu-Berlin“ (1860/1931)

Staatliche Porzellan-Manufaktur Berlin (KPM)
(Nachdem die Manufaktur sich 1918 in „Staatliche Porzellan-Manufaktur“ umbenannt hatte, kehrte sie 1988 zu „Königliche Porzellan-Manufaktur“ zurück.)
Entwurf: Trude Petri (1906–1998)
Selb, Bayern, Deutschland, ab 1947 (Entwurf)
Porzellan, glasiert
Marke: Zeptermarke, „S“ (Unterglasurblau)
Inv. Nr.: KP 1985/6 c–e; KP 1985/6a

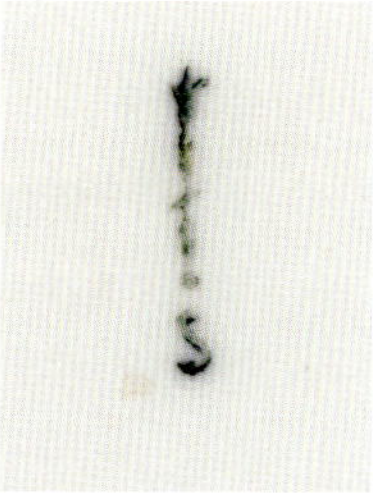

Trude Petri (1906–1998) gehörte zu der jüngeren Generation von Keramikern, die Günther von Pechmann (1882–1968) an die Staatliche Porzellan-Manufaktur in Berlin holte (vgl. Kat. Nr. 62). Von den Berliner Vereinigten Staatsschulen für Kunst und Kunstgewerbe kommend, begann sie 1929 ihre Tätigkeit. 1931 entwarf sie ihr erstes eigenes Tafelgeschirr „Urbino“, das sich durch seine reduzierte Formensprache und die Dünnwandigkeit des Porzellans auszeichnet. Letztere ist wohl von chinesischem Porzellan beeinflusst, das Trude Petri aus der großen Ausstellung chinesischer Kunst in der Akademie der Künste in Berlin 1929 gekannt haben mag. Der Name leitet sich von den sogenannten Urbino-Fayencetellern ab; fahnenlosen, bunt gefassten Tellern, die im 16. Jahrhundert in Norditalien entstanden (Kat. Nr. 31).

Das Service „Urbino“ wird häufig gemeinsam mit dem ebenfalls 1931 von Hermann Gretsch (1895–1950) für Arzberg entworfenen Service „Form 1382“ (Kat. Nr. 61) genannt. Wie dieses, ist es als Sammelgeschirr konzipiert, das über eine lange Zeit angeboten werden sollte, allerdings ist es weitaus hochpreisiger. Tatsächlich wird es, ebenso wie die „Form 1382“, bis heute hergestellt.

Da es zunächst kein passendes Kaffee- und Teeservice gab, wurde das von Trude Petri in Zusammenarbeit mit Emil Rutte überarbeitete Service „Neu-Berlin“, 1860 von Julius Mantels entworfen, als Ergänzung angeboten und auch unter dem Namen „Urbino“ vertrieben. Da die Formen im Zweiten Weltkrieg verloren gingen, beschäftigte sich Trude Petri ab 1944 mit dem Entwurf eines neuen passenden Kaffee- und Teeservices, das ebenso wie ein Mokkaservice ab 1947 angeboten wurde. Die Formen wurden insgesamt modernisiert und zeigen stärker die für die 1950er-Jahre typischen schlanken Linien.

FL

Lit.: Mundt 1991, S. 78f.; Mundt 1993, S. 195f u. 208; Becker 1996, S. 15; Eisele 2014, S. 98f.; Thümmler 2017, S. 88f.; Gronert 2020, Bd. 1 u. 2.

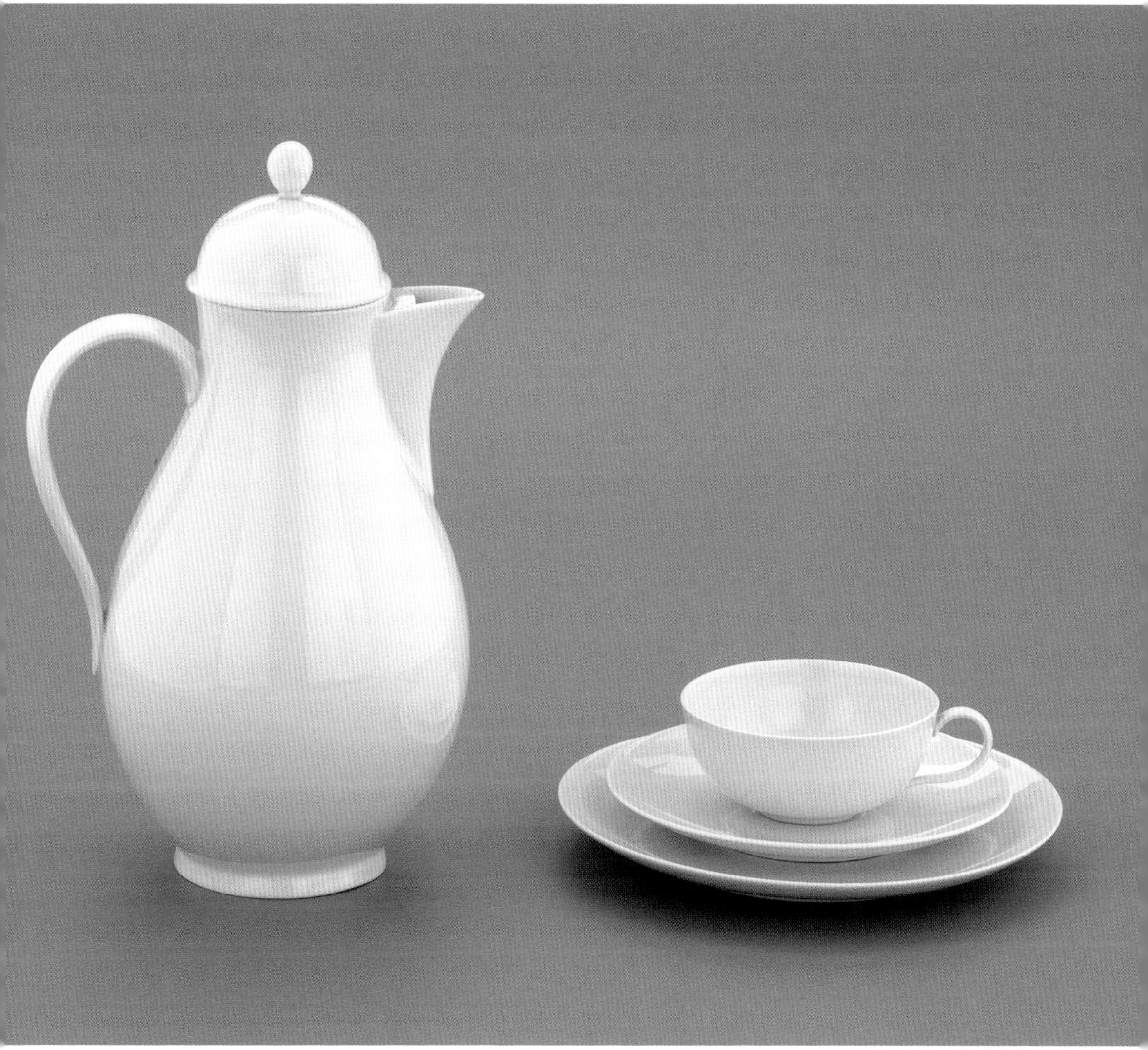

(63)

Gedeck aus dem Teeservice „Arkadia“

Staatliche Porzellan-Manufaktur Berlin (KPM)
(Nachdem die Manufaktur sich 1918 in „Staatliche Porzellan-Manufaktur“ umbenannt hatte, kehrte sie 1988 zu „Königliche Porzellan-Manufaktur“ zurück.)
Entwurf: Trude Petri (1906–1998), Siegmund Schütz (1906–1998)
Berlin, Deutschland, 1938 (Entwurf)
Porzellan glasiert, Biskuitporzellan (Medaillons)
Marke: Zeptermarke, „S“, „Made in Germany US Zone“ (Unterglasur)
Inv. Nr.: KP 2000/21a–c

Mit dem Teeservice „Arkadia“ feierte die KPM 1938 ihr 175-jähriges Bestehen. Ursprünglich war der Bildhauer Gerhard Marcks 1937 mit einem Entwurf beauftragt worden, der hierfür das Teeservice „Tiergarten“ schuf. Da Marcks Werke von den Nationalsozialisten als „Entartete Kunst“ diffamiert wurden, kam es jedoch nicht zur Produktion. Als Alternative diente ein Service, für das Trude Petri (1906–1998) im Gegensatz zu ihrem erfolgreichen Service „Urbino“ (Kat. Nr. 62) betont klassische Formen schuf. Hatte sie sich für dieses von den fahnenlosen Urbino-Tellern inspirieren lassen, waren es hier die breiten Fahnen von Zinntellern, die als Vorbild dienten und die gesamte Erscheinungsform des Services prägen. Sie sind auch Grundlage für die Medaillons aus Biskuitporzellan, die das ansonsten undekorierte weiße Porzellan schmücken.

Die Medaillons stammen von Siegmund Schütz (1906–1998), den Günther von Pechmann (1882–1968) 1933 an die Manufaktur holte. Die Negativformen werden in die Gussform der Gefäße integriert, sodass kein farblicher Unterschied im Scherben, sondern lediglich ein feiner Kontrast zwischen glasierten und unglasierten Oberflächen entsteht.

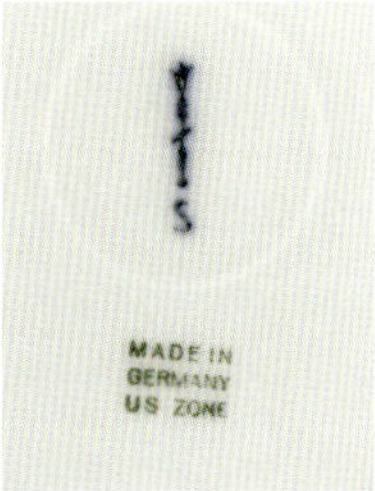

Die Medaillons zeigen Motive aus der griechischen Mythologie. Der Teller trägt jeweils das Hauptmotiv und die Untertasse ein zugehöriges Attribut.

Bei einem Bombenangriff 1943 gingen die Formen von „Arkadia“ wie die zahlreicher anderer Service verloren. Sie wurden nachgeformt und das Service ab 1947 wieder im Werk in Selb hergestellt. Die neu geschaffenen Formen weisen eine schmalere Fahne auf und die Motive der Medaillons wurden ebenfalls überarbeitet. Durch die Marke „Made in Germany US Zone“, die von 1945–1949 aufgebracht wurde, lässt sich der Produktionszeitraum der dargestellten Serviceteile auf 1947–1949 eingrenzen.

FL

Lit.: Mundt 1991, S. 88f.; Becker 1996; S. 13f.; Gronert 2020, Bd. 1 u. 2.

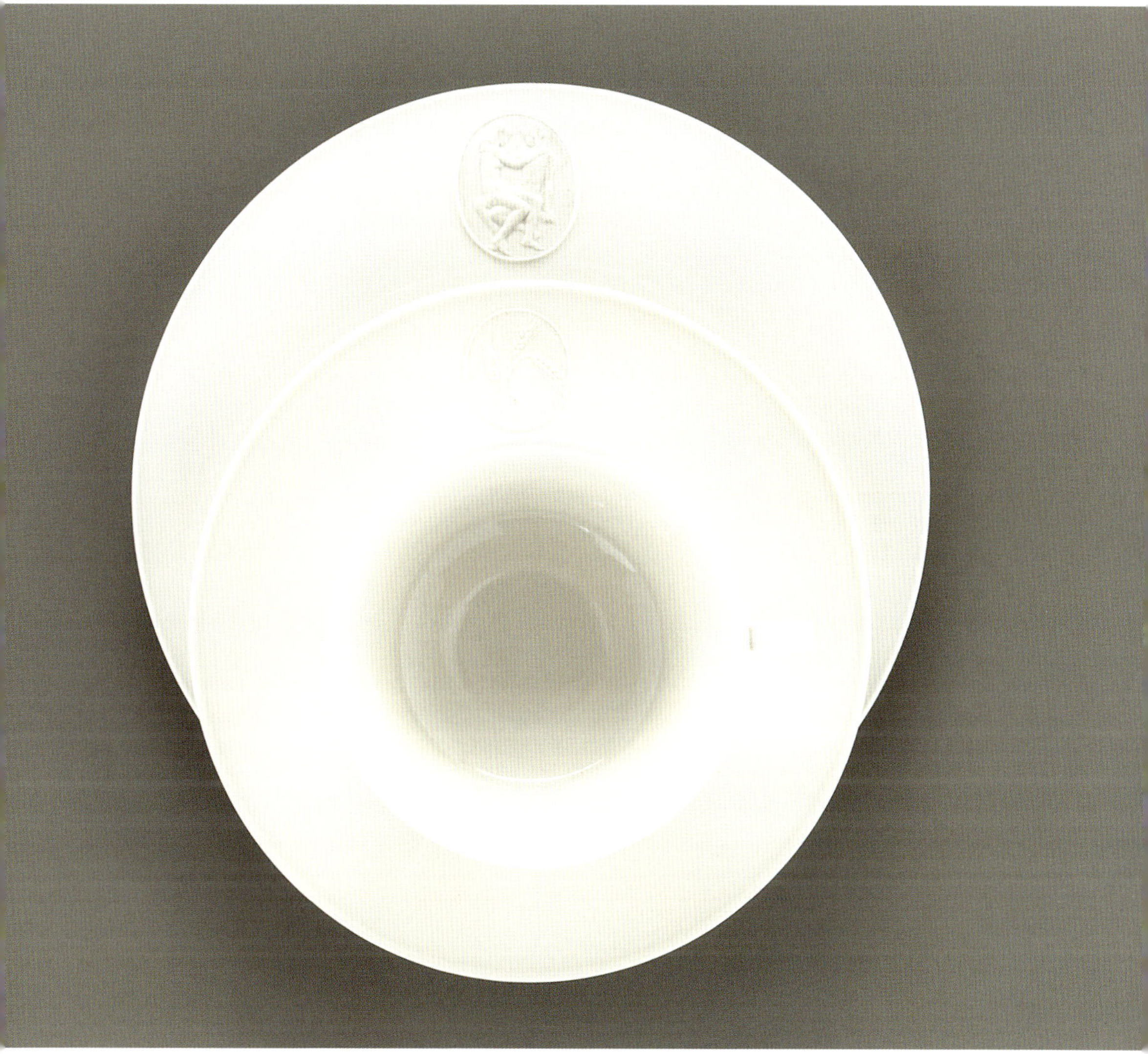

Aufbruch in die Neue Welt

(64)

Kaffeeservice, „Form 2000“, Dekor 3688 „Bunte Blätter“

Rosenthal GmbH

Entwurf: Richard S. Letham (1920–1991) für Raymond Loewy (1893–1986)

Selb, Deutschland, 1954 (Entwurf)

Porzellan, Druckdekor

Marke: Rosenthal Germany (Unterglasur)

Inv. Nr.: KP 1991/125a–y

Auf der Hannover-Messe 1954 stellte die Firma Rosenthal das Service „Form 2000“ vor. Es war in zweijähriger Arbeit im Büro des amerikanischen Designers Raymond Loewy (1893–1986) entstanden, dessen Mitarbeiter Richard S. Letham (1920–1991) den Entwurf schuf. Vorausgegangen waren die ebenfalls von ihm entworfenen Formen „E“ (1952), „Undine“ (1952) und „Exquisit“ (1953). Da bis 1956 Porzellan aus deutscher Herstellung in den USA nicht mit deutscher Handelsmarke verkauft werden durfte, hatte Philip Rosenthal jun. (1916–2001) 1952 gemeinsam mit Raymond Loewy und Joseph Block, der schon zuvor als Handelsvertreter für Rosenthal in den USA tätig war, die Rosenthal Block China Corporation gegründet, die das Geschirr unter der Marke „Continental China“ anbot.

Mit seinen Formen traf das Service den Zeitgeschmack und wurde – nicht zuletzt durch seinen Namen – als modern und zukunftsweisend wahrgenommen. Besonders die Kaffeekanne, die sich im Gegensatz zu anderen, in der Mitte nicht baucht, sondern durch die doppelkonische Form eine Taille erhält, erscheint heute als eine typische Form der 1950er-Jahre. Die geraden Linien und glatten Oberflächen unterstreichen den modernen Charakter. Die „Form 2000“ war sehr populär, wurde bis 1978 produziert und im

Laufe der Zeit in fast 200 Dekorvarianten angeboten, die sowohl in Selb als auch durch Loewys Chicagoer Büro entworfen wurden.

1953 erschien die deutsche Ausgabe von Raymond Loewys Autobiografie unter dem Titel „Häßlichkeit verkauft sich schlecht“. Hierin waren auch die bis dahin entstandenen Entwürfe für Rosenthal abgebildet. Dass seine Designs so populär waren, erklärte Loewy unter anderem mit dem Begriff „MAYA-Schwelle“ („Most Advanced Yet Acceptable“), die den Punkt beschreibt, an dem „der Wunsch des Verbrauchers nach Neuartigkeit seine Grenze erreicht“ (Plotzek 2006, S. 178). Der Erfolg eines Produktes hänge also davon ab, das richtige Maß an Neuheit zu finden, ohne den Verbraucher zu überfordern. Die „Form 2000“ und ihr Erfolg beim Publikum verkörpern dieses Prinzip anschaulich.

FL

Lit.: Beilage 1990; Fritz 1990; Hilschenz 1982; Mundt 1991, S. 146f.; Mundt 1993, S. 202f.; Plotzek 2006, S. 178f.

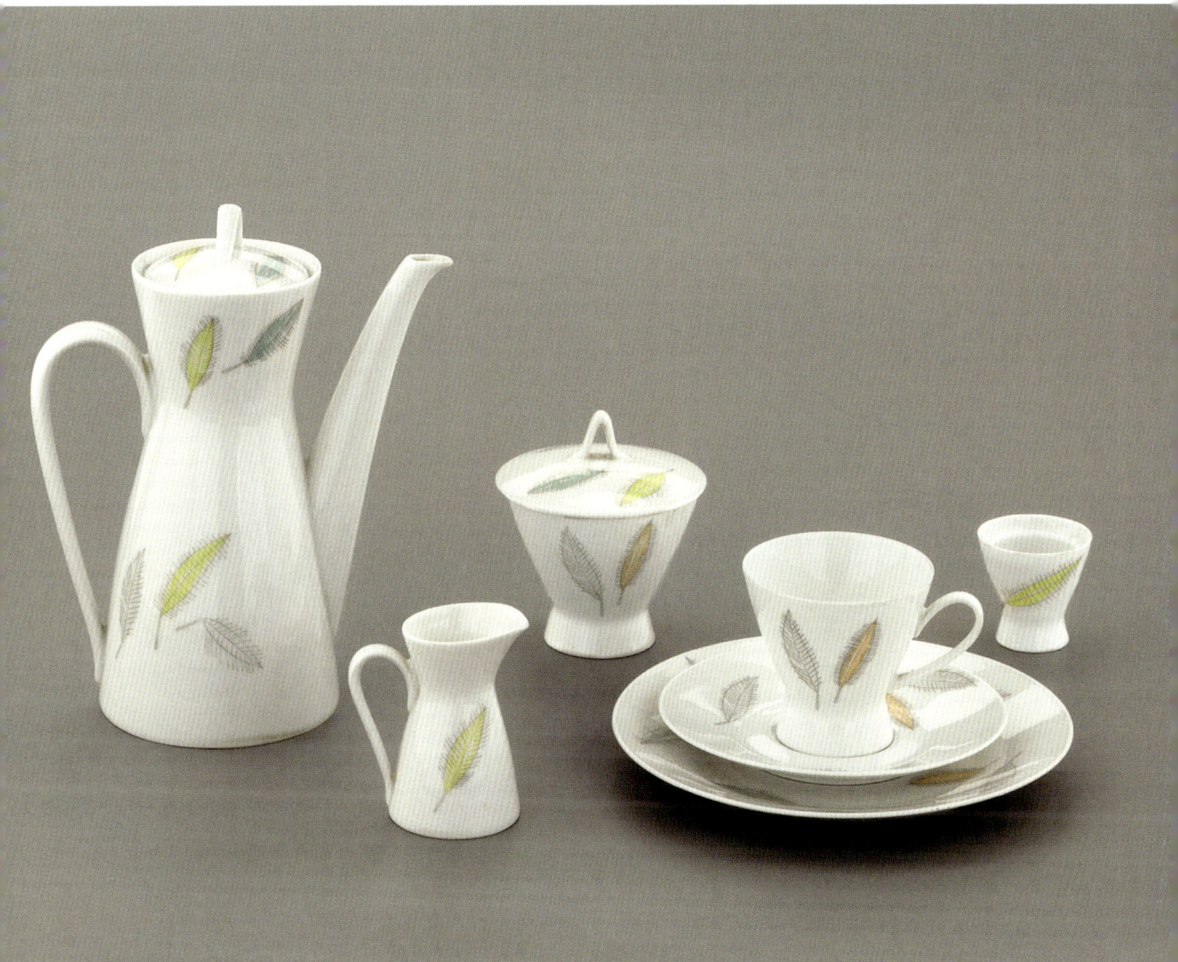

(65)

Teeservice „TAC 1" (1968)

Rosenthal GmbH
Entwurf: Walter Gropius (1883–1969), Louis A. McMillen (1916–1998), Katherine De Sousa (Lebensdaten unbekannt)
Selb, Deutschland, 1968 (Entwurf)
Porzellan, Porcelaine Noire teilw. matte Glasur
Marke: Rosenthal Porcelaine Noire, studio-linie, Germany (Unterglasur)
Inv. Nr.: KP 1989/122a–f

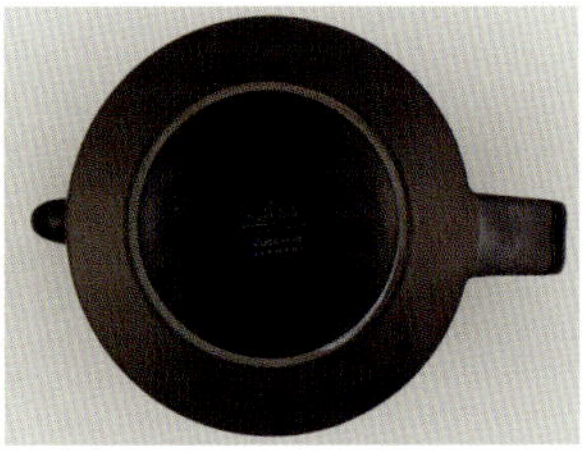

Auf der Hannover-Messe 1961 stellte Philip Rosenthal jun. (1916–2001) im Rahmen einer Pressekonferenz das Konzept der Studio-Linie vor: „Rosenthal will mit seiner Studio-Linie ‚Verleger des Guten' sein, gleich aus welcher künstlerischen Richtung es kommt, solange es gekonnt, aus unserer Zeit heraus empfunden sowie funktions- und materialgerecht ist [...]" (Hilschenz 1982, S. 18). Über die Aufnahme von Entwürfen zeitgenössischer Künstler, Designer und Architekten in das Studio-Linie-Programm entschied eine unabhängige Jury von Designexperten. 1967 wurde das Architekturbüro The Architects Collaborative (TAC) mit dem Entwurf eines Services beauftragt. Das von Walter Gropius (1883–1969) 1945 in Cambridge im US-Bundesstaat Massachusetts gegründete Büro hatte zuvor für die Firma Rosenthal ein Fabrikgebäude in Selb entworfen, das 1965–1967 errichtet wurde. Dies weckte bei Gropius das Interesse für die Porzellanherstellung. Unter seiner Leitung entstand mit Louis A. McMillen (1916–1998) und der Keramikerin Katherine de Souza das Teeservice TAC 1, das von Rosenthal seit 1969 hergestellt wird.

Auch wenn es durchaus Ausführungen mit verschiedenen Dekoren gibt, ist die dekorlose Variante in Schwarz und Weiß die bekannteste. Die undekorierte, ornamentlose Form schließt an die klassische Moderne der 1920er-Jahre an, die mit dem Namen des Bauhaus-Gründers Gropius assoziiert wird.

Wie auch schon bei anderen Servicen stellte Rosenthal TAC 1 aus „Porcelaine noire" mit vollständig schwarzem Scherben her, dessen Färbung durch Metalloxyde entsteht. Zusätzlich werden Teile der Formen wie Henkel oder Tülle durch den Wechsel von matter und glänzender Glasur hervorgehoben und erzeugen so eine zusätzliche Spannung in der Erscheinung der Formen.

FL

Lit.: Hilschenz 1982; Mundt 1991, S. 174f.; Eisele 2014, S. 254f.

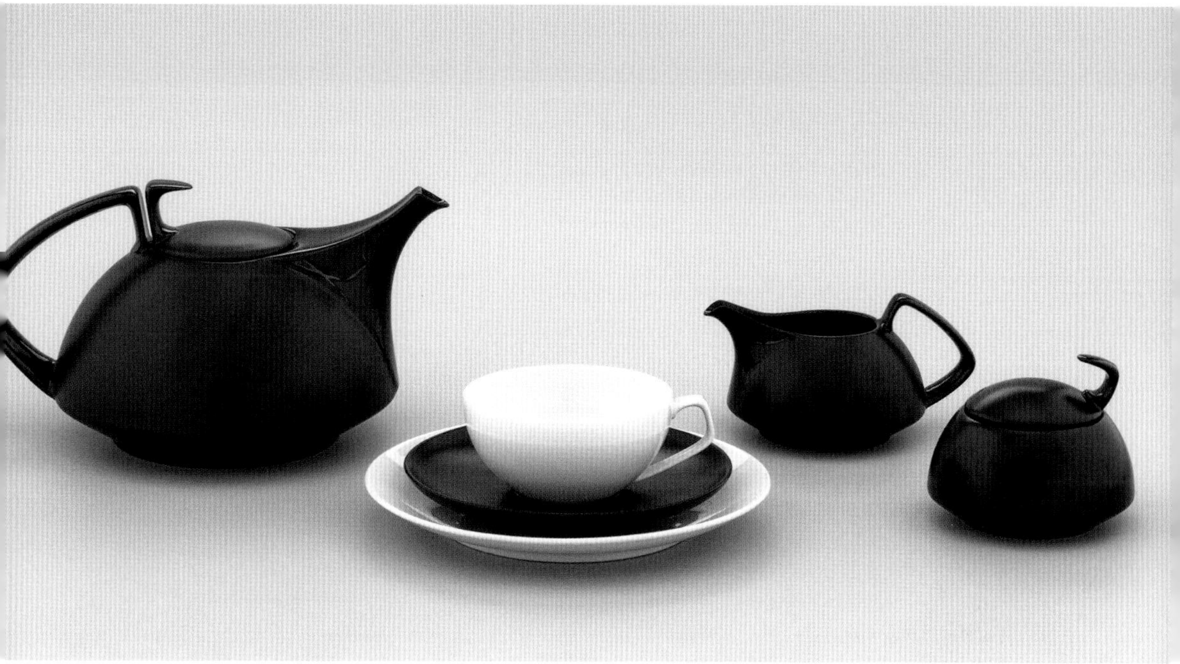

Aufbauarbeit

(66)

Gebaute Gefäßkeramik

Lotte Reimers (*1932)
Deidesheim, Deutschland, 1976
Steinzeug, aufgebaut, glasiert
Marke: „LR“ (ligiert), „76“
H.: 17 cm, B.: 11 cm
Inv. Nr.: KP 1984/101

1951 begegnete die Abiturientin Lotte Reimers (*1932) in Bad Gandersheim dem Kaufmann Jakob Wilhelm Hinder (1901–1976), der mit der Wanderausstellung „Handwerkliche Webereien und Töpfereien“ durch Deutschland zog. Sie schloss sich ihm an und richtete mit ihm nach zehn Jahren Wanderschaft das „Museum für moderne Keramik“ im pfälzischen Deidesheim ein. Das Töpferhandwerk erlernte sie autodidaktisch und schuf ab 1965 erste Gefäßkeramiken.
Diese sind nicht gedreht, sondern werden von Hand aufgebaut. Sie verwendet regionale Rohstoffe, so den hellbrennenden Ton aus Eisenberg in der Pfalz. Ab 1974 verwendet sie auch einen durch Eisenbeimengung rötlichen Steinzeugton. Der Ton enthält einen hohen Schamotte-Anteil von 30–40 %, wodurch er auch nach dem Brennen leicht porös bleibt.

Reimers experimentiert mit natürlichen Materialien zur Herstellung von Glasuren; so verwendet sie Gesteinsmehle, Erden und Aschen, die sie mit Wasser anrührt. Anregungen erhielt sie unter anderem aus Bernard Leachs „A Potter’s Book“ (1940). Die Glasuren werden durch Tauchen, Angießen oder Auftragen mit einem Pinsel aufgebracht. Gebrannt wird im Oxidationsbrand im Temperaturbereich von 1260–1320° C.

Das Zusammenspiel von handgeformtem Ton und Glasuren ergibt Gefäße mit besonderen Oberflächen. Durch Ritzen oder Eindrücken werden zusätzliche Strukturen eingebracht. Die Inspirationen entstammen sowohl Naturformen als auch von Menschen geschaffenen Formen aus Kunsthandwerk und Architektur. Ebenso besteht eine Wechselwirkung zwischen Reimers Gefäßen und abstrakten Formen der zeitgenössischen Kunst. Spannungsreich ist die Erscheinung der Objekte durch Kontraste sowohl in der Formgebung als auch der Glasur. Die hier gezeigte Vase entwickelt sich von einer zylindrischen zu einer Würfelform mit abgerundeten Ecken; der farblich abgesetzte Kragen um die Gefäßmündung ist ein wiederkehrendes Motiv in Reimers Werk.

FL

Lit.: Simeonstift 1982; Kessler-Slotta 1997, S. 228; Vetter/Jochem 2002; Bähr/Lindsay 2020.

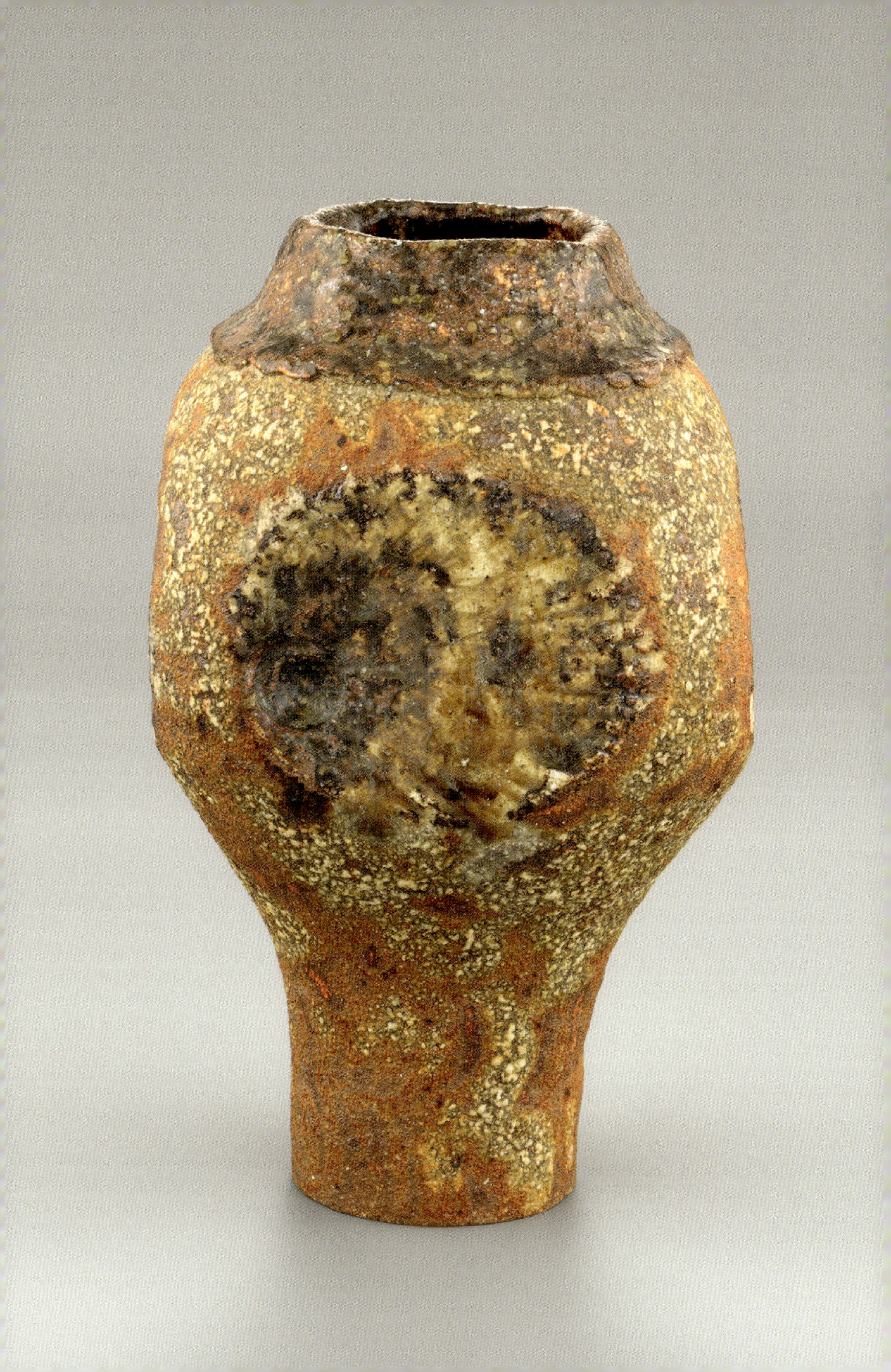

Speisen auf Reisen

(67)

Bordgeschirr der Lufthansa

Huschenreuther AG
Entwurf: Wolf Karnagel (*1940)
Selb, Deutschland, 1984 (Entwurf)
Marke: Löwenmarke, „Lufthansa Manufactured by Hutschenreuther Germany“, „TN 353 0062“ (Presszeichen)
Inv. Nr.: KP 1989/113 a–m

Das Essen auf Reisen und die dafür notwendigen Gerätschaften, in der Hauptsache Geschirr und Besteck, sind zwar kein modernes Phänomen. Aber mit der Zunahme der Reisetätigkeit und des Tourismus durch Massenverkehrsmittel wie der Eisenbahn und später dem Flugzeug, kam der Frage des Speisens auf Reisen seit Mitte des 19. Jahrhunderts eine wachsende Bedeutung zu.

Gleichzeitig ist mit der Rationalisierung der Hausarbeit seit der Wende zum 20. Jahrhundert die Frage nach der Funktionalität von Geschirr eine wichtige Gestaltungsaufgabe geworden. So zum Beispiel durch das Konzept der reinen Arbeitsküche, die im Gegensatz zur Wohnküche alle Funktionen und die dafür notwendigen Gerätschaften auf minimalem Raum unterbringen musste. Am bekanntesten ist sicher die nur 6,5 m^2 große „Frankfurter Küche“, die 1926 von der Architektin Margarete Schütte-Lihotzky (1897–2000) entwickelt wurde. Ein Vorbild hierfür war die Speisewagenküche der Eisenbahn.

System- und Stapelgeschirr ist sowohl im Bereich des Reisens als auch der Großgastronomie wie Kantinen oder Krankenhausküchen von Bedeutung. Genannt sei hier das von Margarete Jahny (1923–2016) zusammen mit Erich Müller (1907–1992) 1969/70 entworfene Geschirr „Rationell“ für die Mitropa (Mitteleuropäische Schlafwagen- und Speisewagen-Aktien-Gesellschaft). An der Hochschule für Gestaltung in Ulm entwickelte Hans (Nick) Roericht (*1932) 1959 das Kompaktgeschirr TC 100, das zeigt, wie das Systemdesign die dortige Lehre bestimmte.

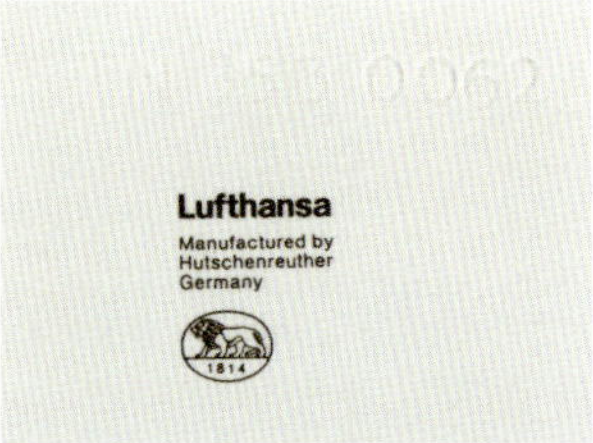

Waren Flugreisen zunächst eine sehr exklusive Reiseform, zu der auch das Speisen von Porzellan gehörte, wurde durch den Massentourismus das Essen aus Plastikschalen und mit Plastikbesteck zur Norm, auch um Gewicht und damit Treibstoff zu sparen. Porzellan und Metallbesteck wurden nur noch in der ersten Klasse eingesetzt. Wolf Karnagel (*1940) entwarf 1984 ein Bordgeschirr für die Lufthansa, das von Hutschenreuther hergestellt wurde. Karnagel war zuvor schon für KPM und Rosenthal tätig. Für die Lufthansa entwarf er 120 Einzelteile für die Bordausstattung, darunter Geschirr, Besteck und Tabletts. Die Geschirrteile sind modular aufgebaut, so dass sie auf dem Tablett optimal angeordnet werden können; die Einzelteile sind stapelbar und können platzsparend verstaut werden. Mit einem dezenten grauen Punktraster als Dekor löste es die zuvor in Lufthansa-Blau gestalteten Bordservice ab.

FL

Lit.: Schuller 2001.

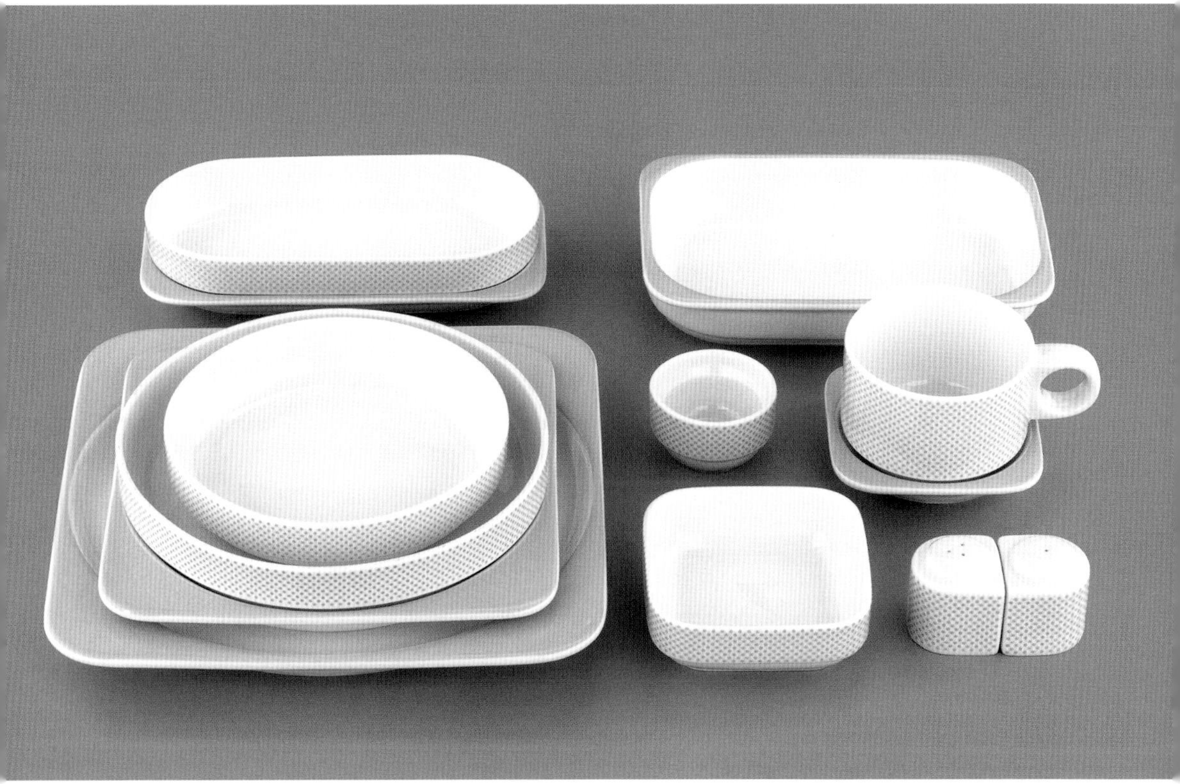

Kardamom und Kugeltaube

(68)

Teekanne „Cardamon“ aus der Serie „Indian Memory“ (Entwurf: 1972/73, Herstellung: 1987)

Alessio Sarri für Anthologie Quartett
Entwurf: Ettore Sottsass Jr. (1917–2007)
Italien, 1987
Steingut, polychrom glasiert
H.: 28,6 cm, B.: 21,5 cm, T.: 17,8 cm
Inv. Nr.: KP 1990/28

Kanne „Columbina spheroidea“ (kleine kugelige Taube) aus der Serie „Rara Avis“

Alessio Sarri für Anthologie Quartett
Entwurf: Matteo Thun (*1952)
Italien, 1982
Steingut, polychrom glasiert
Marke: „THUN SARRI 1982“, „3/20“ (Aufglasurgold)
H.: 22,7 cm, B.: 28 cm, T.: 11,5 cm
Inv. Nr.: KP 1987/211

Kaum ein anderer hat das italienische Design über einen so langen Zeitraum geprägt wie Ettore Sottsass (1917–2007). Dabei zeigt sein Werk eine enorme Bandbreite von Gestaltungsaufgaben. Seine Keramikarbeiten nehmen dabei eine zentrale Stellung ein, umfassen künstlerische Arbeiten wie die „Ceramiche delle tenebre“ (Keramiken der Finsternis), aber auch Gebrauchskeramik, mit deren Entwurf er sich ab Mitte der 1950er-Jahre immer wieder beschäftigte. 1961 unternahm Sottsass eine Reise nach Indien, Ceylon (seit 1972 Sri Lanka), Nepal und Burma (seit 1989 Myanmar). Nach sehr erfolgreichen Jahren der Tätigkeit für die Industrie, vor allem für die Firma Olivetti, suchte er nach einer Rückkehr zu elementaren menschlichen Formen, die er in den Kulturen Ostasiens vermutete: „I blanked out the past, ignored mathematical logic and the principles of design, trying to deny its existence. [...] I decided to investigate the barest elements of my existence [...].“ (Labaco 2006, S. 75) Die 1972/73 entstandenen Entwürfe von Kannen für die Serie „Indian Memory“ sind von den Eindrücken seiner Reise beeinflusst und adaptieren Architekturformen, hauptsächlich sakraler Bauten, welche die Kannen weit von einem westlichen Verständnis der Form einer Tee- oder Kaffeekanne entfernen. Gemeinsam mit dem japanischen Künstler Tiger Tateishi entstand 1973 eine Reihe von Lithografien, welche die Kannen wie mysteriöse Gebäude in Landschaften zeigen. Die Teekanne „Cardamon“ ist umgeben von einem nächtlichen Urwald, vor ihr ein Feuer, das die tempelgleiche Kanne in ein dramatisches Licht setzt. 1987 wurden die sechs Kannen und zwei Schalen der Serie „Indian Memory“ neu aufgelegt; der Keramiker Alessio Sarri schuf sie für die Galerie Anthologie Quartett, 1983 in Hannover gegründet und ab 1987 in Bad Essen tätig. Trotz des früheren Entwurfs fallen die Objekte damit in die Zeit der Designergruppe Memphis, deren Gründung maßgeblich auf Sottsass zurückgeht.

Auch der Architekt und Designer Matteo Thun (* 1952), der zu den Gründungsmitgliedern von Memphis gehörte, schuf eine Serie von Ke-

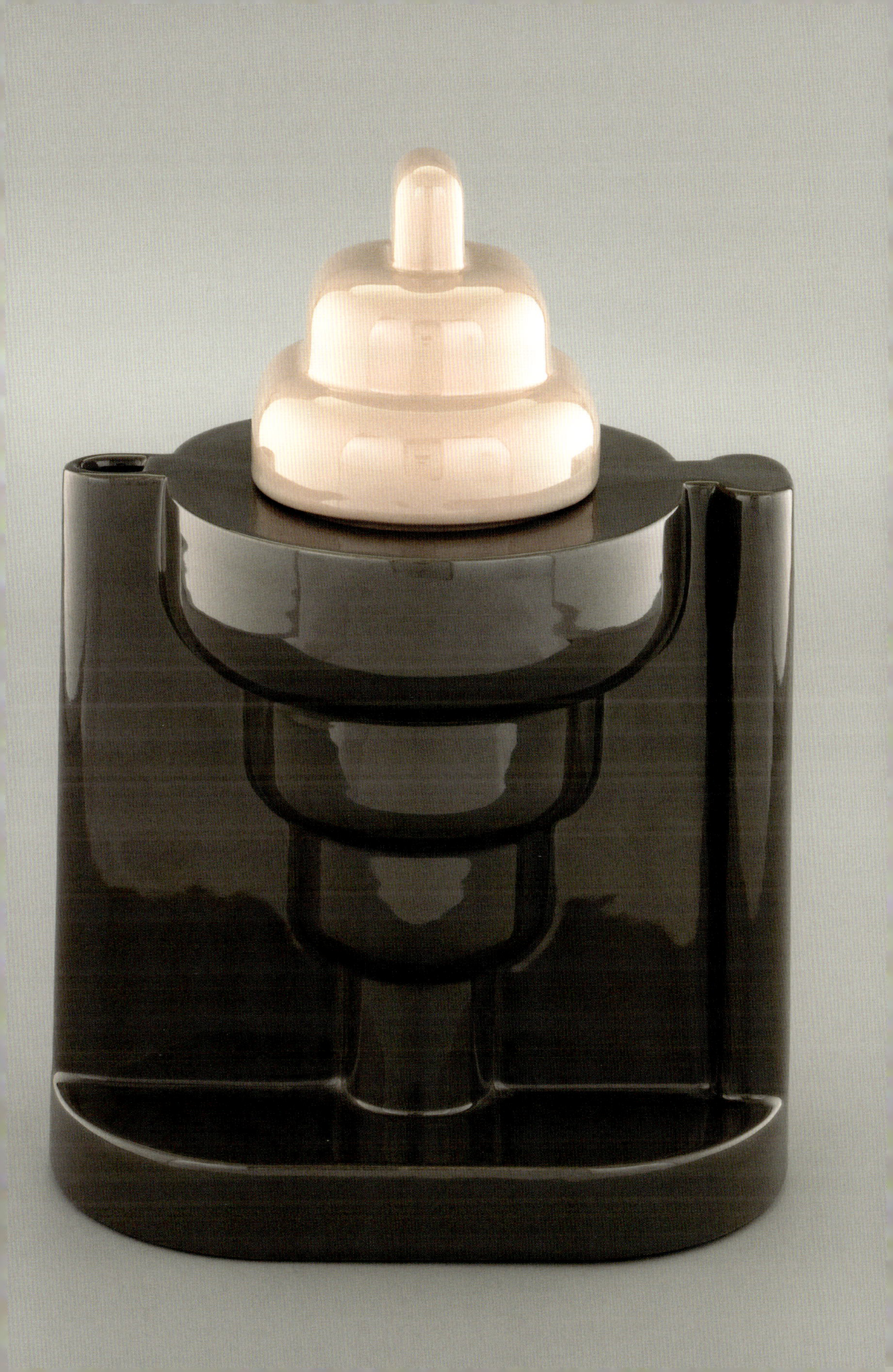

ramikkannen, die unter dem Namen „Rara Avis“ ebenfalls von Alessio Sarri hergestellt und von Anthologie Quartett vertrieben wurden. In konstruktivistischer Weise entwarf Thun Kannen, die an Vögel erinnern und schuf damit „expressiv zoomorphe [...] Tischlandschafts-Kreaturen“ (Fischer 2005, S. 13). Wie Sottsass verweigert auch Thun die Verwendung klassischer Kannenformen und negiert bei der Ausformung auch absichtlich die Eigenschaften des Materials, indem er geometrische Grundformen einem Baukasten gleich aneinanderfügt. Schließlich kommen die für das Memphis-Design typische, von der Pop-Art inspirierte starke Farbigkeit sowie Musterungen zum Einsatz.

FL

Lit. zu Sottsass: Fischer 2005, S. 13; Labaco 2006; Breward 2011; Thomé 2014.
Lit. zu Thun: Thun 1983; Fischer 2005.

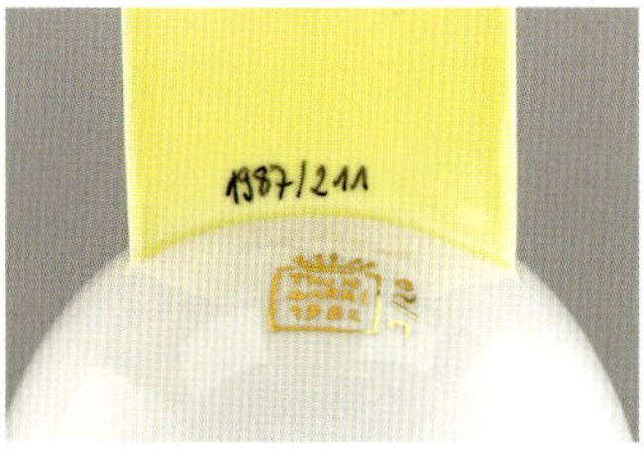

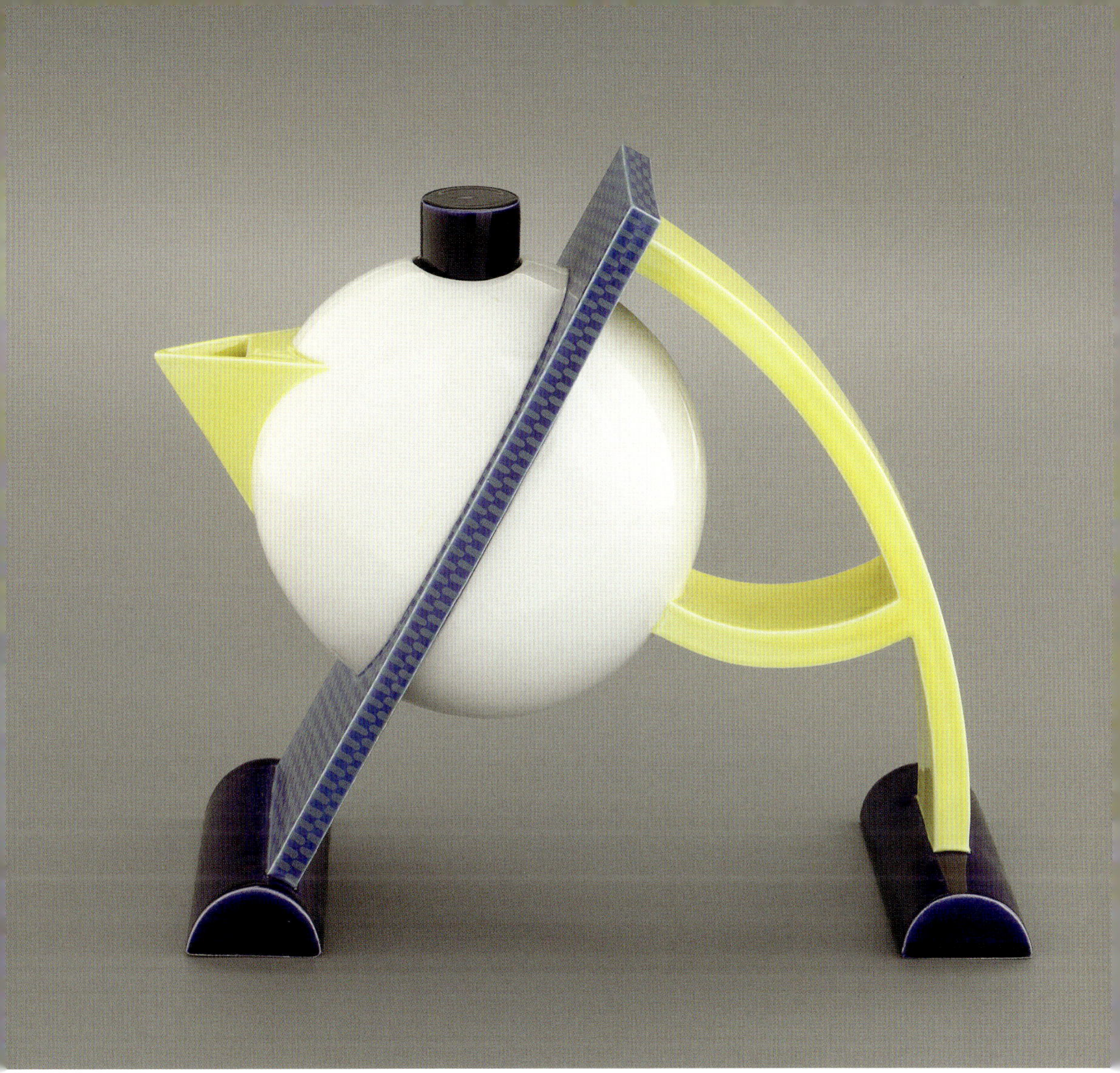

(69)

Zylindrische Vase

Guido Sengle (*1956)
Kassel, Deutschland, 1992
Steinzeug, glasiert, schwarzes Craquelé
Marke: „x“ in Rechteck, „P“, „92“ (Ritzmarke)
H.: 23,8 cm, D.: 16,3 cm
Inv. Nr.: KP 1992/104

Guido Sengle (*1956) absolvierte von 1977–1982 ein Keramikstudium bei Ralf Busz an der Gesamthochschule Kassel. Seine dickwandigen gedrehten Gefäßkeramiken aus Steingut oder Porzellan entwickelt er aus einfachen Grundformen. Zumeist bleiben Fuß und Öffnung unglasiert und erhalten einen Engobe-Belag, dadurch erfährt das Gefäß eine klare Gliederung. Gleichzeitig soll dem Betrachter durch die unglasierten Partien der Ursprung des natürlichen Materials aus der Erde vor Augen geführt werden.

Häufig weisen die Glasuren ein Craquelé auf, das entsteht, wenn sich Gefäßmasse und Glasur beim Brand unterschiedlich stark ausdehnen; dieses Schadensbild wird hier gezielt als Gestaltungselement eingesetzt. Der Effekt kann durch die Zusammensetzung der Masse beeinflusst werden, zum Beispiel durch die Zugabe von Quarzmehl in unterschiedlicher Körnung. Ein Craquelé kann auch nachträglich erzeugt werden, indem das bereits gebrannte Gefäß erneut auf 300 °C erhitzt und dann mittels eines Eiswürfels oder Pressluft abgekühlt wird, sodass es zur Rissbildung kommt. Damit lässt sich der zufällige Vorgang der Rissbildung bis zu einem gewissen Grad steuern. Um die Risse besser sichtbar zu machen, kann das Gefäß – wie beim dargestellten Beispiel – ein weiteres Mal bei 750 °C in einer Kapsel zusammen mit Holzspänen gebrannt werden. Der Rauch zieht dabei in die Risse ein und färbt sie dunkel. Seit etwa 1995 führt Sengle bei einigen Gefäßen als letzten Arbeitsschritt eine Ätzmattierung durch, bei der die Glasur durch das Aufbringen eines Flusssäuregemischs eine matte Oberfläche erhält.

Durch die schlichten Formen und dezenten Farben der Gefäße tritt die Oberfläche mit den zarten Linien des Craquelés und dem Wechsel zwischen glänzenden und matten sowie glatten und rauen Partien besonders hervor.

FL

Lit.: Schmidt-Esters 2014a, S. 24; Schmidt-Esters 2014b.

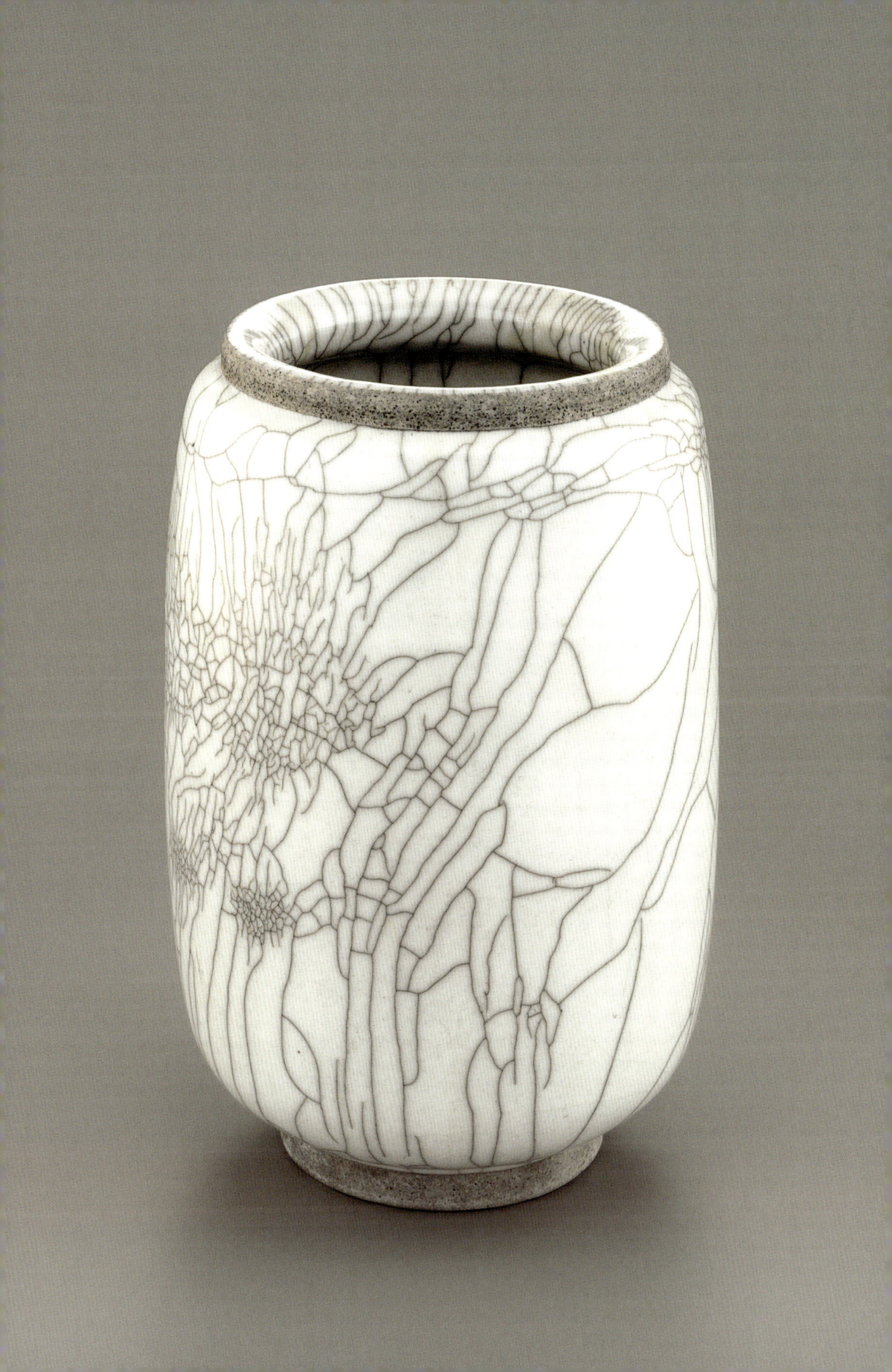

Glossar

Ägyptische Fayence

Im Gegensatz zur europäischen Fayence handelt es sich um ein Material, das aus etwa 95 % Quarzsand versetzt mit Tonerden, Metalloxiden, Alkalien und Kalk besteht und seit 4000 v. Chr. in Ägypten und Mesopotamien hergestellt wird. Dieses wird verknetet, geformt, getrocknet und bei 800 °C gebrannt. Die meist blaugrüne Glasur wird bei etwa 680 °C aufgebrannt.

Akanthus

Ein seit dem 5. Jahrhundert v. Chr. in der griechischen Architektur und Dekoration bis in die Neuzeit geläufiges Ornament, das eine an die Formen der distelartigen Akanthuspflanze angelehntes Blatt mit zackigem Rand darstellt. Sowohl einzelne Blätter als auch ineinander übergehende Ranken kommen vor.

Arkanum

(lat. Geheimnis). Im 18. Jahrhundert wurde so das geheime vollständige Wissen über die Porzellanherstellung von Massezubereitung, Brennverfahren und Glasuren bezeichnet.

Ascheglasur

Eine Glasur, für die organische Aschen etwa aus Holz- oder Pflanzenresten entweder mit Wasser und Ton vermischt als Paste aufgetragen werden oder während des Brandes bei hohen Temperaturen (1150 °C) auf die Objekte fällt (sog. natürliche Ascheglasur). Die Farben changieren meist zwischen Grün und Dunkelbraun bzw. Weiß. Bei natürlichen Ascheglasuren konzentriert sich die Verfärbung häufig auf die Schultern des Gefäßes. Vor allem in Ostasien verbreitet.

Anflugglasuren

Glasuren, bei denen sich während des Brandes bei hohen Temperaturen Stoffe auf die unglasierten Objekte ablegen und mit dem Scherben verbinden. S. auch Ascheglasur, Salzglasur.

Aufglasurfarben (auch Überglasur-, Schmelz-, oder Muffelfarben)

werden auf das bereits glasierte und gebrannte Objekt aufgetragen und bei Temperaturen von 600–1000 °C aufgeschmolzen. Für die Farben werden verschiedene Metalloxide verwendet. Durch die niedrigen Temperaturen ist eine weitere Farbpalette möglich, die Farben sind aber auch anfälliger für Abnutzung.

Biskuit

Gebranntes, unglasiertes Porzellan. Wörtlich „zweifach-gefeuert“. Wurde im 18. Jahrhundert wegen seiner Ähnlichkeit zu Marmor vor allem für figürliches Porzellan verwendet.

Bleiglasur

Glänzende, weiche, transparente oder eingefärbte Glasur, die ab 800 °C oxidierend aufgebrannt wird. Bleiglasuren bestehen aus Bleioxyden, Ton und Quarzsand.

Irdenwaren

Keramikgrundart mit farbigem, porösem Scherben. Beim Brand zwischen 700–1250 °C versintert der Scherben nicht vollständig, sodass die Gefäße ohne Glasur und einen weiteren Brand wasserdurchlässig sind. Bestehend aus Ton, Feldspat und Kalk.

Bozetto

Vor allem in der Bilderhauerei gebräuchlicher früher Entwurf einer Skulptur in leicht veränderlichen Materialien wie Ton, Wachs, Gips, Kreide oder Holz.

Chinoiserie

Fantastische europäische Interpretationen von ostasiatischer Kunst und Design.

Drei-Phasen-Brand

Diese Brandtechnik nutzt die Oxidationseigenschaften von Eisen aus, das bei Sauerstoffmangel (reduzierender Brand) graues oder tiefschwarzes Eisenoxid bildet, bei Sauerstoffzufuhr (oxidierender Brand) jedoch rot erscheint. Darüber werden auch die unterschiedlichen Sinterpunkte verschiedener Tonmischungen ausgenutzt, um Flächen, die schwarz erscheinen sollen, mit Schlicker zu „versiegeln". Während des Brandprozesses wird die Keramik zunächst 6-7 Stunden bei etwa 500 °C gebrannt, wobei sie rot oxidiert, bei etwa 900 °C wird die Sauerstoffzufuhr unterbunden und einige Zeit bei etwa 945 °C gehalten, wodurch das Rot zu Schwarz wird. In der dritten Phase führt man erneut Sauerstoff zu, wodurch die unversiegelten Flächen wieder rot werden und beginnt dann mit der langsamen Abkühlung.

Engobe

Dünnflüssige Masse, die zur Beschichtung oder Bemalung von keramischen Objekten verwendet und auf den getrockneten oder lederharten Scherben aufgetragen wird. Hierbei kann es sich um Schlicker, eine Schlicker-Glasur-Mischung oder Überzugsmassen ohne Schlicker handeln. Im Gegensatz zur Glasur schützt die Engobe das Objekt nicht.

Fayencen

Zinnglasierte Irdenware, die im 15. Jahrhundert in Italien über das maurische Spanien eingeführt wurde. Der Name leitet sich von dem Hauptproduktionsort Faenza ab und wird heute vor allem für nördlich der Alpen produzierte Keramiken verwendet. Fayencen werden zweimal gebrannt. Nach dem Schrühbrand bei 800–900 °C wird die Zinnglasur aufgetragen und kann mit Scharffeuerfarben bemalt werden, bevor das Objekt ein zweites Mal bei etwa 1100 °C gebrannt wird.

Frittenware (auch Frittenporzellan)

Eine im 18. Jahrhundert entwickelte Porzellanart, für die zunächst eine Mischung ohne Kaolin, die aus Quarzsand, Salpeter, Soda, Alaun, Gips, Kochsalz, Ton und Kreide gebrannt wird, die sogenannte Fritte. Diese wird zermahlen, wiederrum mit Mergel und Seife vermischt und schließlich bei 1000–1250 °C gebrannt. Durch die relativ geringen Brenntemperaturen konnte schon früh eine weite Farbpalette an Unterglasurfarben verwendet werden. Typisch für englische und französische Manufakturen.

Glasur

Glashaut, die durch den Brand auf den Scherben aufgeschmolzen wird. Sie wirkt wasserabweisend, verleiht der Keramik eine höhere Härte und dient der Dekoration. Bestandteile sind Glasbinder wie Siliziumoxid, Tonerde als Haftmittel zwischen Glasur und Scherben sowie Flussmittel, die die Schmelztemperatur des Glasbildners senken. Entsprechend der Wirkung unterscheidet man zwischen transparenten, opaken und Kristallglasuren. Diese trägt man durch Übergießen, Eintauchen, Spritzen oder mit dem Pinsel auf.

Glasurbrand (auch Scharffeuerbrand, Glattbrand, Garbrand)

Der zweite Brand mit den höchsten Temperaturen, der nach dem Auftragen der Glasur erfolgt. Ab etwa 1100 °C beginnt die Glasur mit dem Scherben zu verschmelzen.

Grisaille

Bemalung mit schwarzer Aufglasurfarbe in unterschiedlichen Schattierungen, die verschiedene Grautöne suggeriert.

Groteske

Fantastisches, verschnörkeltes Ornament, meist Tiere, Pflanzen oder Fabelwesen in verzerrter, komisch-bedrohlicher Weise darstellend. Der Begriff „grottesca“ stammt aus dem Italienischen („nach Art der Grottenbilder“) und wurde zuerst in Verbindung mit Ende des 15. Jahrhunderts wiederentdeckten antiken Wandornamenten verwendet.

Hafnerware

Bezeichnung für Irdenware im deutschsprachigen Raum mit einer transparenten braunen, gelben oder grünen Bleiglasur oder opaker Zinnglasur. Meist handelt es sich um Geschirr oder Ofenkacheln, die mit Ritztechnik oder durch Reliefauflagen verziert wurden.

Irdenware

Keramikgrundart aus farbigem, porösem, nicht durchscheinendem Scherben, der bei 600–1100 °C gebrannt wird und dabei nicht vollständig dicht sintert. Bestehend aus Ton, Feldspat, Kalk und weiteren Beimischungen.

Kaolin

Auch Porzellanton, Porzellanerde. Weißes Aluminiumsilikat, das gemischt mit Petuntse die Grundlage für die Herstellung von echtem Porzellan bildet. Benannt nach dem Berg Gaolin, nordöstlich der Porzellanfabriken von Jingdezhen in Südchina, wo es zunächst abgebaut wurde.

Kristallglasur

Glasur aus Kieselsäure und Zinkoxyd, die auf das bereits glasierte und gebrannte Gefäß aufgebracht wird und unter konstanter Luftzufuhr erneut in Kapseln gebrannt wird. Beim Erkalten entstehen unvorhersehbare Zinksilikate, die die Oberfläche überziehen.

Lüsterglasur

Metallisch glänzende Glasur, mit meist silbernem, rötlichem oder goldenem Schimmer. Bestehend aus einer Mischung aus Essig mit Sulfat, Silberoxid, Kupferoxid sowie Rot- oder Gelbocker. Die Lüsterglasur wird aufgetragen und während des Glasurbrands bei niedriger Temperatur und reduzierender Atmosphäre gebrannt. Das fertig gebrannte Gefäß wird vorsichtig gerieben, um den Glanz zu erzeugen.

Lüsterware

Mit einer metallisch glänzenden Lüsterglasur überzogene Keramik, meist Fayence, seltener auch Porzellan. Wurde im 9. Jahrhundert im heutigen Iran entwickelt und verbreitete sich über das maurische Spanien im 16. Jahrhundert auch nach Italien. Besonders der Historismus des 19. Jahrhunderts griff diese Dekoration wieder auf.

Majolika

Zinnglasierte Irdenware, die im 15. Jahrhundert in Italien über das maurische Spanien eingeführt wurde. Der Name leitet sich von dem Umschlagsort Mallorca ab und wird heute vor allem für in Italien produzierte Keramiken verwendet. Majoliken werden zweimal gebrannt. Nach dem Schrühbrand bei 800–900 °C wird die Zinnglasur aufgetragen und kann mit Scharffeuerfarben bemalt werden, bevor das Objekt ein zweites Mal bei etwa 1100 °C gebrannt wird. Typisch ist der „stile istoriato" mit realistisch dargestellten mythologischen, biblischen und mythologischen Szenen, die häufig das gesamte Gefäß nutzen, sowie der „stile compendiaro", bei dem einzelne Motive mit schnellem Strich aufgemalt sind.

Malhorn (auch Gießhorn)

Instrument, mit dem Schlickerdekor zu Verzierung von Keramiken aufgetragen wird. Bestand früher aus Rinderhorn mit eingesetztem Gänsekiel, heute werden häufig Gummibälle verwendet.

Mezzo-Majolika

Bleiglasierte Irdenware, bei der das getrocknete oder gebrannte Objekt zunächst mit einer weißen Engobe versehen und dann vor allem in Gelb, Grün, Blau und Schwarz bemalt wird. Anschließend wird eine transparente Bleiglasur aufgetragen und das Objekt gebrannt. Stilistisch der Majolika ähnelnd.

Petuntse

Pulverisiertes feldspatisches Mineral mit Anteilen von Quartz. Wird traditionell vermischt mit Kaolin für die Herstellung chinesischer Porzellane verwendet.

Porzellan

Keramikgrundart aus dichtem, weißem, transparentem, hellklingendem Scherben aus Quarz (25 %), Feldspat (25 %) und Kaolin (50 %). Man unterscheidet entsprechend der Brenntemperaturen in Hartporzellan (1350–1400 °C) und Weichporzellan (1200–1350 °C). Entsprechend der Beimengungen unterteilt man in Frittenporzellan und Knochenporzellan (20–50 % Knochenasche).

Pfeifenton

Weiße, gut formbare Tonerde, die bei etwa 1000 °C dichtbrennt. Wird häufig für die Herstellung von Tabakpfeifen oder Figürchen verwendet.

Schlicker

Eine flüssige, je nach Keramikart unterschiedlich zusammengesetzte Wasser-Mineral-Masse. Diese wird beispielsweise verwendet, um unterschiedliche Objektbestandteile miteinander zu verbinden.

Beim Schlickerguss (meist Porzellan) wird die Masse in eine Gipsform gefüllt. Bei der Schlickermalerei wird das Gefäß mit Schlicker überzogen oder bemalt.

Salzglasur
Anflugglasur auf Steinzeug, die im 15. Jahrhundert zunächst im Rheinland entwickelt wurde. Der ungebrannte Scherben wird hierfür in einem Holzofen bei bis zu 1300 °C gebrannt. Beim Erreichen der Höchsttemperatur wird Kochsalz von oben in den Ofen geschüttet, die sich auf dem dichtgesinterten Scherben absetzt und mit ihm eine dünne, glänzende Glasur bildet. Je nach Brennatmosphäre entsteht hierbei Eisen-II-Oxid und damit eine graue Glasur oder Eisen-III-Silicat und damit eine braune Glasur. Durch die ungiftige Glasur wird das Gefäß robust, wasserdicht und säurebeständig.

Schrühbrand (auch Biskuitbrand, Rauhbrand, Verglühbrand)
Der erste Brand bei relativ niedrigen Temperaturen, bei dem die Feuchtigkeit aus dem Rohling getrieben wird und ein stabiler Scherben entsteht. Die Keramik bleibt hierbei porös.

Scharffeuerfarben
Glasurfarben auf Metalloxidbasis, die bei den hohen Temperaturen des Glasurbrandes bestehen. Am längsten bekannt ist Kobaltoxid für blaue Farbtöne. Für Grün verwendete man Kupferoxid, für Violett bis Braun Manganoxid und für Gelb Eisenoxid. S. auch *Unterglasur* .

Seladonglasur
Blau-, grau-, oder gelbgrüne, transparente Glasur für Steinzeug und Porzellan, die durch die Beimischung von Eisen (3 %) in die Glasur und durch einen reduzierenden Brand um 1280 °C erreicht wird. Seit dem 3. Jahrhundert in China bekannt.

Sintern
Vorgang während des Brennvorgangs bei hohen Temperaturen ab etwa 1000 °C. Hierbei verbinden sich die kleineren Elemente der Masse mit größeren, wodurch durch Keramikkörper teilweise verglast und eine höhere Festigkeit und Dichte erreicht wird. Dieser Prozess beginnt bereits bei etwa 800 °C (Teilversinterung).

Steingut
Keramikgrundart mit weißem, porösem Scherben, der bis 1280 °C gebrannt wird. Wird häufig mit Glasur versehen und ein weiteres Mal gebrannt, um den Scherben wasserdicht zu machen. Bestehend aus Ton, Quarz und Feldspat, ggf. werden weitere Mineralien beigemischt.

Steinzeug
Keramikgrundart mit hartem, wasserdichtem, farbigem oder weißem Scherben, der bei etwa 1200 °C gebrannt wird und dabei versintert.

Terrakotta
(Ital. „gekochte Erde"). Bezeichnung für meist unglasierte Irdenware, die besonders für Keramik mit rotem oder gelblichem Farbton verwendet wird. Terrakotta wird bei etwa 900–950 °C gebrannt.

Terra Sigillata
Rote Irdenware mit glänzender Engobe, die im römischen Reich und später in seinen Provinzen vom 1. Jahrhundert v. Chr.–5. Jahrhundert n. Chr. massenhaft in Manufakturen hergestellt wurde. Die gedrehten Tongefäße werden meist in Formschüsseln, oder mit Punzen verziert, mit der Engobe überzogen und stark oxidierend bei etwa 950 °C gebrannt. Der Begriff stammt aus dem 18. Jahrhundert.

Tiegelton
Besonders hitzebeständige Tonart, aus der u. a. Metall- und Glasgussformen hergestellt wurden.

Töpferton
Wird bei Temperaturen bis zu 1100 °C gebrannt, der Scherben bleibt hierbei porös.

Ton
Ausgangsprodukt für die Herstellung von Keramiken, besteht vorwiegend aus wasserhaltigen Aluminiumsilikaten, versetzt mit Flussmitteln zur Senkung der Schmelztemperatur. Wichtige Charakteristika sind Plastizität, Brandverfestigung und -verdichtung. Entsprechend ihrer Bildsamkeit unterscheidet man zwischen fetten, stärker plastischen und mageren Tonen, wobei erstere häufig starke Schwindung während des Brandes haben.

Unterglasur
Unterglasuren werden direkt auf den einfach gebrannten oder lederhart getrockneten Scherben aufgetragen und anschließend überglasiert.

Werrakeramik
Rot- bzw. gelbscherbige Irdenware, die seit dem späten 16. Jahrhundert in den hessischen und thüringischen Gebieten um die Werra produziert wird. Charakteristisch ist das weißfarbige mit einem Malhorn aufgetragene Schlickerdekor, häufig mit zusätzlichem Ritzdekor, sowie die transparente, glänzende Bleiglasur. Teller sind zumeist nur an der Schauseite glasiert und tragen Jahreszahlen.

Zinnglasur
Bleiglasur mit einer geringen Beimischung von Zinnoxid mit einem weißen, glänzenden und opaken Erscheinungsbild. Wird auf die ungebrannte Irdenware aufgetragen, durch Beimischung von Metalloxiden erhält man verschiedene Farbtöne. Die frühesten zinnglasierten Keramiken wurden ab dem 9. Jahrhundert im heutigen Iran produziert. S. auch *Fayence, Majolika.*

Bibliographie

Ausstellungskataloge

Arnold 2016
Astrid Arnold: Deckelvase, 1772–1776, in: Justus Lange/Julia Carrasco (Hrsg.): Kunst und Illusion: Das Spiel mit dem Betrachter (Ausst. MHK, Gemäldegalerie Alte Meister 15.07.2016–30.10.2016), Petersberg 2016, 58f.

Ayers/Impey/Mallet 1990
John Ayers, Oliver Impey, J.V.G. Mallet (Hrsg.): Porcelain for Palaces: The Fashion for Japan in Europe 1650–1750 (Ausst. British Museum 06.07.1990–04.11.1990), London 1990.

Beeh 1986
Wolfgang Beeh (Hrsg.): Europäische Keramik 1880-1930. Sammlung Silzer, (Ausst. Hessisches Landesmuseum Darmstadt 21.08.1986–05.10.1986), Darmstadt 1986.

Bückling 2016
Maraike Bückling (Hrsg.): Gefährliche Liebschaften: Die Kunst des französischen Rokoko (Ausst. Liebighaus Skulpturensammlung 04.11.2015–28.03.2016), Frankfurt am Main 2016.

Busz 1999
Ralf Busz (Hrsg.): Türkis und Azur. Quarzkeramik im Orient und Okzident (Ausst. Staatliche Museen Kassel, Schloss Wilhelmshöhe 18.07.1999–03.10.1999), Wolfratshausen 1999.

Deldicque 2020
Mathieu Deldicque (Hrsg.): La Fabrique de l'Extravagance: Meissen and Chantilly Porcelain (Ausst. Musée Condé 05.09.2020–29.08.2021), Saint-Rémy-en-L'Eau 2020.

Dobler/Miller 1999
Andreas Dobler/Markus Miller (Hrsg.): Königliches Porzellan aus Frankreich: Sammlerstücke und Service der Manufaktur Vincennes/Sèvres (Ausst. Museum Schloss Fasanerie 12.06.1999–31.10.1999; Stiftung Huelsmann 07.11.1999–23.01.2000), Eichenzell 1999.

Fritsche/Stasch 1994
Christoph Fritzsche/Gregor Karl Stasch: Hochfürstlich Fuldische Porzellanmanfaktur 1764–1789 (Ausst. Vonderau-Museum 10.06.1994–28.08.1994; Hetjens – Deutsches Keramikmuseum 25.11.1994–11.12.1994), Fulda/Düsseldorf 1994.

Guratzsch 2003
Herwig Guratzsch (Hrsg.): Fayencen aus dem Ostseeraum: Keramische Kostbarkeiten des Rokoko (Ausst. Schloss Gottorf 2003 01.06.2003; Nordiska Museet 01.10.2003–06.01.2004; Det Dankse Kunstindsutrimuseum 29.01.2004–31.08.2003; Museum of Foreign Art- Kadriorg Palace 23.05.2004–15.08.2004), Schleswig 2003.

Heuser 1972
Hans-Jörgen Heuser (Hrsg.): Französische Keramik zwischen 1850 und 1910. Sammlung Maria und Hans-Jörgen Heuser (Ausst. Die Neue Sammlung – Staatliches Museum für angewandte Kunst 06.05.–09.07.1972), München 1972.

Hilschenz 1982
Helga Hilschenz (Hrsg.): Rosenthal. Hundert Jahre Porzellan (Ausst. Kestner-Museum Hannover 29.04.1982–13.06.1982; Focke-Museum 20.06–1982–15.08.1982), Stuttgart 1982.

Illgen 1973

Gudrun Illgen: Mopsiade: Möpse aus drei Jahrhunderten (Ausst. Schlossmuseum Darmstadt 17.03.1973-15.04.1973), Darmstadt 1973.

Jackson/Jaffer 2004

Anna Jackson/Amin Jaffer (Hrsg.): Encounters: The Meeting of Asia and Europe 1500-1800 (Ausst. Victoria and Albert Museum 23.09.2004-05.12.2004), London 2004.

Krueger 2011

Thomas Krueger (Hrsg.): Mops! - Eine kleine Kulturgeschichte (Ausst. Museum im Schloss Porzellanmanufaktur Fürstenberg 02.04.2011-21.08.2011), Holzminden 2011.

Luckhardt/Mining 2017

Jochen Luckhardt/Martina Mining (Hrsg.): Porcelaine royale: Napoleons Bedeutung für Sèvres und Fürstenberg (Ausst. Herzog Anton Ulrich Museum 07.09.2017-10.12.2017), Braunschweig 2017.

Morris 2006

Tim Morris (Hrsg.): Hermann Gretsch - 75 Jahre Arzberg 1382. Die gute Form für jeden Tag (Ausst. Europäisches Industriemuseum für Porzellan 07.07.2006-03.10.2006), Schirnding 2006.

Ottomeyer/Thümmler 1999

Hans Ottomeyer/Sabine Thümmler (Hrsg.): Geschenkt & gekauft. Die Neuerwerbungen der Staatlichen Museen Kassel (Ausst. Staatliche Museen Kassel 12.09.1999-30.01.2000), Wolfratshausen 1999.

Pantzer 2000

Peter Pantzer: Imari-Porzellan am Hofe der Kaiserin Maria Theresia (Ausst. Hetjens - Deutsches Keramikmuseum 21.07.2000-15.10.2000), Düsseldorf 2000.

Pietsch 1996

Ulrich Pietsch: Johann Gregorius Höroldt 1696-1775 und die Meissener Porzellanmalerei (Ausst. Staatliche Kunstsammlungen Dresden - Porzellansammlung im Zwinger 04.08.1996-30.10.1996), Dresden 1996.

Pietsch 2014

Ulrich Pietsch: Phantastische Welten: Malerei auf Meissener Porzellan und deutschen Fayencen von Adam Friedrich von Löwenfinck 1714-1754 (Ausst. Staatliche Kunstsammlungen Dresden - Porzellansammlung im Zwinger 01.10.2014-22.02.2015), Dresden 2014.

Pinot de Villechenon 2001

Marie-Noëlle Pinot de Villechenon (Hrsg.): Falconet à Sèvres ou l'art de plaire 1757-1766 (Ausst. Musée national de Céramique, Sèvres 06.11.2001-04.02.2002), Paris 2001.

Qilitzsch/Weiss 1995

Uwe Qilitzsch/Thomas Weiss (Hrsg.): 1795-1995. Wedgwood. Englische Keramik in Wörlitz (Ausst. Schloss Wörlitz 11.08.1995-31.10.1995), Wörlitz 1995.

Röbbig 2006

Gerhard Röbbig (Hrsg.): Kabinettstücke: Die Meißener Porzellanvögel von Johann Joachim Kändler, 1706-1775: Meisterwerke des 18. Jahrhunderts aus privaten Sammlungen (Ausst. Amira-Palais 20.10.2006-18.11.2006), München 2006.

Rudi 2010

Thomas Rudi (Hrsg.): Exotische Welten: Der Schulz-Codex und das frühe Meissener Porzellan (Ausst. Grassi Museum für Angewandte Kunst Leipzig 12.03.2010-13.06.2010), Leipzig 2010.

Saal/Schwartz 2008
Wolfgang Saal/Frithjof Schwartz: der mops - ein kunstwerk (Ausst. Landesmuseum Mainz 26.10.2008-18.01.2009; Stadtmuseum Spital Crailsheim 30.11.2008-08.02.2009), Mainz 2008/09.

Schärer 1996
Jürgen Schärer (Hrsg.): Höroldt '96: Verschiedene außerordentlich feine Mahlerey und vergoldete Geschirre, die jederzeit ihren Liebhaber gefunden (Ausst. Schloss Albrechtsburg 01.09.1996-03.11.1996), Meißen 1996.

Staatliche Kunstsammlungen Dresden 1982
Johann Friedrich Böttger zu Ehren. Meißen - Frühzeit und Gegenwart (Ausst. Staatliche Kunstsammlungen Dresden 04.02.1982-02.08.1982), Dresden 1982.

Stasch 2005
Gregor Stasch (Hrsg.): Das weiße Gold aus Hessen: Malereien auf Fayence und Porzellan (Ausst. Vonderau Museum 07.12.2005-17.04.2006), Petersberg 2005.

Stasch 2015
Gregor Stasch (Hrsg.): made in FD: Spitzentechnologie aus der Fuldaer Fayence-Manufaktur (1741-1760) (Ausst. Vonderau-Museum Fulda 13.03.2015-31.05.2015), Petersberg 2015.

Virtue 1851
George Virtue (Hrsg.): The Art Journal Illustrated Catalogue: The Industry of All Nations 1851, London 1851.

Wittwer/Cohen 2007
Samuel Wittwer/Richard Baron Cohen (Hrsg.): Raffinesse & Eleganz: Königliche Porzellane des frühen 19. Jahrhunderts aus der Twinight Collection, New York (Ausst. Stiftung Preußische Schlösser und Gärten Berlin-Brandenburg, Schloss Charlottenburg 28.07.2007-04.11.2007, Liechtenstein-Museum 16.11.2007-11.02.2008, Metropolitan Museum of Art 09.09.2008-19.04.2009), Berlin 2007.

Young 1995
Hilary Young (Hrsg.): The Genius of Wedgwood (Ausst. Victoria and Albert Museum 09.06.1995-17.09.1995), London 1995.

Zaleskiej 2002
Wandy Zaleskiej (Hrsg.): Wedgwood: Ceramics from the 18th to the 20th Century (Ausst. Muzeum Narodowe 01.02.2002-30.03.2002), Warschau 2002.

Zimmer/Kriseleit/Eule 1994
Gerhard Zimmer, Irmgard Kriseleit, J. Cordelia Eule (Hrsg.): Bürgerwelten. Hellenistische Tonfiguren und Nachschöpfungen im 19. Jahrhundert (Ausst. Staatliche Museen zu Berlin, Preußischer Kulturbesitz, Antikensammlung 29.01.1994-30.04.1994), Mainz 1994.

Literatur

D'Albis 1994

Antoine d'Albis: Porcelaine de Vincennes. „Fond jaune, enfants camaieu". Trois remarquables contrefaçons, in: Les Cahiers de Mariemont, Bd. 24–25, 1993/94, S. 18–28.

D'Albis 2005

Antoine d'Albis: Porcelaine de Sèvres: Authentique? Surdécoration? Contrefaçon ou encore tout simplement „perruque"? Les cas de la porcelaine tendre au XVIIIe siècle, in: Les Cahiers de Mariemont, Bd. 32–33, 2005, S. 27–34.

Amico 1996

Léonard N. Amico: Bernard Palissy. In Search of Earthly Paradise, Paris 1996.

Andres-Avecedo/Bodinek/Reyes 2020

Sarah-Katharina Andres-Avecedo, Claudia Bodinek, Alfredo Reyes (Hrsg.): Hidden Valuables: Early-period Meissen Porcelains from Swiss Private Collections, München 2020.

Andres-Acevedo 2020

Sarah-Katharina Andres-Acevedo: On Wit and Gallantry. On the figures of Johann Joachim Kändler in the Context of the Eighteenth-Century *Fête Galante*, in: The French Porcelain Society Journal, Bd. 8, 2020, S. 25–46.

Bähr/Lindsay 2020

Elisabeth Bähr, Lindsay Frost (Hrsg.): Lotte Reimers. Die Keramik in der Sammlung Bähr/Frost, Speyer 2020.

Bauer 1988

Margrit Bauer: Frankfurter Fayencen aus der Zeit des Barock, Frankfurt 1988, S. 84–85.

Barth 2007

Anne Barth: Dippoldiswalder Steinzeug. Ein Töpferhandwerk und seine kulturhistorische Bedeutung (Veröffentlichungen des Landesamtes für Archäologie Sachsen, Bd. 65), Dresden 2018.

Becker 1996

Ingeborg Becker: Jahrgang 1906 – Siegmund Schütz und Trude Petri zum 90. Geburtstag, in: Schütz 1996, S. 9–17.

Beilage 1990

Beilage zum Katalogbuch Angela Schönberger (Hrsg.): Raymond Loewy. Pionier des Amerikanischen Industriedesigns, München 1990, S. 135–141.

Boardman 2007

John Boardman: The history of Greek vases: potters, painters and pictures, London 2007.

Brattig 2010

Patricia Brattig (Hrsg.): Meissen: Barockes Porzellan, Köln 2010.

Brattig/Hesse 2013

Patricia Brattig, Petra Hesse (Hrsg.): Der schöne Schein, Deutsche Fayencenkunst: Die Sammlung des Museums für Angewandte Kunst Köln (Bestandskataloge des Museums für Angewandte Kunst Köln, Bd. 17), Köln 2013.

Braun 2006

Peter Braun: Bemerkungen zur Praxis der Meissener Modellwerkstatt unter Johann Joachim Kändler, in: Keramos, H. 194, 2006, S. 37–48.

Breward 2011
Christopher Breward: The Uses of ‚Notes in Camp', in: Postmodernism. Style and Subversion, 1970–1990, London 2011, S. 166–169.

Brückner 1987
Jürgen Brückner: Segerporzellane - Ostasien zu Besuch bei der KPM, in: Bröhan-Museum, Berlin 1987.

Bröhan-Museum 1987
Bröhan-Museum (Hrsg.): Berliner Porzellan vom Jugendstil zum Funktionalismus 1889–1939, Berlin 1987.

Buddensieg 1985
Tilmann Buddensieg (Hrsg.): 1919–1933. Keramik in der Weimarer Republik. Die Sammlung Tilmann Buddensieg im Germanischen Nationalmuseum, Nürnberg 1985.

Bursche 2007
Stefan Bursche: Kaendlers Naturauffassung, in: Keramos, H. 198, 2007, S. 21–30.

Carpentier 1994
Arnaud Carpentier: Les Faux „Sèvres", in: Conaissance des Arts, H. 510, 1994, S. 70–79.

Caticha 2020
Alicia Caticha: Porcelain and Sculpture Networks in Eighteenth-Century Paris, in: The French Porcelain Society Journal, Bd. 8, 2020, S. 139–162.

Cassidy-Geiger 2007
Maureen Cassidy-Geiger: Von Zucker und Silber zum Porzellan: Die Konditorei und die öffentliche Tafel in Dresden unter August III., in: Keramos, H. 198, 2007, S. 31–48.

Damm 2006
Maria Damm: Symphonie der Farben. Die Kunstkeramikergruppe „Les arts du feu" des französischen Art Nouveau, in: Kölner Museums-Bulletin, 2006, H. 3, S. 15–24.

Denny 2005
Walter Denny: Osmanische Keramik aus Iznik, München 2005.

Dippold 2006
Christine Dippold: Die Wächtersbacher Steingutfabrik in Schlierbach am Wächstersbach. Vornehme Dekore auf der Welle der Moderne, in: Joanna Flawia Figiel (Hrsg.): Revolution der Muster. Spritzdekor-Keramik um 1930, Ostfildern-Ruit 2006, S. 79–83.

Dippold 2009
Christine Dippold: Luxusbedürfnis, Distinktion, Imitation: modernes Tafelgeschirr als Indikator zeittypischer Konsumtendenzen im 19. und frühen 20. Jahrhundert, in: Birgit Angerer (Hrsg.): Pracht, Prunk, Protz: Luxus auf dem Land, Finsterau 2009.

Drach 1891
Carl Alhard von Drach: Faience- und Porzellanfabriken in Alt-Kassel, in: Hessenland: Zeitschrift für hessische Geschichte und Literatur, H. 13, 1891, S. 166–167.

Ducret 1960
Siegfried Ducret: Die landgräfliche Porzellanmanufaktur Kassel 1766–1788, Braunschweig 1960.

Eberle 2011
Martin Eberle: Das rote Gold. Die Sammlung Böttgersteinzeug auf Schloss Friedenstein Gotha, Gotha 2011.

Eisele 2014
Petra Eisele: Klassiker des Produktdesigns, Stuttgart 2014.

Faÿ-Hallé/Mundt 1983
Antoinette Faÿ-Hallé/Babara Mundt: Europäisches Porzellan vom Klassizismus bis zum Jugendstil, Stuttgart 1983.

Ferguson 2016
Patricia F. Ferguson: Ceramics: 400 Years of British Collecting in 100 Masterpieces, London 2016.

Figiel 2009
Joanna Flawia Figiel (Hrsg.): Jugendstil am Oberrhein. Kunst und Leben ohne Grenzen, Karlsruhe 2009.

Fischer 2005
Volker Fischer: Ornament & Versprechen. Postmoderne und Memphis im Rückblick, Stuttgart/London 2005.

Fitski 2011
Menno Fitski: Kakiemon Porcelain: A Handbook, Leiden 2011.

Fletcher 1985
Hugo Morely-Fletcher (Hrsg.): Dekortechniken in der Keramik: Von den frühen Tonwaren bis zur modernen Porzellanmanufaktur, München 1985.

Fontanieu 1770
Pierre-Elisabeth de Fontanieu (Hrsg.): Collection de Vases inventés et dessinés par M. de Fontanieu, Intendant et Contrôleur général des meubles de la Couronne, Paris 1770.

Fritz 1990
Bernd Fritz: Neue Formen bei Rosenthal. Loewys Entwürfe für Geschirr, in: Angela Schönberger (Hrsg.): Raymond Loewy. Pionier des Amerikanischen Industriedesigns, München 1990, S. 135–141.

Frotscher 2003
Sven Frotscher: dtv-Atlas: Keramik und Porzellan, München 2003.

Gaimster 1997
David R. M. Gaimster: German Stoneware, 1200–1900: Archaeology and Cultural History, London 1997.

Garbsch 1982
Jochen Garbsch: Terra Sigillata. Ein Weltreich im Spiegel seines Luxusgeschirrs. (= Ausstellungskataloge der Prähistorischen Staatssammlung, Bd. 10), München 1982.

Garner 2008
Caroline Eva Garner: Auf den Mops gekommen, in: Weltkunst, Jg. 78, H. 7, Juli 2008, S. 26–28.

Görner/Sattler 2016
Irina Görner, Andreas Sattler (bearb.): Unter unseren Füßen. Altsteinzeit bis Frühmittelalter (Kataloge der Museumslandschaft Hessen Kassel, Bd. 62), Petersberg 2016.

Gröger 1956
Helmuth Gröger: Johann Joachim Kaendler: Der Meister des Porzellans, Dresden 1956.

Gronert 2020
Tim D. Gronert: Das Porzellan der KPM Berlin 1918–1988, 3 Bde., München 2020.

Hähnel 1992
Elsa Hähnel: Siegburger Steinzeug. Bestandskatalog in 2 Bänden (Führer und Schriften des Rheinischen Freilichtmuseums und Landesmuseums für Volkskunde in Kommern), Bd. 31/37, Köln 1987/1992.

Hampe 1981
Heinrich Hampe: Das Töpferhandwerk in Oberrode an der Werra, in: Sydekum-Schriften zur Geschichte der Stadt Münden, H. 5, Hannoversch Münden 1981.

Hausmann 1972
Tjark Hausmann: Majolika. Spanische und italienische Keramik vom 14. bis zum 18. Jahrhundert, Berlin 1972.

Jochem/Vetter 2002
Ingrid Vetter, Marlene Jochem (Hrsg.): Lotte Reimers und die keramische Kunst, Stuttgart 2002.

Jörg 2011
Christiaan J.A. Jörg: Famille Verte – Chinese Porcelain in Green Enamels, Groningen 2011.

Jones 2020
Claire Jones: Introduction. Sculpture and Ceramics: points of affinity and difference, in: The French Porcelain Society Journal, Bd. 8, 2020, S. XV–XXII.

Kerl 1907
Bruno Kerl: Handbuch der gesammten Thonwaarenindustrie, 3. Auflage bearb. v. Eduard Cramer u. Dr. Hermann Hecht, Braunschweig 1907.

Kerr/Mengoni 2011
Rose Kerr und Luisa E. Mengoni (Hrsg.): Chinese Export Ceramics, London 2011.

Kessler 2002
Gerd Kessler: Zur Geschichte des Rheinisch-Westerwäldischen Steinzeugs der Renaissance und des Barock. Die Werkstätten, Forscher und Sammler, Höhr-Grenzhausen 2002.

Kessler-Slotta 1985
Elisabeth Kessler-Slotta: Max Laeuger (1864–1952). Sein graphisches, kunsthandwerkliches und keramisches Oeuvre, Saarbrücken 1985.

Kessler-Slotta 1997
Elisabeth Kessler-Slotta: „Gäbe es den Ton nicht, so müsste er für mich erfunden werden". Lotte Reimers zum 65. Geburtstag, in: Keramos 1997, H. 156, S. 223–230.

Krutisch 1995
Petra Krutisch: Im Sinne der Alten ... Italienische Majolika des Historismus, Stuttgart 1995.

Kunisch 1996
Norbert Kunisch: Erläuterungen zur Griechischen Vasenmalerei, Köln 1996.

Labaco 2006
Ronald T. Labaco: Ettore Sottsass. Architect and Designer, London/New York 2006.

Lauschke/Mields 1965
Rudolf Lauschke, Martin Mields: Praxis der Porzellanmalerei, München 1965.

Leach 1971
Bernard Leach: Das Töpferbuch, Bonn 1971.

Lessmann 1979
Johanna Lessmann: Italienische Majolika. Katalog des Herzog Anton Ulrich Museum Braunschweig, Braunschweig 1979.

Lochschmidt 2008
Maria Fernanda Lochschmidt: Chinesisches Blauweiß-Exportporzellan: Die portugiesischen Bestellungen vom Anfang des 16. Jahrhunderts bis 1722. Eine neue Chronologie mit Beiträgen zu Form und Dekor, Wien 2008 (unveröffentlichte Diplomarbeit).

Lübke 2001
Diethard Lübke: Abbildungen des „Schulz-Codex" auf Höroldt-Chinoiserien? in: Keramos, H. 172, 2001, S. 29–34.

Lübke 2005
Diethard Lübke: Meißener Goldmalerei zur Zeit von Höroldt, in: Keramos, H. 189/190, 2005, S. 95–110.

Lüdicke/Kölsch 2016
Martina Lüdicke, Almuth Kölsch (bearb.): Mitten im Leben. Vom 19. bis zum 21. Jahrhundert (Museumslandschaft Hessen Kassel, Bd. 64), Petersberg 2016.

Mankowitz 1953
Wolf Mankowitz: Wedgwood, London 1953.

Manners/Manners 2021
Erroll Manners, Henriette Manners: Early French Soft Paste Porcelain, London 2021.

Markus 1998
Horst Markus (Hrsg.): Adrien Dalpayrat 1844–1910. Französische Jugendstil-Keramik. Kunst aus dem Feuer, Stuttgart 1998, S. 17–42.

Medley 1976
Margaret Medley: The Chinese Potter: A Practical History of Chinese Ceramics, Oxford 1976.

Miedtank 2014
Lutz Miedtank: Johann Caspar Ripp - vom Wandermaler in der Fayence zum Blaumaler in Meissen und zum „Hoffabrikaten" in Zeist, in: Keramos, H. 224, 2014, S. 3–22.

Mundt 1991
Barbara Mundt: Design 1900–1990. Eine Auswahl, Bildführer zu Neuen Sammlung im Kunstgewerbemuseum Berlin, Bd. 1, Berlin 1991.

Mundt 1993
Barbara Mundt: Interieur + Design in Deutschland 1945–1960, Berlin 1993.

Nelson/Roberts 2013
Christina H. Nelson, Letitia Roberts (Hrsg.): A History of Eighteenth-Century German Porcelain: The Warda Stevens Stout Collection, Easthampton/New York 2013.

Nieda 1986
C. Gay Nieda: A Sèvres „Vase à Panneaux", in: The J. Paul Getty Museum Journal, Bd. 14, 1986, S. 127–134.

Nowak 2007
Karlheinz Nowak, Biographisches zu Kändler /Kaendler, in: Keramos, H. 198, 2007, S. 5–10.

Ouvrier-Böttcher 1984
Marianne Ouvrier-Böttcher: Die Arbeiten der Königlichen Porzellanmanufaktur zwischen 1835 und 1890, Berlin 1984.

Pérau 1745
Gabriel Louis Calabre Pérau: L'Ordre des Francs-Macons trahi, et le Secret de Mopses revelé, Amsterdam 1745.

Peters 2019a
David Peters: Decorator and Date Marks on C18th Vincennes and Sèvres Porcelain, Hertfordshire 2019.

Peters 2019b
David Peters: Decorator and Date Marks on C18th Vincennes and Sèvres Porcelain: Supplement, Hertfordshire 2019.

Pfannkuche 1984
Bernd Pfannkuche: DuMont's Handbuch der Keramikglasur. Material – Rezepte – Anwendungen, Köln 1984.

Pierson 2009
Stacey Pierson: Chinese Ceramics, London 2009.

Pietsch 2007
Ulrich Pietsch: Kaendler und Kirchner – Ein Stilvergleich, in: Keramos, H. 198, 2007, S. 11–20.

Pietsch/Bischoff 2014
Ulrich Pietsch, Cordula Bischoff (Hrsg.): Japanisches Palais zu Dresden: die königliche Porzellansammlung Augusts des Starken, München 2014.

Pietsch/Witting 2010
Ulrich Pietsch, Theresa Witting (Hrsg.): Zauber der Zerbrechlichkeit: Meisterwerke europäischer Porzellankunst, Dresden 2010.

Plotzek 2006
Joachim M. Plotzek (Hrsg.): Werk- und Formensammlung. Schenkung Werner Schriefers, Kolumba – Werkhefte und Bücher, Bd. 24, Köln 2006.

Préaud/D'Albis 1991
Tamara Préaud, Antoine d'Albis: La porcelaine de Vincennes, Paris 1991.

Préaud/Scherf 2015
Tamara Préaud, Guilhem Scherf: La manufacture des Lumières: La sculpture à Sèvres de Louis XV à la Révolution, Paris 2015.

Reineking-von Bock 1971
Gisela Reineking-von Bock: Steinzeug (Bestandskatalog Kunstgewerbemuseum der Stadt Köln), Köln 1971.

Ristow 2001
Imke Ristow: Neuzeitliche Formen und Dekore. Die späten zwanziger und dreißiger Jahre, in: Wurzel 2001, S. 81–91.

Roehmer 2007
Marion Roehmer: Siegburger Steinzeug. Die Sammlung Schulte in Meschede (Denkmalpflege und Forschung in Westfalen, Bd. 46), Mainz 2007.

Rudi 2017
Thomas Rudi: Europäische Fayencen 17.–18. Jahrhundert: Bestands- und Verlustkatalog GRASSI Museum für Angewandte Kunst Leipzig, Leipzig 2017.

Sassoon 1991
Adrian Sassoon: Vincennes and Sèvres porcelain: Catalogue in the Collections of the J. Paul Getty Museum, Malibu 1991.

Savage 1960
George Savage: Seventeenth and Eighteenth Century French Porcelain, London 1960.

Savill 1988
Rosalind Savill: The Wallace Collection. Catalogue of Sèvres Porcelain, Bd. 1–3, London 1988.

Scherner/Cossalter-Dallmann 2016
Antje Scherner, Stefanie Cossalter-Dallmann (bearb.): Aus der Schatzkammer der Geschichte. Vom Mittelalter bis ins 19. Jahrhundert (Museumslandschaft Hessen Kassel, Bd. 63), Petersberg 2016.

Scherner 2019
Antje Scherner: Pierre-Etienne Monnot, Paris und Bacchantin (Patrimonia, H. 398), Kassel 2019.

Schmidberger 1987–1997
Ekkehard Schmidberger (Hrsg.): Historismus. Angewandte Kunst im 19. Jahrhundert (Staatliche Museen Kassel, Bd. 1–4), Kassel 1987–1997.

Schmidberger 1990
Ekkehard Schmidberger: Porzellan aus China und Japan: Die Porzellangalerie der Landgrafen von Hessen-Kassel, Kassel 1990.

Schmidberger/Richter 2001
Ekkehard Schmidberger, Thomas Richter: Schatzkunst 800–1800. Kunsthandwerk und Plastik der Staatlichen Museen Kassel im Hessischen Landesmuseum Kassel, Kassel 2001.

Schmidt-Esters 2014a
Gudrun Schmidt-Esters (Hrsg.): Guido Sengle, Köln 2014.

Schmidt-Esters 2014b
Gudrun Schmidt-Esters: Zur Kunst von Guido Sengle, in: Neue Keramik 2014, H. 6, S. 24–27.

Schneider 1989
Katja Schneider: Die Keramikwerkstatt von Marguerite Friedlaender und Franz Rudolf Wildenhain an der Kunstgewerbeschule Burg Giebichenstein in Halle a. d. Saale, in: Klaus Weber (Hrsg.): Keramik und Bauhaus. Geschichte und Wirkungen der keramischen Werkstatt des Bauhauses, Berlin 1989, S. 154–170.

Schütz 1996
Wieland Schütz (Hrsg.): Hommage zum 90. Geburtstag. Siegmund Schütz und Trude Petri. Gestaltung für die Staatliche Porzellan-Manufaktur (KPM) Berlin und andere Arbeiten, Berlin 1996.

Schuller 2001
Moritz Schuller: Wolf Karnagel: Wer formen will, muss fühlen, in: Der Tagesspiegel 26.02.2001, online unter: https://www.tagesspiegel.de/kultur/wolf-karnagel-wer-formen-will-muss-fuehlen/206520.html (abgerufen am 22.12.2021).

Schumann 2009
Ulrich Maximilian Schumann: Das Kleine und das Große, das Nahe und das Ferne: Max Laeuger und die Erneuerung der Kunst, in: Figiel 2009, S. 124–129.

Simeonstift 1982
Städtisches Museum Simeonstift Trier und Museum für moderne Keramik (Hrsg.): Keramik. Lotte Reimers, Trier 1982.

Simon 2004
Erika Simon: Daidalos - Taitale - Daedalus. Neues zu einem wohlbekannten Mythos (Archäologischer Anzeiger, 2. Halbbd.), Mainz 2004.

Sonnemann/Wächtler 1982
Rolf Sonnemann, Eberhard Wächtler (Hrsg.): Johann Friedrich Böttger: Die Erfindung des Europäischen Porzellans, Leipzig 1982.

Sonntag 2001
Hans Sonntag: Zur „Tragant-Zucker-Kunst" der Conditoren als eine der Quellen des plastischen Porzellanschaffens in Europa, in: Keramos, H. 172, 2001, S. 13–28.

Thomé 2014
Philippe Thomé: Sottsass, London 2014.

Thümmler 2017
Sabine Thümmler (Hrsg.): Immer modern. Designklassiker von 1825 bis 1985 aus den Beständen des Kunstgewerbemuseums Berlin, mit Beträgen von Britta Bommert und Lydia Rosína Dorn, Dresden 2017.

Thun 1983
Matteo Thun: „Rara Avis" e „Vasi Rari", Mailand 1983.

Treskow 1971
Irene von Treskow: Die Jugendstil-Porzellane der KPM. Bestandskatalog der Königlichen Porzellan-Manufaktur Berlin 1896–1914, München 1971.

Valenstein 1989
Suzanne G. Valenstein: A Handbook of Chinese Ceramics: Revised and Enlarged Edition, New York 1989.

Wallwitz 2006
Angela Gräfin von Wallwitz: Früh oder spät? Zur Datierung von Meissener Porzellanfiguren, in: Keramos, H. 194, 2006, S. 49–68.

Weißler 1990
Sabine Weißler (Hrsg.): Design in Deutschland 1933–45. Ästhetik und Organisation des Deutschen Werkbundes im ‚Dritten Reich', Gießen 1990.

Wex 1987
Peter Wex: Warum Seger? – Betrachtungen über die Farbporzellane der KPM, in: Bröhan-Museum 1987, S. 27–29.

Wienert 1980
Marlies Wienert, Kasseler Porzellan (Staatliche Kunstsammlungen Kassel, Bd. 9), Kassel 1980.

Wittwer 2004
Samuel Wittwer: Die Galerie der Meißener Tiere: Die Menagerie Augusts des Starken für das Japanische Palais in Dresden (Gesellschaft der Keramikfreunde e. V. Schriftenreihe, Bd. 1), München 2004.

Wurzel 2001

Thomas Wurzel (Hrsg.): Wächtersbacher Steingut. Die Sammlung der Sparkassen-Kulturstiftung Hessen-Thüringen, Frankfurt a. M. 2001.

Yfantidis 1990

Konstantinos Yfantidis (bearb.): Antike Gefäße. Eine Auswahl (Kataloge der Staatlichen Kunstsammlungen Kassel, Bd. 16), Melsungen 1990.

Zick 2007

Gisela Zick: Sèvres, Wedgwood, Meißen – Motivwanderungen um 1800, in: Keramos, H. 198, 2007, S. 75–90.

Künstler, *Personen-* und *Firmenverzeichnis*